Hans-Rudolf Müller-Schwefe: Sprachgrenzen

Hans-Rudolf Müller-Schwefe

Sprachgrenzen

Das sogenannte Obszöne, Blasphemische
und Revolutionäre bei Günter Grass
und Heinrich Böll

Verlag J. Pfeiffer · München
Claudius Verlag · München

CIP-Kurztitelaufnahme der Deutschen Bibliothek
Müller-Schwefe, Hans-Rudolf
Sprachgrenzen: d. sogen. Obszöne, Blasphem. u. Revolutionäre bei
Günter Grass u. Heinrich Böll. – 1. Aufl. – München: Pfeiffer; München: Claudius-Verlag, 1978.
ISBN 3-7904-0261-3 (Pfeiffer)
ISBN 3-532-64001-5 (Claudius-Verlag)

t_c

Gemeinschaftsausgabe des
Verlages J. Pfeiffer mit dem
Claudius Verlag

Printed in Germany
Druck: G. J. Manz AG, Dillingen/Donau
Umschlagentwurf: Wolfgang Taube
Umschlagfotos: Heinrich Böll (Bilderdienst – Süddeutscher Verlag, München);
Günter Grass (Deutsche Presseagentur, Frankfurt)
© Verlag J. Pfeiffer, München 1978
ISBN 3-7904-0261-3 Verlag J. Pfeiffer
ISBN 3-532-64001-5 Claudius Verlag

Inhalt

A. Einleitung
Kritisches Lesen   7

Naives und kritisches Lesen — Die kritische Potenz des Schriftstellers — Kritik als Haltung des Lesers — Das Ziel der Kritik: die Krisis — Kritik als Element der Dichtung — Die kritische Perspektive des Geschlechtlichen: das Obszöne — Die kritische Perspektive des Religiösen: das Blasphemische — Die Zusammengehörigkeit der Bereiche — Die Aufgabe des Laien: Einübung in kritisches Lesen

B. Erstes Beispiel
Günter Grass
Dichtung als Therapie unbewältigter Vergangenheit   17

I. Die Blechtrommel — Krankenbericht eines Gnomen   19

Angst vor dem Konkreten — Perspektiven — Der Buckel der Reflexion — Besessenheit im persönlichen, religiösen, öffentlichen Bereich

II. Katze und Maus — Geschlecht und Entfremdung   42

III. Hundejahre — Bekenntnisse der Verstrickung   47

Die Konstellation — Perspektiven — Im Feuerofen der Wirklichkeit

IV. Schritte zur Konkretion   70

Im Zeichen des Schmerzes — Wendung zur Realität (Plebejer proben den Aufstand) — Immer neue Schmerzen (Örtlich betäubt) — Zwischen Melancholie und Utopie (Tagebuch einer Schnecke)

V. *Der Butt*   105
Erzählen heute — Strukturale Züge im Roman — Leben als Prozeß — Die Krise der Emanzipation — Religion und Emanzipation

C. Zweites Beispiel
Heinrich Böll
Dichtung als Eröffnung sakramentaler Sinnlichkeit   123

Überleitung: Dichtung im Übergang — Der ›materialistisch-sinnliche Konkretismus‹ Bölls   125

I. *Das Bild absoluter Seinsfülle:* »*Gruppenbild mit Dame*«   130
Vielfalt der Aspekte — Einheit der Perspektive — Lenins ›materialistisch-sinnlicher Konkretismus‹ — Communio — Wirklichkeit als Sakrament — Madonnen-Ikone

II. *Im Kampf um sakramentale Sinnlichkeit*   138
Aversion gegen die Institution Ehe — Polemik gegen den Staat — Absetzbewegungen von der katholischen Kirche — Das Gebet — Die Rolle der Religion — Blasphemie als Mittel der Frömmigkeit

III. *Sprachbewegungen*   151
Institution und Person — Sprache als Mittel der Kursänderung — Die Alternative (Billard um halb zehn) — Leiden an der Kirche (Ansichten eines Clowns) — Schwarzer Humor (Ende einer Dienstfahrt) — Die subversive Madonna (Gruppenbild mit Dame) — Narrenrede — Reaktion und Martyrium (Die verlorene Ehre der Katharina Blum)

D. Günter Grass und Heinrich Böll
Ein Vergleich   169

E. Grenzüberschreitungen der Sprache und Transzendenz   175
Sprache und Zeit — Die Sprachbewegung in den drei Bereichen: Geschlecht / Religion / Politik — Der Zusammenhang der Sprachbereiche — Sprachtherapie für Sexual-, Ekklesio-, Politoneurosen — Das Herz der Sprache: Scham / Liebe / Sakramentale Wirklichkeit — Verkündigung als Offenbarung in den Sprachbereichen — Fortdauer des Prozesses

Anmerkungen   203

A. Einleitung

Kritisches Lesen

I.

Immer noch ist es ein Vergnügen, wenn wir von einem Buch so gefangen werden, daß wir über dem Lesen Zeit und Stunde vergessen. Da kann es eine Biographie sein, die uns so fesselt, daß wir den Erlebnissen des Dichters, vielleicht auch seinen Bildern von anderen Personen und Ereignissen, mit Spannung folgen und das Erzählte mit unseren Erinnerungen vergleichen oder uns auch einfach vom Zauber des Einmaligen ergreifen lassen. Es kann aber auch sein, daß uns die Phantasie eines Schriftstellers in die Gefilde des Möglich-Unmöglichen entführt und wir seine Ausflüge und Erfindungen mit Wonne genießen. Und vielleicht gehört zu diesem unmittelbaren Vergnügen auch noch der Genuß, den uns der besondere Stil eines Autors bereitet: wir lassen seine kostbaren Figuren auf der Zunge zergehen, es drängt uns, Passagen vorzulesen, damit ein anderes Ohr noch mithört.

Solches Vergnügen am naiven Lesen wird es immer geben. Wir wollen es nicht entbehren. Auch einem Schriftsteller oder Dichter, der auf sich hält, muß an solchen Lesern liegen, die er fesseln und begeistern kann.

Aber doch darf der Leser — heute — nicht in diesem Stadium steckenbleiben. Er muß zum kritischen Lesen durchdringen, und das aus einsehbaren Gründen.

1. Der Künstler selbst war nicht naiv, als er sein Werk schuf. Wenn es auch wahr bleibt, daß ohne Unmittelbarkeit und Spontaneität, ohne Einfalt und Phantasie kein Kunstwerk entsteht, so daß der Autor oft selbst nicht zureichend deuten kann, was er schuf, so ist doch auch für jedes Kunstwerk wesentlich, daß es aus einem Bruch mit der äußeren Gegebenheit entsteht, aus einem Gegensatz, aus einer Konfrontation.

Dem Künstler liegt alles daran, daß wir das Leben in seiner Perspektive sehen, daß wir uns durch die Wahrheit seiner Aspekte herausfordern lassen, zum Einstimmen oder auch zum Widersprechen, daß wir in unserer Tiefe verändert werden. Picasso z. B. bildet nicht einfach den Augenschein ab; er will die Tiefe sichtbar machen, innere Vorgänge, den Prozeß der Zeit, die Dämonie der Wirklichkeit. In der gleichen Absicht greift Paul Celan zum hermetischen Gedicht, wählt Grass die Perspektive eines Gnom, spielt Bölls Held die Rolle eines Clowns, erfindet Werfel die utopische Szene im Jahre 100 000 nach der Zeitenwende.

Natürlich ist da auch Zauberei im Spiel. Der Dichter will uns mit seiner Perspektive, mit seinem Aspekt überfallen; er will uns gewinnen oder schockieren, auf jeden Fall in emotionalen Tiefen verändern. Aber gerade weil wir so in neue Räume hineingerissen, zu unerhörten Bewegungen aufgefordert, mit irrealen Realitäten konfrontiert werden, geht es nicht ab ohne Bewußtheit, ohne Prüfung und Distanz. Es ist, als ob gerade ein Autor, der uns viel an Ungewohntem, auch Anstößigem zumutet, zu uns sagen würde, was Goethe den Lesern seines »Werther« zurief: »Sei ein Mann und folge mir nicht nach.« Gerade weil also jeder Autor für seine Perspektive gewinnen möchte, sind wir es ihm schuldig, ihn kritisch zu hören.

2. Kritisch lesen müssen wir aber auch um unserer selbst willen. Es mag ja wahr sein, daß wir auch emotional, unmittelbar aufs stärkste von einer Dichtung beunruhigt, bewegt und verändert werden. Aber wichtig ist doch, daß wir auch erkennen, was uns da so berührt, warum wir zustimmen oder ablehnen. Das sind wir nicht nur dem Autor schuldig, sondern auch uns selbst.

Ein Stück Bewußtheit gehört schon darum zum Lesen, weil wir es mit so verschiedenen Stilen zu tun haben. Jeder verlangt eine andere Einstellung für seine Optik. Den »alten Mann und das Meer« verstehen wir nur, wenn uns aufgeht, daß der vergebliche Fang des Riesenfisches ein Gleichnis für unser Leben ist. Die Hexenküche von Bulgakows »Der Meister und Margarita« finden wir nur abstrus, wenn wir nicht reflektieren, daß es sich da um Traumwelten mit ihrer eigenen Art von Realität und Logik handelt. Günter Grass mit seinen Obszönitäten und Gruselszenen — denken wir nur an den Pferdekopf, in dem die Aale wimmeln — werden wir nur gerecht, wenn wir durch den ersten Schock zum bewußten Verstehen, zum Nachdenken gebracht werden und das Bild als Sinnbild nehmen.

Wenn das aber so ist, daß wir um des Autors wie auch um unserer selbst willen kritisch lesen müssen, dann müssen wir uns fragen, wohin denn dieses kritische Lesen uns führt. Wenn Brecht seinerzeit »die Gewichtsverschiebung vom dramatischen zum epischen Theater« verkündigte und also an die Stelle des Erlebnisses — »der Zuschauer wird in etwas hineinversetzt« — die Betrachtung, die distanzierte Haltung setzte, — »denn man muß mit dem Urteil dazwischen kommen können«[1] —, dann setzte er voraus, daß die kritische Haltung allein es dem Menschen ermöglicht, die Wirklichkeit zu verändern und zu sich selbst zu bringen. »In der Umwälzung der

Gesellschaft« findet die Distanz des epischen Theaters ihre Rechtertigung[2].

Hinter diese Einstellung von Brecht werden wir nicht wieder zurücksinken wollen. Er suchte sich aus dem bloßen Genuß des Kunstwerks aufzuraffen und begriff, daß in jedem Kunstwerk auch ein Appell steckt, die Wirklichkeit zu ändern. Aber stehenbleiben können wir bei der Einsicht des Dichter-Agitators auch nicht. Denn echte Dichtung belehrt ja nicht nur über die mögliche Änderung der Verhältnisse, sondern will den Leser-Hörer selbst verändern. Es ist wahr, was Rilke in seinem Gedicht »Archaischer Torso Apollos« als Wirkung eines Kunstwerks beschrieb:

»... denn da ist keine Stelle,
die dich nicht sieht. Du mußt dein Leben ändern.«[3]

Die Aufklärung, die echte Kunst schenkt, betrifft nie nur die Verhältnisse, sondern stets den Menschen selbst.

Und hier wird es dann gefährlich. Veränderung der Verhältnisse, das mag ja noch angehen. Aber Veränderung des Menschen in den Verhältnissen, Veränderung seiner selbst, wie soll der Mensch das leisten? Vielleicht löst sich dann im Vernehmen der Dichtung unsere Illusion über das Leben, auch die Täuschung über uns selbst. Und solche Täuschung ist auch noch die Meinung, der Mensch könne die Wirklichkeit ändern, in dem Sinne, daß er ihre Widersprüche, ihre Ungereimtheiten und Ungerechtigkeiten wegarbeitet. Denn das echte Kunstwerk vermag zwar die Widersprüche des Lebens, seine Rätsel und Abstrusitäten auszudrücken und in ihrer Mitte den Menschen; aber da wird nichts gelöst, sondern vielmehr in seiner Monstrosität, in einer Frage, in seinem »Umsonst« vor uns aufgerichtet.

Die eigentliche Wirkung eines Kunstwerks vermögen wir darum weder in bloßer Ergriffenheit noch auch in einem Entschluß zu sehen, sondern in der Erschütterung, in der wir das Leben als Krise erfahren. Ob Aristoteles mit seiner Bemerkung von der Katharsis-Wirkung (Reinigung) der Dichtkunst in diese Richtung gezielt hat, das mag auf sich beruhen. Wir meinen jedenfalls: die Begegnung mit dem Kunstwerk verlangt den kritischen Leser/Hörer/Betrachter, weil es das Leben als Krise gestaltet. Dieses kritische Verhältnis zum Kunstwerk müssen wir lernen. Immer wieder neu müssen wir es einüben.

II.

Aber Kritik kennzeichnet nicht nur die Haltung von Autor und Leser, sie ist auch das Element der Dichtung selbst.

Wenn wir treffen wollen, was denn die sogenannte moderne Dich tung von der anderer Zeiten unterscheidet, dann müssen wir die Kri tik nennen. Und wer Kritik sagt, meint Vernunft.

Das ist nun freilich eine sehr weitreichende, eine umfassende Be hauptung, daß die für unsere Zeit repräsentative Dichtung sich im Element der Vernunft bewege, daß von der Vernunft alles, was dar gestellt wird, sein Licht und seine Schatten empfange.

Am leichtesten einsichtig ist diese Behauptung, wenn wir daran denken und darauf achten, wie weitgehend die Darstellung der Ver hältnisse, in denen die Menschen leben, durch Kritik bestimmt ist Die Personen der Handlung selber mögen ganz unkritisch sein, dann wird aber über ihr Verhalten die Lauge des Spottes oder der Ironie ausgegossen. Und Kritik an den Zuständen und Verhältnissen be stimmt nicht nur sogenannte schlechte oder kleinbürgerliche oder un erträgliche Verhältnisse, sie betrifft jede Vorgegebenheit prinzipiell Alles Gegebene muß kritisiert werden, es ist der Kritik würdig. Nicht mehr nur das Abweichen von der Moral ist Gegenstand von Kritik, sondern alles, Moral wie Unmoral, Einordnung in die Tradition wie Abweichung von ihr wird ins gnadenlose Licht gestellt. Licht und Schatten sind nicht mehr zu unterscheiden. Denn alles ist im Licht muß ins Licht, in den Raum, in dem das Licht keine Schatten mehr kennt. Die Dichtung lebt allerdings davon, daß immer noch Dunkel heit aufzuarbeiten, Verstecke aufzudecken, Geheimnisse zu enthüllen sind; aber grundsätzlich ist das »Licht der Öffentlichkeit« ihr Ele ment.

Daher rührt einerseits die manchmal wütende, zuweilen selbst mörderische Bewegung gegen das Vergangene, gegen die Tradition die Freude daran, Bindungen, Selbstverständlichkeiten zu zerstören Und wer könnte je mit dieser Bewegung, die Vergangenheit auf zuarbeiten, zu Ende kommen? Zuletzt wird auch noch die Anstren gung, aufzuklären, selbst zum Vergangenen, das aufgehoben werden muß. — Andererseits ist das Unternehmen, alles in das Licht der Vernunft zu stellen, weit davon entfernt, Vergnügliches zu produ zieren. Denn in diesem Licht stellt sich das Einzelne, das Konkrete in seiner ganzen Zufälligkeit, Unbegründetheit, Ungeschütztheit und Blöße dar. Von keinen Ordnungen, Tabus, Herkommen mehr ge halten, liegt das Leben da in seiner Nacktheit und Armseligkeit, in seiner Verletzlichkeit und Aggressivität. Das Licht der Vernunft zeigt uns das Leben in seiner ganzen Monstrosität. Geht der Dichter aber weiter, unterwirft er entwerfend das Leben dem Diktat der Vernunft

.ann wird dies Diktat selbst zur Willkür. Ist das Vernünftige das
Machbare, dann herrscht bald der Einfall, die Maske, ja die Puppe.
Kritik ist also nicht nur dem Salz in der Suppe zu vergleichen. Sie
st die Lauge, die alles zersetzt und das nackte Gerippe übrig läßt.
.lle Mythen und Traditionen lösen sich in ihr auf. Und es bilden
ich Monstren, die wiederum die Kritik hervorrufen, bis dann am
.nde der Mensch ohne Schutz und Hülle dasteht.

Wir können uns diese Unerbittlichkeit in zwei Bereichen ver-
nschaulichen, die zur Substanz in der Dichtung gehören: im Ver-
.ältnis von Mann und Frau, im Verhältnis des Menschen zu
;ott.

1. Immer noch ist das Verhältnis von Mann und Frau das Thema
er Dichtung. Es stellt die Urzelle dar, in der das Leben konkret wird.
.recht hat recht, wenn er sagt: »Die kleinste gesellschaftliche Einheit
st nicht der Mensch, sondern zwei Menschen.«[4] Von dieser Einheit
weier Menschen hat die Dichtung von jeher geredet. Was wird aus
iesem Thema im Zeitalter der Vernunft? An die Stelle der Leiden-
:haft, die Tristan und Isolde beherrscht, tritt die Reflexion über das
'erhältnis. Das Außerordentliche verliert den Charakter des Ge-
:hicks, das über die Menschen kommt; die geschlechtlichen Be-
iehungen nehmen den Charakter eines Experimentes an; immer
.eue Bereiche, Zonen, Konstellationen müssen dem Dämon Sexus
ewonnen werden. Der Roman von James Baldwin »Eine andere
Velt« ist ein Beispiel für das Durchspielen aller Möglichkeiten:
Iomosexualität tritt zur Heterosexualität, die Liebe zwischen Schwarz
.nd Weiß wird in allen Variationen vorgeführt. Hinter dieser Unruhe
teckt Prinzip. Gerade weil im Sexus eine fremde Macht über die
Menschen zu verfügen scheint, muß mit allen Mitteln versucht wer-
en, das Fremde zu formen und damit zu vermenschlichen und es im
ichte der Vernunft seiner Fremdheit zu berauben. So kommt denn
.otwendig ein Element von Obszönität in die Darstellung der Dichter
.nd Schriftsteller. Man muß da wohl unterscheiden: Es gibt zwar —
.mmer — Autoren, die selbst Freude am Zweideutigen, am Aufdecken
er Scham haben. Aber wir verstehen, was in der Dichtung unserer
'age in dieser Beziehung am Werke ist, erst, wenn wir erkennen,
.aß die Vernunft es ist, die das Geheimnis enthüllen, das Unverfüg-
are verfügbar machen, die Tabus brechen will und muß.

[Nur nebenbei will ich bemerken, daß auch beim Leser nicht die
reude an Anzüglichkeiten und Zweideutigkeiten das charakteristi-

sche Motiv ist, sondern das Interesse daran, die intime Geschichte des Leibes und der Seele dem Licht der Erkenntnis auszusetzen, um das Unverfügbare zu durchleuchten.) So werden wir bei den Autoren darauf achten, wie sie das Verquere, das Entfremden, das bloß Naturhafte im Geschlecht zu humanisieren trachten durch Reflexion, durch Aufklärung, durch obszöne Reden, das verletzen und auflösen will. Dabei wird uns dann von den Autoren, die ihre Erfahrung mit der Verblendung gemacht haben, deren die Vernunft fähig ist, die Einsicht zugemutet werden, daß die aufgeklärte Geschlechtlichkeit nicht nur sich ständig dem Dunkel entringen muß, sondern selbst eine Atmosphäre der Willkür und Empfindsamkeit schafft, die Mann und Frau in neuen Bereichen zur Schicksalskonstellation zusammenhalten.

2. Fast noch stärker ist die Umwälzung, die durch die Vernunft im Bereich des Religiösen in Gang kommt. Denn mehr noch als in der Überwältigung durch das Geschlecht stellt sich die Religion (von Schleiermacher der Bereich »schlechthinniger Abhängigkeit«, von Tillich »das was uns unbedingt angeht« genannt) als die Dimension dar, die aller Vernunft und Aufklärung voraufliegt und darum stärker nach der Aufhellung verlangt als jeder andere Bereich. Gott kann direkt definiert werden als diejenige »Größe«, die aller Aufklärung durch die Vernunft voraufliegt und aller Aufklärung folgt. Und das Bestreben der Vernunft ist es, diese Dunkelheit aufzuhellen. Darum gibt es an keiner Stelle der Dichtung so viel Äußerung von Verachtung, Abkehr, Protest gegen die Fremdbestimmung wie im Religiösen. Blasphemie durchzieht das Gestein der Dichtung. Diese Auflösung in der Lauge des Spottes, des Zweifels, der bohrenden Frage und der Anklage betrifft natürlich nicht nur die Macht, die aller Vergegenständlichung spottet, sondern vielmehr — und in der Dichtung sogar primär — die religiöse Tradition und den Kult, die dem Menschen die Gottesbeziehung überliefern. Da kann man dann beobachten, wie der sich selber suchende und aufhellende Mensch die Zeremonien, Fremdbestimmungen, Ahnungen und Ängste der Vergangenheit, vor allem der Kindheit aufzuhellen, herunterzuspielen, abzustoßen versucht. Wenn blasphemische Töne laut werden, dann sind sie nicht so sehr als Lästerung anzusehen, sondern als die emotional geladene Form der Auseinandersetzung mit der Tradition, in der sich die undurchdringliche Fremdbestimmung des Menschen durch die Religion ausdrückt. Dabei verdient es besondere Beachtung, daß das Problem der Blasphemie sich im Christentum zuspitzt. Die heidnischen Reli-

gionen verstanden unter einer blasphemischen Rede die emotionale Empörung über die Seinsgewalten Geschlecht und Tod, die dem Menschen überlegen sind. Gerade diese Abwehr und Empörung war aber durchaus im Sinne der jüdischen Religion. Der Mensch tut recht, sich gegen die Übermacht fremder Gewalten zu empören, wenn er es im Namen dessen tut, der als der Schöpfer alle fremden Gewalten geschaffen hat. Jesus nun potenziert diese Problematik noch einmal. Er erscheint selbst der Blasphemie verdächtig, weil er durch sein Leben und Sterben bezeugen will, daß Gott nicht sosehr der schlechthin Erhabene, auch aller Kritik Entrückte ist, sondern diejenige universale Macht, die ihre Fremdheit, ihr Anderssein so völlig in die Nähe einbringt, daß sie selbst die Leiden der Kreatur auf sich nimmt. Dann ist nicht nur der Protest von Hiob gegen Gott gerechtfertigt, sondern auch der Protest gegen den Gott, der leiden läßt. Indem er erhoben wird, wird er gegenstandslos. Denn Gott selbst sitzt im Zentrum des Leidens.

Wenn wir diese Zusammenhänge bedenken, dann hören wir auf, uns falsch über die blasphemischen Töne in der Dichtung zu erregen. Zwar gibt es da auch Blasphemie, die nur als Neurose zu deuten ist. Aber zentral muß doch die Einsicht sein, daß in dem »Mein Gott, mein Gott, warum hast Du mich verlassen«, das Jesus am Kreuz ausrief, der Protest gegen die Urspannung von Fremdbestimmung und Eigensein von Gott selbst ausgetragen wird.

3. Wenn wir Geschlecht und Religion als die beiden Bereiche ansehen, in denen die Spannung von Bestimmung und Selbstsein am stärksten in Erscheinung tritt und ausgetragen werden muß, dann können wir auch verstehen, wieso es in der Geschichte der Menschheit bis in unsere Tage hinein immer wieder zu Durchdringung, Verknüpfung, zu Austausch und Vermischung dieser beiden Bereiche kommt. Nicht nur Böll und Grass, auch Baldwin und Henry Miller sind Musterbeispiele für diese Verwandtschaft. Es ist der Reiz vieler Dichtung, daß die beiden Bereiche des Lebens sich in ihrer gegenseitigen Verwobenheit stärken, aufhellen, aber auch verdunkeln.

III.

Ich habe, denke ich, klarmachen können, daß die Dichter unserer Zeit des kritischen Lesers bedürfen und daß sich in der Kritik nicht sosehr der Sachverstand der Leser äußert, sondern viel grundsätzlicher die Notwendigkeit, die Wirklichkeit mit der Vernunft zu durchdringen, zu erhellen und im Erhellen an ihr zu scheitern. Vielleicht kann man sagen, daß die Dichtung früherer Zeiten von der Transparenz im Symbol lebte, die Dichtung unserer Zeit aber von dem schwarzen Licht der Aufklärung.

Diese Eigentümlichkeit unserer Dichtung liebzugewinnen, ihre Sprache zu lernen, ihr in der schönen Solidarität der kritischen Vernunft zu begegnen und sich mit ihren dunklen Aufklärungen die eigene Existenz erhellen zu lassen, das ist eine Aufgabe, die nicht nur von Kritikern angefaßt werden muß, die darin ihren Beruf haben, sondern von jedermann, der Dichtung liest.

Wir Laien sind da erst am Anfang; wir müssen uns einüben. Und wenn wir kritisch lesen, dann werden wir nicht nur den Autoren besser gerecht, wir gewinnen auch selbst an Reife, wenn anders wir es für einen Gewinn ansehen, daß wir auch selbst sehend werden und unser Leben als Krisis ansehen, deren Heilung keine Kritik leisten kann, sondern nur die »Gnade, diese souveränste Macht, deren Nähe man im Leben schon manchmal staunend empfand, und bei der allein es steht, das Schuldiggebliebene als beglichen anzurechnen«, wie Thomas Mann sich selbst zum Trost an seinem 70. Geburtstag bekennt[5].

Ich habe mich in diesem Sinne immer wieder in den letzten Jahren in die Dichtungen von Günter Grass und Heinrich Böll vertieft und in kritischer Lektüre viel gelernt. Ich lernte die Werke selbst kritisch zu lesen, ihren strengen Gang, die ihr eigentümlichen Mittel, den Wechsel von Anziehung und Abstoßung. Und ich wurde durch sie dahin gebracht, unsere Wirklichkeit, in der wir verwickelt sind, besser zu verstehen, Vorurteile, Ambivalenzen, Unerträglichkeiten, aber auch den Zauber und Wert des vergänglichen Lebens zu beachten. Unsere Dichter lehren uns, die Zeichen unseres Lebens neu zu deuten. Vernunft erhellt ihre Imagination. Und ihre Imagination übersteigt ihre Vernunft.

Günter Grass
Dichtung als Therapie
unbewältigter Vergangenheit

I. Die Blechtrommel

Krankenbericht eines Gnomen

Nach einigen Vorspielen tritt Günter Grass 1959 mit einem großen Roman an die Öffentlichkeit: »Die Blechtrommel«[1]. Die Erzählung überwältigt durch ihre vitale Phantasie, durch die Fülle ihrer Gestalten, durch den genauen Realismus, durch die Zeitbezogenheit und ihre Aktualität. Epoche aber macht sie durch ihre Perspektive. Ein Danziger erzählt die Geschichte seiner Generation, der Zeit von 1924 — 1948; er erzählt sie als Gnom. Der Dichter läßt ihn selbst beschreiben, wer er ist:

> »Ich erblickte das Licht der Welt in Gestalt zweier Sechzig-Watt-Glühbirnen. Noch heute kommt mir deshalb der Bibeltext: ›Es werde Licht und es ward Licht‹ — wie der gelungenste Werbeslogan der Firma Osram vor... Damit es sogleich gesagt sei: Ich gehörte zu den hellhörigen Säuglingen, deren geistige Entwicklung schon bei der Geburt abgeschlossen ist und sich fortan nur noch bestätigen muß.«[2]

Bei seinem dritten Geburtstag inszeniert Oskar einen Sturz von der Kellertreppe des elterlichen Hauses, um sich dem animalischen, bürgerlichen, normalen Leben zu entziehen und mit seiner Trommel alles zu trommeln, was er in seiner Welt erfährt. »Um nicht (wie der Vater, der Kolonialwarenhändler Matzerath) mit einer Kasse klappern zu müssen, hielt ich mich an die Trommel und wuchs seit meinem dritten Geburtstag keinen Fingerbreit mehr, blieb der Dreijährige, aber auch Dreimalkluge, den die Erwachsenen alle überragten, der den Erwachsenen so überlegen sein sollte, der seinen Schatten nicht mit ihrem Schatten messen wollte, der innerlich und äußerlich vollkommen fertig war, während jene noch bis ins Greisenalter von Entwicklung faseln mußten, der sich bestätigen ließ, was jene mühsam genug und oftmals unter Schmerzen in Erfahrung brachten, der es nicht nötig hatte, von Jahr zu Jahr größere Schuhe und Hosen zu tragen, nur um beweisen zu können, daß etwas im Wachsen sei. Dabei, und hier muß auch Oskar Entwicklung zugeben, wuchs etwas — und nicht immer zu meinem besten — und gewann schließlich messianische Größe.«[3] Dieser Oskar erzählt als Dreißigjähriger sein Leben. Er setzt ein mit jener Großmutter Anna Bronski, die auf dem Kartoffelacker einem flüchtigen Brandstifter unter ihren vier Röcken Unterschlupf gewährte, berichtet vom Leben seiner auf dem Acker empfangenen Mutter zwischen den beiden Männern Albert Matzerath und Jan Bronski, zeichnet darin sich selbst, verflochten in dieses Leben, verwickelt in seine Altersgenossen und das Geschick der Stadt Danzig in jenen Jahren zwischen Deutschen und Polen, Deutschen und Juden. Er erlebt das Ende von Danzig, flieht mit Maria, seiner Geliebten, nach Westdeutschland, baut sich dort eine Existenz auf, wird Künstler und landet in der Heilanstalt.

Was dieses Buch bedeutend macht, ist nicht schon das Zeitgeschichtliche, auch nicht die große Erzählkunst von vollkommener Realistik. So großartig das alles ist, wichtig und bedeutend ist erst die Perspektive. Ein Gnom erzählt seine Geschichte, sie besteht darin, daß er sich von aller Geschichte distanziert. Er entzieht sich ja allem Wachstum, allen Schmerzen der Entwicklung. Und eben dieses Entziehen, dieses Abstandnehmen hat seine Geschichte, es macht Geschichte. Es wäre nicht richtig, hier von einer Art Beichte oder Befreiung durch das Erzählen zu sprechen. Wenn Goethe seine Werke als »Bruchstücke einer großen Konfession« verstand, dann befreite er sich durch das Dichten von den Empfindungen und Erfahrungen und Schmerzen seines Lebens, indem er sie zur Gestalt verdichtete und ins Symbol erhöhte. Die Beichte von Klein-Oskar (und Günter Grass) ist anderer Art: Nicht die Leiden und Freuden des Lebens öffnen ihm den Mund, sondern die Leiden, die ihm das Distanznehmen von allen Leiden und Freuden schafft. Oskar sitzt mit dreißig Jahren in der Nervenklinik und befreit sich von der Last seiner Vergangenheit und darin von der Last, zu allem Erleben das Verhältnis der Distanz zu haben. Er bekennt das Erlebte, bekennt die Schuld der Distanz zu dem Erlebten und will sich von dieser potenzierten Bedrückung befreien. Das ist die Perspektive dieser ›Biographie‹.

Es ist die Perspektive unserer Zeit, die Perspektive dessen, der unter den Folgen der Aufklärung steht und leidet. Fern ist das Pathos von Brecht, der die Verhältnisse entlarvte und an den Sieg der Vernunft, der Idee glaubte; fern auch der Versuch, aus den Sprengstücken der Wirklichkeit eine künstliche Welt zu konstruieren. Oskars Perspektive ist die doppelte Reflexion: er distanziert sich von dem konkreten Leben, das nicht zu rechtfertigen ist, und bricht auch diese Distanz noch einmal, weil er sich zur Konkretion bekennt und im Widerspruch verharrt.

Wir werden an die Physiker von Dürrenmatt erinnert: Der Wissende flüchtet aus der ambivalenten Wirklichkeit um der Verantwortung willen in das Abseits der Klinik und muß doch erkennen, daß es kein Außerhalb gibt und daß der Mensch nirgends der Wirklichkeit entrinnen kann. Bei Dürrenmatt ist Frau Dr. von Zahn die Herrin beider Bereiche, eine Urmutter mit dämonischen Zügen. Bei Grass steht an dieser Stelle die »schwarze Köchin«, die den schuldigen Menschen von hinten und von vorn umfängt und umstellt.

»Schwarz war die Köchin hinter mir immer schon.
Daß sie mir nun auch entgegenkommt, schwarz.«[4]

So endet der Roman und macht dabei deutlich, daß alle Schrecken und Schmerzen, alle Illusionen und Einbildungen in dieser Urerfahrung wurzeln, in der Erfahrung der schwarzen Mutter.

Wenn wir versuchen, die Perspektive des Gnom(en) Oskar im Zusammenhang unserer Zeit zu verstehen, dann fällt mir Kierkegaard ein. Auch er krankte an einem Mißverhältnis zum Leibe. Theodor Haecker konnte zu Recht den großen Dänen mit dem Titel eines Aufsatzes »Der Buckel Kierkegaards« charakterisieren[5]. Kierkegaard hat einen Buckel gehabt, das ist wahr. Aber, daß er seine Verlobung mit Regine Olsen auflöste, daß er die Angriffe des »Korsaren« auf die Mißgestalt seines Leibes so scharf erwiderte, daß er seine dänische Mutterkirche wegen ihres faulen Friedens mit der Faktizität angriff — das entsprang in der Tiefe erst daraus, daß er den Glauben nicht hatte. Er sagte selbst: »Wenn ich den Glauben gehabt hätte, wäre ich bei Regine geblieben.«[6]

Die Parallele ist verblüffend. Kierkegaard hat vor hundert Jahren das Mißverhältnis des Menschen zu seinem Leibe erlitten. Er hat es als »Reflexion« erfahren und reflektierend versucht, das Mißverhältnis aufzuarbeiten. Er hat dadurch das Leiden seiner Zeit stellvertretend durchlitten, und zwar so, daß er festhielt: dieses Mißverhältnis entspringt aus dem Mangel an Glauben. Und er hat als Ziel vor Augen gehabt, daß er im Glauben dieses Mißverhältnis aufarbeiten und eine zweite Naivität würde erreichen können. Oskar — und nicht nur diese Figur des Dichters Grass, sondern die Perspektive des Dichters selbst — nimmt auch das Leiden der Zeit, das durch die Reflexion des Leibes entsteht, auf sich. Und indem er es aufarbeitet und austrommelt, will er es überwinden.

Aber wir müssen genauer zusehen. Kierkegaard hat selbst alle Klärungen dieses Phänomens in seiner Parallelität geliefert in seiner Untersuchung »Der Begriff Angst«[7]. Wir wissen, daß er sich zeit seines Lebens mit Hegel auseinandergesetzt hat. Aber dieser war für ihn nur der Exponent des Geistes, der seit der Aufklärung die Zeit bestimmte. Und es ist das Charakteristische seiner Auseinandersetzung, daß er sie nicht von außen vollzog, sondern von innen: er wollte zum Glauben durchbrechen, indem er den Unglauben im Denken reflektierte. Damit nahm er die Last seines Jahrhunderts auf seine Schulter. (Was Wunder, daß er davon einen Buckel bekam!) Kierkegaard bestimmt den Menschen als Geist; dieser ist die Synthese von Leib und Seele, von Zeitlichkeit und Ewigkeit, von Zufälligkeit und Notwendigkeit[8]. Er setzt voraus, daß das Wesen des Menschen mit dieser Dialektik der Existenz angemessen beschrieben werden kann; sie entspricht aber der allgemeinen Auffassung, wie sie seit dem deutschen Idealismus herrscht. Wir müssen diese Vorentscheidung im Auge behalten. — Man kann dann das Verhältnis innerhalb der Klammer reflektieren und versuchen, es zu realisieren. Kierkegaard liegt aber allein daran, die verschiedenen Möglichkeiten, die dialektische Struktur der menschlichen Existenz auf »die Macht zu beziehen, die es setzte«[9], d. h., er argumentiert religiös.

Dann erscheint ihm als Grundstimmung der Existenz die Angst: Weil und seitdem der Mensch sich nicht auf Gott im Glauben gründet, sondern selbst das Verhältnis realisieren will, wird ihm angst. Entweder neigt er sich dem Leibe zu, dann wird die Seele geängstet, weil sie nicht mehr atmen kann. Oder er neigt sich der Seele und ihren Möglichkeiten zu, dann überfällt sie der Schwindel, da sie nicht real werden kann. Von dieser doppelten Angst ist der Mensch bestimmt, bestimmt in seiner Sinnlichkeit. Unter dieser dürfen wir freilich nicht das bloße Leibliche verstehen, sondern eben die Erfahrung, daß Leib und Seele zusammengespannt sind und zusammen real werden sollen. Immer wieder betont Kierkegaard, daß nicht das Geschlechtliche die Sünde sei. Aber die Sünde qualifiziert das Geschlecht. »Durch die Sünde ist die Sinnlichkeit zur Sündigkeit geworden.«[10] Wird die Angst unter dem Gesichtspunkt der Sünde betrachtet, dann zeigen sich zwei Grundformen ihrer Erscheinung: Angst vor dem Bösen — Angst vor dem Guten.

Die Angst vor dem Bösen ist Kierkegaards eigene Lage. Sein Leben steht unter ihrem Vorzeichen. Er sah es als seine Bestimmung an, das Verhältnis bzw. Mißverhältnis von Leib und Seele, von Zeitlichkeit und Ewigkeit, von Zufall und Notwendigkeit unter das Vorzeichen von Glauben und Unglauben zu stellen und es unter diesem Vorzeichen durchzureflektieren. Reflektierend hoffte er, das Mißverhältnis durchsichtig machen zu können und auf dem Wege der Reue die Freiheit wiederzugewinnen. Ihm war auch bewußt, daß dieser Weg etwas Übertriebenes an sich hatte. »Die Reue kann ihn nicht freimachen«, sagte er[11]. Sie kommt ja immer um eine Ewigkeit zu spät. Aber eben darum wollte er die Angst vor dem Bösen in ihren Erscheinungsformen reflektieren, durchsichtig machen, um so dem Glauben Platz zu machen. Während er also reflektierend das Phänomen der religiösen Existenz durchleuchtete und durchlitt, war er blind gegenüber der eigentlichen Krankheit, die er zu behandeln vorgab: gegenüber der Bestimmung des Lebens durch den Geist. Daß er meinte, die Reflexion sei ein Weg zu dem, was über der Reflexion liegt, das machte ihn blind für die eigentliche Sünde des Zeitalters: die Reflexion, die Definition des Menschen und der Wirklichkeit durch den Geist. — In diese Verirrung nun hat der einsame Mann durch die Klarheit seines erlittenen Reflektierens zwei Generationen später die protestantische Theologie mit hineingerissen. Von 1918 an bis in die Mitte des Jahrhunderts wurde die Theologie durch die Dialektik beherrscht. Man ist fast versucht, in diesem Fall von Vorsehung zu sprechen. Mit dem Instrument der Reflexion trat die evangelische Christenheit in Deutschland zur Auseinandersetzung mit der Aufklärung an. Das war in der Tat die Ebene, auf der die Zeit lebte. Inzwischen ist aber an den Tag gekommen, daß die Reflexion selber, die Selbstbezogenheit des Menschen im Geiste und die Aufhebung des Konkreten in den Geist und die Reflexion der Sitz im Leben ist, wo die Sünde blüht und wo der Glaube (und die Verkündigung) ansetzen muß. Wenn der Idealismus durch den Marxismus (in ebenso vielen Schattierungen wie jener) abgelöst wurde, wenn also der Geist vom Leib her verstanden werden sollte, dann blieb man damit doch in der Struktur der Aufklärung. Dieser Hausstreit kann nicht darüber hinwegtäuschen, daß die Identität des Geistes mit sich selbst (oder die der Materie mit sich selbst) das eigentliche Problem ist. Aber bis heute haben die Dialektiker unter den protestantischen Theologen nicht eingesehen, daß die Eigenständigkeit des Menschen und der Welt, und also der Atheismus, die Diesseitigkeit das Punctum saliens ist. Welche verhängnisvolle Verzögerung für die Kirche und den Glauben, bis er zu sich selbst kommen sollte. — Man kann das providentielle Elend der Theologie im Schatten Kierkegaards an der Sprache ablesen, die die von ihm beeinflußte Verkündigung (und nicht nur sie) spricht. Auch diese tritt unter das Vorzeichen der Reflexion. Dann ist es ihr nicht mehr erlaubt, unreflektiert von den Erfahrungen des Glaubens Zeugnis abzulegen. Möglich ist nur die Sprache der Dialektik: Person und Liebe, direkte Anrede und das Ja zur Kirche — alles muß gebrochen werden. Nur im Spiegel erblickt der Glaubende die Wahrheit, im Spiegel des Geistes und der Reflexion, nicht der Welt und ihrer Bilder (wie Paulus meinte, wenn er sagte: Wir sehen jetzt durch einen Spiegel in einem dunklen Wort)[12]. Man kann auch bei Kierkegaard schon die drei Felder erkennen, auf denen die Sprache durch die Reflexion gebrochen werden muß: der personale Bereich (in der Auseinandersetzung mit Regine) — der Bereich der Publizität (im Streit mit dem Korsaren) — der kirchliche Bereich (in der Polemik gegen Bischof Mynster).

Dennoch — Kierkegaard war hellseherisch; er erfuhr die Verblendung des Denkens. Dabei war sein Fall die Konstellation: Angst vor dem Bösen; er war ein von Gott Ergriffener und wollte gehorchen. Er sah aber auch das Komplement zu seiner eigenen Situation auf der Ebene der Reflexion: die Angst vor dem Guten.

Die Angst vor dem Guten beschreibt er unter dem Stichwort »Das Dämonische«. Er erkennt, daß die Macht der Sünde, die die Angst gebiert, nicht nur den Willen erzeugen kann, das Mißverhältnis ethisch aufzuarbeiten und sich dem Bösen zu entwinden, sondern auch umgekehrt: den Willen, sich in dem Widerspruch zu verschließen aus Angst vor dem Guten. Man muß also unterscheiden: »Die Sündenknechtschaft ist ein unfreies Verhältnis zum Bösen, aber das Dämonische ist ein unfreies Verhältnis zum Guten.«[13] Ich will die Analyse dieser Spielart der Angst ein wenig ausführen, weil die Angst vor dem Guten der Fall von Klein-Oskar bei Günter Grass ist.

Kierkegaard kennzeichnet als dämonisch nicht allgemein, was wir unter Besessenheit verstehen und im Neuen Testament z. B. beobachten können. Er beschreibt vielmehr eine Ausformung des Menschen, wie sie unter dem Vorzeichen der Reflexion zustande kommt. Wenn der Mensch sein Wesen als vom Geist bestimmt versteht, wenn er annimmt, »daß der Mensch eine Synthesis von Leib und

Seele ist, getragen vom Geist«[14], dann ist das Dämonische »die Unfreiheit, welche sich in sich selbst verschließen möchte« vor dem Guten, d. h. in diesem Fall vor Gott, der die Synthese allein vollziehen kann. Der Mensch will sich selbst nicht aufgeben, darum schließt er sich ab gegen die Forderung, die ihn sprengt, gegen Gott und seine Offenbarung. So ist

1. das Dämonische »das Verschlossene und das unfreiwillig Offenbare«[15]. Der Mann schließt sich in sich selbst ein, er »will keine Kommunikation«. Der Mensch verstummt oder, genauer gesagt, wenn er spricht, dann offenbart er unfreiwillig seine Verschlossenheit. Nicht nur sein Sprachgebrauch, der keine Kommunikation mehr zuläßt, verrät ihn, auch sein Gestus, seine Mimik offenbart seine Selbstbezogenheit.

2. »Das Dämonische ist das Plötzliche.«[16] Das Gute bejaht die Kontinuität. Das Böse aber äußert sich darin, daß es — wie der Satan — sich allein sich selbst verdanken will. Es kann keinen Zusammenhang zugeben und zulassen. Mephistopheles ist ein Beispiel dieser Haltung. Mit einem Sprung ist er auf der Bühne. Er kann nur von sich selbst herkommen. — Dämonisch im Sinne Kierkegaards ist also der Wille zur Diskontinuität. Er entsteht ja nicht sosehr aus dem Nein zu dem Bösen, das in der Tradition auch immer mitenthalten ist, sondern aus der Ablehnung jeder Abhängigkeit. Die Vergangenheit, die Tradition muß dämonisch abgestoßen werden.

3. »Das Dämonische ist das Inhaltsleere, das Langweilige.«[17] Schließt sich das Dämonische von allem Zusammenhang aus, so kann es andererseits auch sich selbst nicht festhalten. Denn dann würde es einen Ernst entwickeln, an den es sich selbst binden würde. Darum kann das dämonische Verhalten nichts festhalten; es muß sich von allem Inhalt entleeren. Und da der Inhalt, also das Verhältnis von Leib und Seele z. B. immer gegeben ist, muß es durch Ironie oder Spott vernichtet werden.

4. Kierkegaard erkennt gut, das Dämonische »ist vielleicht noch nie so verbreitet gewesen wie zu unseren Zeiten, nur daß es heutzutage sich besonders in den geistigen Bereichen zeigt«[18]. Auf den zweiten Teil dieser Bemerkung kommt es an: das Dämonische wird dort aktiviert, wo es von dem Geist, der Reflexion im Sinne Kierkegaards, bestimmt wird. — So erklärt sich die Erscheinung, daß mit wachsender Bewußtheit die Gewißheit abnimmt. Von dem neuzeitlichen Menschen gilt darum: »Es wird ihn stören, er wird sich peinlich berührt fühlen, wenn ein ganz schlichter Mensch ganz schlicht

von der Unsterblichkeit spricht.«[19] Eben darin besteht heute die Verlegenheit in der Gemeinde. Der Glaubende aber bleibt selbst von dieser Herrschaft der Reflexion nicht unberührt. Weil er die Gewißheit unter den Strahlen der Reflexion schmelzen fühlte, verfällt er der entgegengesetzten Dämonie: Er verfällt dem Aberglauben. »Im Aberglauben wird der Objektivität eine Macht eingeräumt gleich der des Medusenhauptes, die Subjektivität zu versteinern, und die Unfreiheit will nicht, daß der Zauber gelöst werde.«[20] Das ist nach Kierkegaard das Unglück der Orthodoxie.

Auf diesem Wege vermag Kierkegaard wesentliche Phänomene im religiösen Leben zu verstehen und verständlich zu machen. Der Ungläubige muß über alles Heilige spotten; er muß es aus Angst vor dem Guten. Der Gläubige aber neigt zum Aberglauben: weil er im Zeitalter der Reflexion sich an nichts Gegebenes halten kann, verfällt er der Unfreiheit und wird komisch.

Wir kennen das Problem in der christlichen Gemeinde, daß sie sich in das Lager der »komischen Heiligen« und der Spötter zu spalten droht. Die Voraussetzung für diese Spaltung aber ist, daß die Abergläubigen und Ungläubigen nicht erkennen, daß es um die Voraussetzung geht, die Reflexion, den Geist der Neuzeit. Solange diese Ebene nicht betreten wird, ist auch kein Ende in der Schizophrenie der Gemeinde abzusehen. Dämonie ist das Kennzeichen der Frommen wie der Gottlosen.

Unter dem Vorzeichen der Reflexion entstehen also zwei Weisen des Menschen, zu sündigen und sich mit der Sünde auseinanderzusetzen: die ethische, bestimmt durch die Angst vor dem Bösen, die dämonische, bestimmt durch die Angst vor dem Guten. Leicht kann man bis in unsere Tage hinein ihre theologischen Exponenten erkennen. Einerseits treten die Eiferer in die Arena, die im Gefolge von Kierkegaard das Böse voller Reue hinter sich lassen und in unerhörter ethischer Anstrengung das Gute im Zeichen der Reflexion herstellen wollen: die Gesellschaft, in der es kein Unrecht mehr gibt. Andererseits treten die vom Streben nach Identität Besessenen auf; sie begehren, jede Fremdbestimmung abzubauen und zur großen Identität durchzudringen.

Aber es bleibt dabei: beides sind nur komplementäre Weisen, die Sünde zu realisieren und dabei den Glauben in Aberglauben oder Unglauben zu verfälschen. Kierkegaard durchschaute beide Formen. Er meinte, selbst den Weg des Pönitentiars, des Ethikers, zu Ende gehen zu können, ja im Krebsgang die Reflexion zu reflektieren und so zum

Glauben durchzudringen. Aber der Buckel blieb ihm, weil er dem Glauben nicht traute. Es entstand die Existenzweise des buckligen Christen. Klein-Oskar, die Zentralfigur bei Grass, ist offenbar ein Vertreter des dämonischen Bereiches. Seine Reflexion ist durch die Angst vor dem Guten bestimmt. Er entzieht sich diesem Leiden und flieht in das Austrommeln.

Versuchen wir nun, mit den gewonnenen Klärungen die Strukturen der »Blechtrommel« zu erkennen. Wir halten uns dabei an die drei Bereiche, die sich schon bei Kierkegaard ergaben: der persönliche, der öffentliche, der religiöse (kirchliche) Bereich.

1. Der persönliche Bereich. Oskar ist ein Gnom, ein Zwerg. Aber nicht die Natur hat ihn zu einem solchen gemacht, sondern er selbst. Er wollte sich den Schmerzen der Entwicklung entziehen; er wollte in Distanz gehen zum Leben. Seine Verkrüppelung ist selbstgewählt, nicht Schicksal. Er stürzt sich die Kellertreppe hinab, um dem alltäglichen Leben enthoben zu sein.

Diese Figur ist natürlich zunächst ein Kunstgriff des Dichters, um die Distanz des Künstlers auszudrücken, dessen Umgang mit dem Leben sich in der Distanz ausdrückt: Da das Leben den Menschen zwingt und vergewaltigt, bringt die Distanz Entlastung, frische Luft, ein Stück Freiheit. Aber dabei bleibt er doch auf das Vorgegebene bezogen. Die Reflexion reflektiert das Leben. So wird denn alles Geschehen in der Reflexion gebrochen. Eine Art kalter Wut ist da am Werk[21]. Der Künstler will die Fremdbestimmung aufbrechen und bleibt dabei doch auf sie bezogen. In dieser Haltung deutet sich zugleich die Perspektive an, in der der Mensch unserer Zeit allein alles Leben betrachten und bewältigen kann. Der Abstand des Gnomen ist ein Kunstgriff — zugegeben. Aber dieser Kunstgriff ermöglicht das Leben; und er zerstört es zugleich.

Wir werden an Freud erinnert. Seine Entdeckung des Ödipus-Komplexes besagt doch: Das Leben beginnt mit einer Fremdbestimmung. Der Mann wird durch die Frau, die Frau durch den Mann bestimmt. Diese Abhängigkeit potenziert sich im Kind. Dieses ist in die Konstellation von Vater und Mutter gestellt. Es kann in ihr nur leben, wenn es diese Beziehungen, ihren realen Vollzug, zugleich analysiert, reflektiert. Freud tat das vor allem als Sohn mit einem Vater-Komplex. Grass steigert die Beziehungen und ihre Verwirrungen auf eine groteske, höchst eindrückliche Weise. Bis zuletzt bleibt unklar, ob Oskar der Sohn des Ehemannes oder des Geliebten seiner Mutter Agnes ist. Bis zuletzt bleibt offen, ob der Sohn seiner Geliebten Maria sein Kind oder das des (Stief-)Vaters Bronski ist. Das ist alles nicht nur höchst realistisch, sondern auch sprechend: Es weist auf die Verwicklungen des Menschenlebens hin. Man kann also nicht sagen, daß der kleine Oskar sich diesen Zusammenhängen entzieht. Vielmehr muß er sie dem Dunkel entreißen, er muß in Distanz gehen. Nur so kann er leben.

Diese Perspektive bestimmt die Züge, unter denen das Zusammenleben der Menschen, ihre Geschichte erscheint: Angst vor dem Bösen – Angst vor dem Guten. Klein-Oskar kann von seinem Ansatz her das Fremde in der Begegnung nicht bejahen. Er kann es nur anerkennen, indem er es erkennt. Bejahung würde heißen: den Anspruch bejahen, den der andere, der Partner hat. Das wäre die Angst vor dem Bösen, die nun um des anderen willen die Totalität verdrängt. Bei Oskar dominiert die Angst vor dem Guten: Er kann sich nicht hingeben. – Es ist deutlich – hoffe ich –, daß beide Haltungen komplementär zueinander sind. Beide können den Widerspruch, der in der Erfahrung des Geschlechts liegt, nicht erkennen.

»Das Dämonische ist das Verschlossene und das unfreiwillig Offenbare«, sagt Kierkegaard. Die obszöne Redeweise zeigt dämonische Züge: weil der Mensch sich von sich selbst her verstehen will, muß er in seiner »Incurvatio« das Fremde aufbrechen und sich damit als der Brecher des Geheimnisses offenbaren.

Das Obszöne gibt dem Buch seine Farbe, der Geruch des Geschlechts ist in ihm penetrant. Aber das muß recht verstanden werden. Was hier zur Sprache kommt, ist nicht die Freude des Mannes an der Zote (obwohl bei Leser und Autor diese Seite nicht ausgeschlossen sein soll!); vielmehr wird hier der Versuch gemacht, die Herrschaft des Geschlechts und alle Verwicklungen, die sich damit verbinden, sichtbar zu machen und sie so zugleich anzuerkennen wie zu bestreiten. Die obszöne Darstellung ist doppelbödig. Wo die Fremdheit des Geschlechtlichen aufgedeckt wird, da wird sie nicht etwa beseitigt, sie wird nur ›aufgeklärt‹. Die obszöne Rede macht die Ambivalenz des Sexus offenbar. Darin liegt die Pointe des Obszönen. Oskar beschreibt seine erste geschlechtliche Erfahrung mit Maria so ambivalent. Er nennt sein Geschlecht – bezeichnend genug – einen dritten Trommelstock und fährt dann fort:

»Und ich trommelte nicht Blech, sondern Moos. Und ich wußte nicht mehr: bin ich das, der da trommelt? Ist es Maria? Ist das mein Moos oder ihr Moos? Gehören das Moos und der elfte Finger wem anders und die Pfifferlinge mir? Hatte der Herr da unten seinen eigenen Kopf, eigenen Willen? Zeugte Oskar, er oder ich?«[22]

Dieser Erfahrung sieht der Mensch sich ausgeliefert. In ihr ist alles voller Ambivalenz: Liebe und Haß, die Konkurrenz der Geschlechter, ihre Wirklichkeit ist dem Menschen als Subjekt voraus. Und er kann sich der fremden Gewalt nur entwinden, indem er sie ans Licht bringt, erkennt, ausspricht. Ich sprach von einem Zwang zum Obszönen. Damit ist gemeint: Der Mensch muß sich mit dieser Wirklichkeit seines Lebens auseinandersetzen. Er tut es, indem er sich erkennend von der fremd-vertrauten Wirklichkeit befreit. Obszöne Reden sind also nicht im mindesten »Naturlaute«, sondern Reaktionen des Menschen auf das, was ihn überwältigt.

Wenn viele Zeitgenossen über diese Art der Darstellung entsetzt sind, dann kommt das daher, daß sie das Geschlechtliche nicht vom Leibe her, sondern von der Seele her zur Sprache bringen wollen. Dann kommt es zum Gegenstil: An die Stelle des Obszönen tritt das Symbol, das Bild. Da ist alles Sinnliche nur ein Verweis auf die Einheit, die in allem gesucht wird. Der »erotische« Mensch bejaht also die Einschmelzung der Person im Geschlecht, der »sexuelle« entsetzt sich vor ihr als vor einer Vergewaltigung, die ihn zugleich anzieht und abstößt. Dann muß er sich von dieser Doppelerfahrung befreien. Wir erkennen hinter diesem Gegensatz die Unterscheidung Kierkegaards. Wem aber — so fragen wir zuletzt — gilt diese Entlarvung, diese Offenbarung, die doch nur kundmacht, was nicht herauskommen sollte? Für welches Ohr ist sie bestimmt? Wir erhalten keine endgültige Auskunft, sondern nur eine Kette von Verweisungen: Die geschlechtliche Aktion ist Aggression; sie gilt dem Verborgenen, dessen Organ sie doch zugleich ist. Von diesem Widerspruch muß der Mensch sich entlasten, indem er diese Wirklichkeit aufklärt, austrommelt. Das Erzählen des Geheim-Offenbaren aber entlastet nicht, sondern ist zugleich als ein immer neuer, nie endender Prozeß der Rechtfertigung gedacht. Und wir fragen: vor wessen Ohr?

2. Der Bereich des Öffentlichen. Er hat weniger Gewicht, als es zunächst den Anschein hat. Zwar ist die Erzählung, die ja in Danzig spielt, durchsetzt von Reminiszenzen an die Geschichte dieses Grenzlandes: an die Pruzzen, an die Belagerung der Schweden, an polnische Jahre. Und die Zeit des Dritten Reiches wird auf jeder Seite sichtbar: mit den großen Aufmärschen, mit der Auseinandersetzung zwi-

schen Polen und Nazis, mit dem Zusammenbruch des Reiches und der Fluchtbewegung nach Westen. Aber das ist alles eigentlich kein eigenes Thema, sondern nur die Welt, in der die Gestalten leben, ihre Umwelt. Aber in dieser Hinsicht ist es eben höchst charakteristisch, wie der Zusammenhang der Familie mit der Politik hergestellt wird. Die Betrachtung der politischen Dinge ist nicht im geringsten moralisch. Vielmehr ist die Welt der Geschichte ein unübersehbarer, auch unaufhellbarer Bereich. Wie die Macht des Geschlechtes bestimmt auch sie das Leben des einzelnen. Man muß ihr daher auch ebenso begegnen. Wenn der kleine Oskar beschließt, nicht zu wachsen, dann nicht nur, damit er einmal nicht wie sein Vater hinter dem Ladentisch stehen und Käse verkaufen muß[23], sondern überhaupt, um sich dem Mitwirken und Mitverantworten im öffentlichen Bereich zu entziehen. Allerdings — dieser Rückzug aus dem Öffentlichen wird von Oskar selbst unterbrochen. W. Johannes Schwarz hat darauf hingewiesen, daß sich in Oskars Leben verschiedene Perioden unterscheiden lassen[24]: Vom dritten Geburtstag ab wächst Oskar nicht mehr, aber er trommelt. Beim Begräbnis des Vaters schleudert er die Trommel in die Grube, und seitdem beginnt er zu wachsen. Sachlich bedeutet das: er übernimmt Verantwortung für Maria und seinen Sohn Kurt. Diese Periode währt bis 1948. Damals ist Oskar der Ernährer seiner Familie, er nimmt am Bildungsleben der Nachkriegszeit und an den Auseinandersetzungen über die deutsche Geschichte teil. Als aber Maria es ablehnt, ihn zu heiraten, da nimmt er die Trommel wieder auf und wird der Künstler, der mit seinen Rhythmen der Welt ihre Narrheit bescheinigt.

Dieser Wandel beleuchtet die existentielle Bedeutung der Kritik: sie hat eine Funktion für das Leben. In dem Augenblick, in dem der Sohn den Vater verliert, muß er selbst Verantwortung übernehmen und also die Distanz zur Geschichte aufgeben. Umgekehrt: Als Maria ihren Geliebten aus dem Eintritt in die ethische Existenz des Ehemanns zurückstößt, wird Oskar wieder der Trommler. Hier deutet sich an, was für den Weg des Dichters Grass wichtig ist, daß die Kritik keine ideologische, sondern eine therapeutische Rolle spielt. Aber dennoch: Klein-Oskar steht als Trommler vor uns, er trommelt sich durchs Leben. Er tut das aber nicht, um sich von der Welt kritisierend zu scheiden, sondern um seine Welt und auch sich selbst zu entlarven. Enzensberger kennzeichnet den Gebrauch der Trommel mit Recht so: »Das alberne blecherne Spielzeug wird ihm zum Inbegriff der Kunst, einer wehr- und hilflosen, infantilen, destruktiven Kunst: doch er bringt es weit in ihr, geht mit seiner Trommel gegen Gott und die Welt an und bleibt traurig zwar und jenseits aller Hoffnung, doch bis zum Ende unbesiegt wie David ...«[25]

Es steckt also ein Doppeltes in dieser Trommelei: Einerseits will sich der Mensch gegen die Vergewaltigung wehren, die ihm vom Leben, von der schwarzen Köchin, widerfährt; er will sie lächerlich machen, indem er sie aus der Perspektive des Beobachters darstellt, indem er ihre Blöße aufdeckt. Andererseits bleibt das Trommeln auf dieses Leben bezogen; es entwirft nicht seinerseits eine »Überwelt«, eine Ideologie. Enzensberger versäumt es dann auch nicht, kritisch anzumerken: »Es fehlt ihm der moralische Instinkt des wahren Satirikers sowie dessen absurde Hoffnung, es sei am Zustand der Welt etwas zu ändern.«[26] Enzensberger hat recht. So ist in der Tat die Narrenrede des Dichters zu verstehen: sie bekennt die Abgründigkeit der Welt, sie wehrt sich gegen die Vergewaltigung und löst sich dennoch nicht aus dem Zusammenhang, aus der Verantwortung. Wenn man denn diese Verstrickung noch Verantwortung nennen kann.

So wird also die Welt gesehen: Das Trommeln ist Protest, aber nicht zugunsten einer besseren Welt, sondern um sich zu entlasten von der wilden traurigen Wirklichkeit. Trommeln wird zum Symbol für den Menschen im Widerspruch. Wenn der Mann die Frau betrommelt, dann widerspricht er dem Unaufklärbaren, er greift das Geheimnis an und wehrt sich zugleich dagegen. Wenn der Zeitgenosse seine Welt und Umwelt erkennend kritisiert und kritisierend erkennt, dann macht er dem Unbehagen Luft, er rebelliert gegen die Vergewaltigung, aber nicht, weil er an eine bessere Welt, ohne Dunkelheit glaubt, sondern weil er im Widerspruch in sie verwickelt bleibt. Vielleicht ist der Protest sinnlos, aber gewiß ist er notwendig.

3. Der Bereich des Religiösen. Mit den letzten Bemerkungen ist schon angedeutet, daß die Perspektive des Trommlers »religiös« ist. Sie betrachtet die Existenz des einzelnen und seine Verflechtungen in der Geschichte als ein Verhängnis, das der Mensch erkennend ebenso übersteigt wie anerkennt.

Wir sahen bei Kierkegaard, daß er, in der Tradition des Protestantismus stehend, die »Angst vor dem Bösen« als seine Situation reflektierend aufzuarbeiten versuchte. Wir haben Grass schon durch die »Angst vor dem Guten« gekennzeichnet. Wir können nun beobachten, daß diese Ausrichtung mit seinem Katholizismus zusammenhängt.

Grass hat seine Verwurzelung in ihm ausdrücklich akzeptiert. In einem Interview mit Geno Hartlaub sagt er:

»Protestantismus sehe ich als Spielart einer christlichen Religion. Er bleibt zu abstrakt... Nach meinem Herkommen und der zu beschreibenden Wirklichkeit ist für mich der Katholizismus das Gegebene. Diese Religion äußert sich im Alltag nicht christlich, sondern heidnisch. Das mag, vom Protestantismus aus gesehen, die Schwäche dieser Religion sein, aber vom Katholiken aus gesehen, auch wenn er nicht mehr glaubt, ist diese kräftige Portion Heidentum seine Stärke. Mich beunruhigen religiöse Fragen nicht.«[27]

Diese Äußerung ist aufschlußreich in verschiedener Hinsicht. Zunächst steckt in ihr die Anerkennung der eigenen Situation. Sein Mutterboden ist die katholisch geprägte Welt. Aber er bejaht diese Verwurzelung auch: Katholizismus ist, anders als der religionskritische, moralische, abstrakte Protestantismus, »Religion«, d. h. er ist in der Wirklichkeit zu Hause, als Tradition, die gegeben ist, aber auch inhaltlich: seine Bilder und Figuren, seine Zeremonien sind heidnisch, d. h. sie sind Teil der wirklichen Welt in ihrem Widerspruch. Religion ist einfach da. Sie ist nicht die Ebene der Probleme, der Fragen, sondern die Ebene des Gegebenen. Als solche hat sie teil an der prallen Fülle des Wirklichen, aber auch an ihrem Widerspruch. Und wie das Trommeln zwar protestiert, aber im Widerspruch auch anerkennt, was als größere Wirklichkeit unüberwindlich vorgegeben ist, so ist auch das religiöse Verhalten von Klein-Oskar keine Verneinung der Religion, sondern Anerkennung im Widerspruch.

Man kann dieses religiöse, aber ungläubige Verhalten an der Art und Weise ablesen, wie Oskar seine Taufe einschätzt. Er beschreibt sie mit allen Einzelheiten in ihrem Verlauf. Schon die Wahl des heidnischen Namens Oskar hatte Schwierigkeiten ergeben. Und als dann dem Täufling die Frage gestellt wurde »Widersagst du dem Satan und allen seinen Werken? Und all seinem Gepränge?«, da bleibt Klein-Oskar in der Neutralität: »Bevor ich den Kopf schütteln konnte — denn ich dachte nicht daran zu verzichten — sagte Jan dreimal stellvertretend für mich: ›Ich widersage‹. Ohne daß ich es mir mit Satan verdorben hatte, salbte Hochwürden Wiehnke mich auf der Brust...«[28] Damit ist am Sakrament genau die Haltung beschrieben, die Klein-Oskar — und zum großen Teil auch Günter Grass — zur Religion einnimmt. Religion ist ein Teil der wirklichen Welt; das Problem ist, daß sie darum auch teilnimmt an ihrer Widersprüchlichkeit: sie ist Satan und Gott, Heiliges und Dämonisches in einem. Und der Mensch ist ihr verhaftet; er wurzelt in dieser gräulichen Mischung und wird zugleich gezwungen, ihr zu widersprechen. Die gleiche Ambivalenz von Anerkennung (der Wirklichkeit und Vorgegebenheit) und Widerspruch wie dem Leben überhaupt wird auch der Religion gegenüber praktiziert. Religion gehört unabänderlich zum Leben, sie fordert aber zugleich zum Widerspruch heraus. Oskar kann das deutlich beschreiben. Er sagt im Rückblick auf seine Taufe:

»Ich gebe zu, daß die Fliesen in katholischen Kirchen, daß der Geruch einer katholischen Kirche, daß mich der ganze Katholizismus heute noch unerklärlicherweise, wie, nun, wie ein rothaariges Mädchen fesselt, obgleich ich rote Haare umfärben möchte und der Katholizismus mir Lästerungen eingibt, die immer wieder verraten, daß ich, wenn auch vergeblich, dennoch unabänderlich katholisch getauft bin. Oft ertappe ich mich während banalster Vorgänge, etwa beim Zähneputzen, selbst beim Stuhlgang, Kommentare zur Messe reihend, wie: in der Heiligen Messe wird die Blutvergießung Christi erneuert, damit es fließe zu seiner Reinigung...«[29]

Oskar, der Katholik, kann nicht auf den Gedanken kommen, seine Religion zu verlassen. Sie ist vorgegeben. Und wenn es nicht der katholische Glaube wäre, dann würde es eine andere Form von Heidentum sein, von Bildern und Zeremonien, in denen die Wirklichkeit des Lebens sich in ihrem Anspruch widersprechend sammelt.

Aber genauso, wie der Mensch zwar im Erdreich des Lebens wurzelt und dennoch sich von der Umschlingung und Würgung reflektierend und protestierend befreien muß, genauso muß er sich auch der vorgegebenen Wirklichkeit der Religion gegenüber verhalten. Sie ist nicht nur, wie das die Protestanten moderner Observanz vielleicht wollen, eine Gegebenheit der kulturellen Tradition, überkommen mit Buch und Schule — sondern tief verwurzelt im Erdreich des Lebens selbst[30]. Und gerade darum muß sie überstiegen, gebrochen werden. Und da es sich hier um die Mitte des Lebens handelt, konzentriert sich die Auseinandersetzung auf das Thema Religion, nimmt sie die Form eines wütenden Ringens an, bei dem jeder Griff erlaubt ist. Es ist zwar keine Aussicht, daß der Mensch sich je der Umschlingung durch den gräulichen Gott-Satan-Zwitter entwindet. Aber nur im wütenden Protest kann er seine Menschlichkeit erwerben. Und doch — muß diese Haltung noch einmal reflektiert werden. Wenn Oskar, der die Religion blasphemisch austrommelnde Oskar, sich gegen seinen religiösen Grund wendet, dann tut er das als Insasse einer psychiatrischen Klinik.

Das Stichwort ist inzwischen gefallen, das die Einstellung des Gnomen zur Religion kennzeichnet; es heißt: *Blasphemie*. Der obszönen Redeweise im Bereich des Geschlechtlichen entspricht die blasphemische im Religiös-Christlichen.

Um den Sachverhalt zu klären, der mit dem Wort »blasphemisch«, Blasphemie gemeint ist, sind einige Hinweise auf seinen Gebrauch von Nutzen[31]. Die Griechen kennzeichneten mit dieser Wortgruppe die »stärkste Form persönlicher Verspottung oder Verleumdung«. Der Feind wurde dadurch vernichtet, daß er entlarvt, bloßgestellt wurde. Im Bereich der Religion bedeutet es, daß »das wahre Wesen der Gottheit entstellt oder ihre Macht angetastet und angezweifelt wird«. Wenn der Mensch sich von den übermenschlichen Mächten des Daseins angegriffen, gestellt und umstellt sieht, dann reagiert er auf diese Vergewaltigung oder Inanspruchnahme, indem er die Macht der Gottheit bezweifelt oder ihren Anspruch verwirft. Dieser Abwehr ist die letzte Erfolglosigkeit ebenso sicher wie die Entlastung, die in dem »Auskröpfen« liegen kann. Der Mensch entlastet sich gegenüber den göttlichen Mächten, indem er sie bloßstellt.

Die griechische Übersetzung des Alten Testaments übernimmt diesen religiösen Sprachgebrauch. Sie spitzt ihn aber in der Richtung zu, daß dem Volk Israel der Vorwurf gemacht wird, es gebe durch sein Verhalten den Heiden Anlaß, den Namen Gottes zu lästern. Diese Verwendung findet sich auch im Neuen Testament (Röm 2, 24. 1 Tim 6, 1). Charakteristisch ist aber ein potenzierter Gebrauch bei den ersten Christen. Nach den Synoptikern verurteilen die Juden Jesus zum Tode, weil er durch seinen Anspruch, Gott ohne Macht zu vertreten, den wahren Gott lästere (Mk 14, 64. parall. Lev 24, 16). Für die Juden ist es also ein Antasten der Hoheit Gottes, wenn Jesus in seiner Ohnmacht die Macht Gottes zu vertreten beansprucht. Die Christen dagegen stellen sich auf die Seite Jesu: Gottes Macht erweist sich im Kreuz, Macht ist Entäußerung der Macht, Macht ist Liebe.

Dann muß im Sinne des Glaubens an den gekreuzigten Gott in dreifachem Sinne von Blasphemie geredet werden.

a) Die Heiden schmähen Gott, wenn die Drangsale und Qualen der Geschichte unerträglich werden (Offb 16, 11. 21). Sie offenbaren damit, daß sie die Heimsuchung nicht erkennen noch akzeptieren.

b) Wer Jesus wegen seiner Machtlosigkeit lästert, der lästert Jesus und in Jesus Gottes wahres Verhalten. Er hält an dem Götzen der Macht fest. — Die Verkündigung will diese Lästerung überwinden:

Jesus trägt das Widersprechen der Menschen, die auf Macht aus sind.

c) Eine Grenze wird gesetzt: Die Lästerung wider den Heiligen Geist ist eine Sünde, die nicht vergeben werden kann (Mk 3, 28. 29). Das ist verständlich: Wer sich nicht von dem Geist der Liebe, dem Geist der Sündenvergebung überwinden läßt, sondern schäumend widersteht, der kann aus seinem Haß gegen Gott nicht gelöst werden.

Mit diesen Beobachtungen am biblischen Sprachgebrauch kann es gelingen zu verstehen, welche Rolle blasphemische Rede und Parodie in der Blechtrommel spielen.

Die zentrale religiöse Figur in der Blechtrommel ist Jesus, und zwar Jesus, das Kind auf dem Schoß der Jungfrau Maria, wie Oskar es vor dem linken Seitenaltar des linken Kirchenschiffes der Herz-Jesu-Kirche in bemaltem Gips sehen konnte. Dieses Jesus-Kind zieht Oskar bei seinen Kirchenbesuchen mit der katholischen Mutter Agnes oder der konvertierenden Maria rätselhaft an. Die Mutter besuchte die Kirche, seit sie ein Verhältnis mit Jan Bronski angefangen hatte, sie hatte »Mühe gehabt, mit der Beichte ihrem Verhältnis zu Jan Bronski nachzukommen«[32].

Ebenso muß von Maria gesagt werden: »Maria jedoch, die dem flotten Fritz sehr anhing, wurde fromm«; der protestantische Gottesdienst reicht ihr nicht, sie sucht die Erleichterung in der Beichte[33]. Von dieser Seite her kommt also die Religion, das Heidentum, der Katholizismus in Sicht. Wenn und weil der Mensch Böses tut, sich in die Welt der Triebe hineingezogen sieht und das Bedürfnis verspürt aufzuarbeiten, loszuwerden, zieht es ihn zum Kultus. Es ist nur konsequent, wenn Oskar diese Wendung zur Religion bei den beiden Frauen akzeptiert, aber zugleich sich selbst von dieser Realität abwendet. Er muß den Kultus, die Liturgie, das Vaterunser parodieren, er muß den Zauber der Religion brechen, weil er ihre Realität anerkennt und zugleich verneint.

Aber nun steht der Jesusknabe im Mittelpunkt des Interesses für Oskar. Mit ihm will er sich identifizieren: »Eineiig! Der hätte mein Zwillingsbruder sein können.«[34] Und mit ihm erlebt er eine ganze Geschichte, voller Blasphemie und zugleich die Blasphemie der Religion brechend. Wir müssen die Stationen dieser Begegnung verfolgen.

1. Station. Klein-Oskar will sein Ebenbild auf dem Altärchen dazu bringen, ein Wunder zu tun, selbst zu trommeln. Er legt also der Gipsfigur die Trommel an, versucht sie durch die Gebete der Liturgie

zum Trommeln zu bewegen. »Aber Jesus schlug nicht auf die Trommel.«[35] Dann muß also Klein-Oskar das Trommeln übernehmen, um ihm, dem kleinen Jesus, zu zeigen, wie man protestiert. Das gibt einen kleinen Skandal in der Kirche. Oskar wird die Trommel vom Pastor entrissen, er wehrt sich, wird geschlagen. Und aus Rache versucht er sich an den Fenstern der Kirche. Er versucht die zentrale Figur, die Taube des Heiligen Geistes, zu sprengen. Es gelingt ihm nicht. »War das das Wunder, und keiner begriff es?« fragt Oskar[36]. Und während er weinend zusammenbricht, während Mutter und Pastor seine Tränen für Reue nehmen, macht er seine Rechnung auf:

> »Während Mama mich aus der Herz-Jesu-Kirche trug, zählte ich an meinen Fingern ab: Heute ist Montag, morgen Kardienstag, Mittwoch, Gründonnerstag, Karfreitag ist Schluß mit ihm, der nicht einmal trommeln kann, der mir keine Scherben gönnt, der mir gleicht und doch falsch ist, der ins Grab muß, während ich weitertrommeln und weitertrommeln, aber nach keinem Wunder mehr Verlangen zeigen werde.«[37]

So beginnt also für Oskar die Passionswoche. Er entdeckt: Jesus tut keine Wunder; vielleicht gehört er also nicht in jene Welt der Religion, die mehr Macht repräsentiert. — Wer würde da nicht an die Enttäuschung der Jünger erinnern, die auch enttäuscht waren, daß Jesus den Passionsweg ging. Allerdings: Oskar meint Jesus verhöhnen zu müssen, weil er nicht trommelt, nicht aufbegehrt, wenn er, Oskar, es will.

2. Station. Als, Jahre später, Maria zur Entlastung ihres Gewissens regelmäßig die Herz-Jesu-Kirche aufsucht, begleitet Oskar sie. Und: »Ich tat, was ich vor Jahren getan hatte, nahm mir die Trommel vom Bauch und stellte Jesus auf die Probe.«[38] Als Oskar die schweigende Gipsfigur auslacht, geschieht das Wunder: der kleine Jesus trommelt. Er zeigt sich vertraut mit der Welt des kleinen Oskar, den Soldatenliedern, den Familienverhältnissen, auch mit den vier Röcken der Großmutter und der unter ihnen gebotenen Perspektive. Oskar ist wütend über dieses Eindringen Jesu in seine Welt. Jesus aber läßt sich nicht zurückdrängen. Und nun spielt sich zwischen den beiden in parodierter Form die Berufung des Petrus durch Jesus ab, die wir als Erzählung vom Auferstandenen bei Johannes finden (Joh 21, 15 bis 19). Ich muß sie zitieren, weil sie ein klassisches Stück ist, das viel über das Verhältnis des Menschen zu Jesus aussagt:

> »Schon wollte ich ohne Dank und hastig wie zehn Teufel die Stufen runter und raus aus dem Katholizismus, da berührte eine angenehme,

wenn auch befehlerische Stimme meine Schulter: ›Liebst du mich, Oskar?‹
Ohne mich zu drehen, antwortete ich: ›Nicht daß ich wüßte!‹ Er darauf
mit derselben Stimme, ohne Steigerung: ›Liebst du mich, Oskar?‹ Un-
wirsch gab ich zurück: ›Bedaure, nicht die Spur!‹ Da ödete er mich zum
drittenmal an: ›Oskar, liebst du mich?‹ Jesus bekam mein Gesicht zu
sehen: ›Ich hasse dich, Bürschchen, dich und deinen ganzen Klimbim!‹
Merkwürdigerweise verhalf ihm mein Anwurf zu stimmlichem Triumph.
Den Zeigefinger hob er wie eine Volksschullehrerin und gab mir einen
Auftrag: ›Du bist Oskar, der Fels, und auf diesem Fels will ich meine
Kirche bauen. Folge mir nach!‹
Sie können sich meine Empörung vorstellen. Wut gab mir die Haut
eines Suppenhuhnes. Einen Gipszeh brach ich ihm ab, aber er rührte sich
nicht mehr. ›Sag das noch einmal‹, zischte Oskar, ›und ich kratz dir die
Farbe ab!‹
Da kam kein Wörtchen mehr...«[39]

Oskar liebt Jesus nicht; aber er kommt gegen ihn nicht an. Er muß
seinen Angriff gegen die Kirchenfenster aufgeben. Der Versucher in
ihm warnt ihn, »der ruiniert dir noch deine Stimme«. Und so wird
Oskar denn ein »Nachfolger Jesu«. Er wendet seine Stimme außen an
und zersingt Glas. Er tut das als Jesus. Damit ist doch wohl gemeint,
daß er trommelnd — wie Jesus — Verhältnisse kritisiert und Tabus
bricht.

In diesem Verhalten von Oskar erkennen wir die Haltung des
modernen Menschen. Er lehnt das fromme Engagement der Kirche,
der Religion ab; er wendet sich parodierend gegen den Kult. Und
zugleich tritt er in die Nachfolge Jesu ein, weil Jesus selbst gegen die
Religion trommelt und dazu Nachfolger, Jünger braucht.

3. Station. Oskar wird also der Petrus einer neuen Kirche, Vicarius
Jesu. Und als Stellvertreter Jesu sammelt er Jünger um sich. Er gewinnt sie dadurch, daß er sich einer Bande von Danziger Halbstarken
gegenüber als Jesus bekennt, von ihnen »gestäupt« wird — wie Jesus
in seiner Passion — und durch die Sirenen des Fliegeralarms — wie
Jesus in der Nacht der Geburt durch die Engel — bestätigt und von
der Bande akzeptiert wird. »Es brauchte seine Zeit, bis alle Sirenen des
Vorortes langatmig und eindringlich gleich Erzengeln die von mir
verkündete frohe Botschaft aufnahmen, die Nacht schwellen und ein-
sinken, die Träume flimmern und reißen ließen, den Schläfern ins
Ohr krochen und dem Mond, der nicht zu beeinflussen war, die
schreckliche Bedeutung eines nicht zu verdunkelnden Himmelskörpers
gaben.«[40] Dieser Jüngerschar gibt er eine Probe von seiner Kunst, Glas
zu zersingen. Er gibt als Parole aus: »Waffen und Benzin im Garten

vergraben. Schlagbolzen an Jesus abliefern. Unsere Waffen sind anderer Art.«[41] Und dann wirkt die Stäuper-Bande des alias Jesus nächtlich in Danzig. Sie demontieren — als Partisanen Jesu — die etablierte Ordnung des Dritten Reiches, klauen Orden- und Ehrenzeichen, rauben »in Jesu Namen Parteikassen, Lebensmittelkarten und, was wichtiger war, Amtsstempel, vorgedruckte Formulare oder eine Mitgliederliste des HJ-Streifendienstes«[42]. Der Höhepunkt ihrer Tätigkeit ist ein nächtliches Krippenspiel in der Herz-Jesu-Kirche. Die Bande demontiert die Gruppe: Maria mit Jesus und Johannes; sie trägt die beiden Knabenfiguren ab. Oskar kommt auf den Einfall, sich an die Stelle des Jesusknaben auf den Schoß der Gipsjungfrau zu setzen. Und dann beginnt eine Schwarze Messe. Von Anfang bis Ende spielt man die heilige Handlung »anfangs noch mit pennälerhaftem Zynismus, ließ sich dann aber vom Text und von der heiligen Handlung mitreißen...«[43]. Mit dem Segen »fand wirklich eine geistige Entlastung statt, und die weltliche Inhaftierung konnte nur eine im Glauben gefestigte und in Oskars und Jesu Namen gestärkte Stäuperbande treffen«[44]. Polizei dringt in die Kirche ein, die Bande wird festgestellt, es kommt zum Prozeß, dem zweiten Prozeß Jesu, der mit Oskars und Jesu Freispruch endete. Während die anderen Jungen verurteilt werden, geht Oskar frei aus; er wird nicht für ernstgenommen: »Sie sehen ja, von welchen Elementen solch ein hilfloses Geschöpf mißbraucht wird.«[45]

Wenn wir dieses Ende von dem Prozeß Jesu im Neuen Testament her deuten wollen und im Ohre haben, daß die Juden Jesus für seine Prophezeiung, den Tempel abreißen zu wollen, und für sein Bekenntnis »Ich bin der Messias« der Blasphemie anklagen und dafür zum Tode verurteilen, dann können wir sagen: Hier findet eine Umkehrung der Passion Jesu statt. Anstelle der Juden stehen die Polizisten und Richter der Stadt Danzig. Sie empfinden die Demontage ihres Kultus als Blasphemie. Oskar aber hat wie Jesus der Welt der Religion den Kampf angesagt. Durch Parodie allein kann ihr Sinn gerettet werden. Und die Umkehrung betrifft auch das weitere: Während Jesus seine Jünger schont und selbst verurteilt wird, ist es in Danzig umgekehrt: Alle Mitglieder der Bande müssen sich kopfüber ins Urteil stürzen. Nur der kleine Oskar weigert sich, das Schauspiel des Eingeständnisses zu geben. Er springt nicht vom Turm, er spielt kein Theater, sondern wird durch seine Krankheit gerettet. Der Gnom weigert sich, Stellvertreter zu sein. Jeder bleibt mit seiner Situation allein.

4. Station. Aber die Nachfolge Jesu ist damit noch nicht zu Ende. Konsequent wird die Doppelgängerei weitergetrieben. Beim Begräbnis des Vaters Matzerath, den ein Russe mit der Maschinenpistole erledigt hat, wirft Oskar seine Trommel mit ins Grab. Und von diesem Augenblick an wächst der Gnom. Er tritt das Erbe seines Vaters an. Ein kleiner Irrer erkennt ihn als den Auferstandenen an. »Nun seht den Herrn, wie er wächst, nu seht, wie er wächst«, schreit er[46]. Hat Oskar also die Passion hinter sich? Fast kann es so scheinen. Auf jeden Fall flieht er mit den Angehörigen in den Westen, versucht sich in allerlei Berufen, verdient schließlich als Jazztrommler sein Geld und ernährt die Familie. Als aber Maria seinen Antrag, ihn zu heiraten, ablehnt, da gewinnt die Bedrohung wieder Oberhand. Das Dunkle und Zweideutige zieht ihn wieder an. Er spielt den Satan bei Schwester Dorothea, seiner Zimmernachbarin. Er beginnt wieder zu trommeln, um seine Bedrängnisse loszuwerden[47]. Überall begegnet er der Anklage, die ihn für sein Verhalten in der Vergangenheit schuldig spricht. Schließlich wird er — fälschlich? — des Mordes an der Schwester Dorothea angeklagt, deren Ringfinger er besitzt und in einem Weckglas verehrt. Oskar betete den Finger an, weil er ihn an seine Schuld erinnert, von der er nicht loskommt[48].

Oskar wird verurteilt; aber die Anstalt rettet ihn vor dem Gefängnis; er hat ja einen Buckel, ist nicht normal. »Wenn Jesus einen Buckel gehabt hätte, hätten sie ihn schwerlich aufs Kreuz genagelt.«[49] Der Gnom sitzt in der Anstalt; er trommelt seine Vergangenheit, um sich von ihr zu befreien. Doch ist die Lage schlimm: die gräuliche Verfolgung kommt nicht nur aus der Vergangenheit hinter ihm her: »Ist die Schwarze Köchin da? Jajaja! Du bist schuld, und du bist schuld und du am allermeisten.« Sie kommt nun aus der Zukunft auf ihn zu: »Denn was mir früher im Rücken saß, dann meinen Buckel küßte, kommt mir nun und fortan entgegen.

Schwarz war die Köchin hinter mir immer schon.

Daß sie mir nun auch entgegenkommt, schwarz.«[50]

Das ist die Wende, die Oskar erfährt, als er dreißig Jahre alt wird.

Bevor man Oskar einsitzen ließ in der Anstalt und ihm den Prozeß machte, hatte er sich auf die Flucht begeben; er kam bis Paris. Am Ausgang der Metrostation Maison Blanche faßt ihn die Polizei. Die Minuten, die er aus dem tiefen Schacht mit der Rolltreppe nach oben schwebt, der Gefangennahme entgegen, werden zum letzten Gleichnis, das ihn mit Jesus zusammenschließt: zu einer Art von

Auffahrt aus der Hölle, so wie Jesus sie erlebte, der gen Himmel fuhr. Oskar wird von den Gestalten und Situationen seines dreißigjährigen Lebens heimgesucht. Er weiß, daß er unter den Röcken seiner Großmutter keine Zuflucht finden kann. Er muß weiter, denn die Schwarze Köchin verfolgt ihn überall; in den verschiedensten Figuren sieht er ihr Gesicht auftauchen. Die dunkle Mutter Schuld gibt ihm keine Ruhe.

Die Fahrt auf der Rolltreppe nach oben wird ihm zum Sinnbild seines Lebens. Der Mensch wandert durch Hölle und Fegefeuer, um aufzusteigen ins Paradies. Und wie Vergil Dante zwar durch die Hölle geleiten kann, dann aber zurückbleiben muß, so müssen nun Goethe als Führer zu den Müttern und auch Dante, der im Himmel die Führung beanspruchte, zurückbleiben. Denn, wenn es auch wie eine Himmelfahrt aussehen könnte: die Schwarze Köchin ist überall. Oskar taucht aus dem Schacht der Unterwelt auf und sagt, als er festgenommen und mit seinem Namen Matzerath angesprochen wird: »Ich bin Jesus«.

Da wären wir dann wieder in der Passionsgeschichte; auch Jesus wurde ja gefangengenommen und angeklagt in einem Prozeß.

Aber doch ist's eine Wende. Die ersten dreißig Jahre seines Lebens ist Oskar von der Vergangenheit umgeben. Mit Großmutter, Mutter, Vater, Stiefbruder setzt er sich auseinander und wird an ihnen schuldig. Um sich die Schuld erträglich zu machen, dazu trommelt er. Aber die Schwarze Köchin, die Bedrohung aus dem Urgrund, sie bleibt. Nun aber wendet sich das Leben, die belastende Zweideutigkeit kommt nicht von dem Urgrund her auf ihn zu, sondern aus der Zukunft. Er muß, ein Mann geworden in den Verstrickungen der Herkunft, nun sich der Verantwortung für die Zukunft stellen. Und auch da wartet die große Schwarze Köchin auf ihn, weil er handelnd schuldig wird.

Wieso aber ist er nun noch immer »Jesus«? Wir erinnern uns an eine Bemerkung, die Camus über Jesus machte: »Er selber wußte, daß er nicht ganz unschuldig war.«[51] Der exemplarische Mensch ist ein Jesus, sein Lebensweg heißt: Passion. Und das Leiden kommt aus der Schuld. Diese Schuld aber ist nicht nur die falsche Entscheidung. Sie liegt vor Bewußtsein und Entscheidung; sie liegt als Fatum in der Konstellation. Die Schwarze Köchin ist das Sinnbild dieser Lage: Der Mensch fühlt sich angegriffen, ausgesetzt; er handelt spontan; indem er versucht zu entrinnen, verwirrt er sich immer unentrinnbarer in das Netz. Er bleibt gefangen.

Und in diesem Sinne bleibt Religion für den Menschen kennzeichnend: sie ist Ausdruck dieser Lage. Wie sagt Marx? »Ausdruck des Elends — Protestation in einem.«[52] Aber — diese Konstellation ist unüberwindlich. Das hatte Marx nicht gesehen. Hatte sich auch Jesus in diesem Punkte getäuscht?

II. Katze und Maus

Geschlecht und Entfremdung

»Katze und Maus« ist eine Novelle, also eine Erzählung, die mit einem Leitmotiv arbeitet und mit ihm Sinn und Absicht und Hintergrund andeutet. Grass schlägt sein Motiv gleich mit den ersten Sätzen an. Vierzehnjährige Jungens räkeln sich auf dem Sportplatz; einer von ihnen, Joachim Mahlke, liegt da mit heraustretendem Adamsapfel. Sein Kamerad Pilenz beobachtet eine vorbeistreichende Katze; in plötzlichem Einfall nimmt er sie und setzt sie an auf den Adamsapfel des Kameraden. Die Katze springt, Joachim fährt auf und schreit. »Mahlkes Adamsapfel wurde der Katze zur Maus.«[53]

Damit ist das Thema genannt, das die Erzählung von dem seltsamen Jungen Joachim Mahlke, bis zu seinem Erwerb des Ritterkreuzes und der Flucht aus dem Kriege, bestimmt. Es soll einmal die Konturen des Lebens andeuten. Das Leben gleicht einem Katze- und Mausspiel: Der Mensch, jeder Mensch wird von der großen Katze gejagt. Er ist ständig auf der Flucht. Er ist ein Vertriebener, er ist ein Getriebener. Das gilt grundsätzlich; es wird aber konkret in dem Spiel, das die Menschen miteinander spielen. Immer sind sie voreinander auf der Flucht, immer wird auch einer für den anderen zur Katze: er sucht nach seiner Blöße, um ihn zu erjagen. Homo homini lupus, dieses Thema variiert die Novelle.

Grass macht das konkret an der Entwicklung seines »Helden«. Er lebt im Danzig der Kriegsjahre. Diese Situation bestimmt seinen Weg. Wie er zu seinem Geschlecht erwacht und die Art und Weise, wie er es erfährt und bewältigt, ist von der Grunderfahrung bestimmt, vom Katze- und Mausspiel des Lebens. Psychologen haben versucht, Grass' Darstellung dieser Entwicklung zu analysieren; sie haben gerühmt, wie genau er psychologisch den Typus des Asthenikers in den Phasen seiner Pubertät getroffen habe[54]. Uns interessiert hier die andere

Seite der Sache: wie es Grass gelingt, die Phasen der Pubertät aus der Grunderfahrung der entdeckten Blöße und den Reaktionen auf die Angriffe zu verstehen. Und wie er die Zusammenhänge von Erfahrung des Geschlechts mit der Religion beschreibt. Man kann sie, der Erzählung folgend, leicht kennzeichnen.

1. Der Vierzehnjährige leidet an seinem auffälligen Adamsapfel. Er fühlt sich exponiert und reagiert auf diese Verletzlichkeit in doppelter Weise: Er tut sich vor den Kameraden hervor durch sportliche Leistung. Im Schwimmen zu einem abgesoffenen polnischen Minensucher übertrifft er bald alle; er taucht in das Innere des Bootes. Er gibt an. Beifall der Altersgenossen besänftigt seine Unruhe und fordert ihn zugleich zu neuen Taten heraus. Dabei flüchtet er in den Schutzraum der Religion: Täglich besucht er die Messe, er trägt ein Amulett mit dem Bild der schwarzen Maria von Tschenstochau, um seinen Adamsapfel zu verstecken. Das Amulett dient dazu, »um die ewige Katze von der ewigen Maus abzulenken«[55].

2. Die nächste Phase zeigt, wie der Junge auch das von ihm entdeckte eigene Geschlecht und seine Unruhe, seinen Angriff, dadurch überspielt, daß er sich vor den Gespielen mit seiner Potenz brüstet. Das Unbehagen, das ihn darüber überkommt, reagiert er dadurch ab, daß er beichtet, was er tat. Auch diese Handlung ist auf Maria bezogen. »Alles, vom Tauchen bis zu den späteren mehr militärischen Leistungen hat er für sie getan oder aber — um von seinem Adamsapfel abzulenken.«[56] Beides gehört zusammen. Der Schutz will verdient werden.

3. Der Junge wird eitel. Um seinen Adamsapfel zu bedecken, erfindet er einen Binder, bestehend aus zwei Quasten — eine durchsichtige Symbolik. Er will also durch Schmuck seine Blöße verbergen; er will von ihr ablenken und doch zugleich auf sie aufmerksam machen. Schon Paulus hat bemerkt, daß wir Menschen die weniger ehrbaren Glieder an unserem Leibe mit Schmuck zieren, damit sie anständig werden.

4. Nun kippt die Entwicklung um. Joachim baut sich einerseits einen Marienaltar in seinem Minensucher. Andererseits steigert sich seine Eitelkeit, sein Drang nach Anerkennung. Darum wird für ihn das Turnen in der Halle zu einer Art von Kult. Die Leistung im Turnen löst für ihn die Messe ab. »Während in der Marienkapelle Opfer, Wandlung und Kommunion voll ausgeleuchtete zauberlose und umständliche Betriebsvorgänge blieben ... wirkte im mystischen Licht

unserer Turnhalle das simple Auslosen jener beiden Korbballmannschaften ... feierlich und ergreifend, ähnlich einer Priesterweihe.« Die jungen Menschen zelebrieren miteinander ihren weltlichen Kult der Leistung, der Gemeinschaft. — Die Welt, ihre Anerkennung, der Einsatz und das Hochgefühl dabei lösen den religiösen Kultus ab.

Joachim ist so von dem Drang nach Anerkennung besessen, daß er einem Ritterkreuzträger, der vor den Schülern über seine Kämpfe berichtet und dann mit ihnen in der Halle turnt, das Ritterkreuz stiehlt. Joachim fliegt von der Schule, er hat seine Tat dem Priester und dann dem Schulleiter gebeichtet.

5. Das Verhältnis zum Geschlecht und seiner Blöße scheint sich zu normalisieren. Joachim akzeptiert seinen Adamsapfel, »Dachte, das ist eine Art Krankheit, dabei ist das vollkommen normal. ... Fing damals mit der Katzengeschichte an.«[57] Im Arbeitsdienst liegt er mit der Frau seines Oberfeldmeisters zusammen. Es ist aber Unnatur dabei im Spiel. Mahlke will sich durch diese Handlung an seinem Vorgesetzten rächen. — Und als Panzerkommandant schießt er siebenundzwanzig russische Panzer ab und erhält für diese Leitung das Ritterkreuz. Er kann so tapfer handeln, weil er mit dem Schutz der Jungfrau Maria rechnet. Damals erklärt er: »Natürlich glaube ich nicht an Gott. Der übliche Schwindel, das Volk zu verdummen. Die einzige, an die ich glaube, ist die Jungfrau Maria. Deshalb werde ich auch nicht heiraten.«[58] Diese Auskunft ist in verschiedener Hinsicht aufschlußreich. Nicht Gott, sondern die Katze (oder die Schwarze Köchin) bestimmt die Welt. Die Rede von Gottes Allmacht oder Liebe, von seiner Schöpfermacht ist nur erfunden, um die Menschen zu verdummen. Maria aber ist das Sinnbild des Schutzraums: die Immaculata bietet Schutz vor dem Angriff des Geschlechts, sie befreit von der Angst und ermöglicht darum besondere Leistungen. Beides gehört zusammen: das Nichtakzeptieren des Schöpfers und die Hinwendung zu dem Bild der in den Himmel Erhobenen, die Schutz gewährt. So verhindert der religiöse Kult den jungen Menschen, erwachsen zu werden, seine Blöße anzunehmen und im Geschlecht konkret zu werden.

6. Zum Schluß bricht alles zusammen. Joachim kann es nicht verwinden, daß ihm die Anerkennung seiner alten Schule versagt wird, daß er nicht als Ritterkreuzträger in der Aula vor den Schülern reden darf. Er geht nicht wieder an die Front; was soll er nun noch Leistungen vollbringen? Er flüchtet sich vielmehr in seine Privatkapelle auf dem polnischen Minensucher. Er tauchte unter und wollte nicht wieder auftauchen.

Es liegt ein Zauber eigener Art über dieser Jungengeschichte. Sie ist nicht poetisch, vielleicht. Sie ist wohl auch zu sehr mit hintergründigen Verweisen befrachtet. Aber sie ist wahr und kann über das, was mit der Entwicklung, Entdeckung und Einübung des Geschlechts geschieht, entscheidende Auskunft geben.

Wenn viele Leser und Kritiker wie Günter Blöcker dem Autor »das angemaßte Recht, die Schöpfung unterbieten zu dürfen«, bestreiten und ihm vorwerfen: »Das Unverarbeitete der Epoche, das Übermaß der Schuld, an dem sie trägt, und die Anmaßung, mit der sie sich darüber hinwegzusetzen sucht, lassen den Menschen insgeheim nach Erniedrigung verlangen«[59], dann haben sie mit ihrer Ablehnung so unrecht nicht. Aber damit haben sie noch längst nicht recht. Denn erstens wird mit der Darstellung nur etwas gezeigt, was der Realität entspricht. Und zweitens liegt in der Erzählung keine Spur von Rechtfertigung; sie wird vielmehr von dem Klassenkameraden dargeboten, der dem Joachim die Katze auf den Hals hetzte und bis zuletzt mitwirkte, daß er schuldig wurde und mit seinem Leben nicht zurechtkam. Der von Grass eingeführte Erzähler schreibt, wie übrigens der Gnom in der »Blechtrommel«, zu seiner eigenen Entlastung, weil er mit der Verflechtung nicht fertig wird. Überall sieht er die Katze auftauchen, und er folgt dem Rat von Pater Alban: »Schreiben Sie sich frei.«[60] Und drittens befinden wir uns mit der Erzählung auf der Ebene, auf der auch die Bibel das Geschlecht des Menschen sieht.

Hier ist also nicht nur die Pubertät in ihren Phasen treffend beschrieben, hier ist auch nicht nur im Spiegel der Pubertierenden der Zusammenhang von Aggressionstrieb und Geschlechtlichkeit, Eitelkeit, Heldentum und Leistung aufgedeckt, hier ist der Herd des menschlichen Verhaltens in der Sünde gezeigt.

Mit dieser Behauptung mache ich den Autor keineswegs — gegen seinen Willen — zu einem Christen. Ich meine nur, daß er im — bewußten — Einklang mit der Bibel die Wurzel des Menschen im Geschlecht und den Herd der Verkehrung, aller Laster und auch Tugenden in der Scham sieht. Bonhoeffer hat einmal bemerkt, daß das Wort Sünde nicht mit Sonderung zusammenhinge, sondern mit Skama — Scham. Der Mensch kann es nicht ertragen, daß er vor Gott bloß ist, von ihm durchschaut wird. Er muß und will sich vor seinem Blick verbergen. Dadurch kommt Falschheit in sein eigenes Benehmen. Da er sich vor dem Blick Gottes fürchtet, verkehrt sich ihm sein Bild zu einem Aggressor, gegen den er sich schützen muß. Und nun kommt auch in das Zusammenleben von Mensch und

Mensch, von Mann und Frau, diese Struktur hinein. Sie schämen sich voreinander, weil sie fürchten müssen, daß ihnen durch den anderen das Geheimnis genommen wird. Die Kraft des Geschlechts macht ihnen angst, darum reagieren sie sich ab durch Aggression. Man kann verstehen, daß Ares und Aphrodite, Krieg und Liebe zusammengehören. Das alles ist von Grass auf dem Niveau der Bibel gesehen. Allerdings aus der Perspektive dessen, der sich vor Gottes Enthüllung und Beschämung fürchtet und darum in den Schutz einer Mutter-Gottheit flüchtet. Manche Partien bei Günter Grass lesen sich wie Illustrationen zur Offenbarung des Johannes, in der die Hure Babylon Gott lästerte und dem Zwang zur Offenbarung zugleich gehorcht.

Wir sollten es uns als Christen mit der Obszönität und Blasphemie bei Günter Grass nicht zu leicht machen. Er stellt uns vor Fragen und Aufgaben, die nicht beiseite geschoben werden dürfen. Ohne die Komplementarität von Trieb und Person zu berücksichtigen, ohne die Entwicklung des Menschen im Zusammenhang mit der Gesellschaft zu betrachten, ohne die religiöse Dimension all dieser Zusammenhänge zu bedenken, wird der Christ keine Orientierung auf dem Gebiet der Sexualität finden können.

III. Hundejahre

Bekenntnisse der Verstrickung

Grass bleibt sich treu. Er ist auch weiter bemüht, wie Faust ›Magie von seinem Pfad zu entfernen‹, sich aus den Verstrickungen zu lösen, um ein Mensch zu sein. Bedrängt von der Vergangenheit, beunruhigt durch die Ambivalenz von Erinnern und Vergessen, von Widersprechen und Einstimmen, erkämpft er sich den Weg ins Freie. Der große Roman »Hundejahre« zeugt davon.

Auch die geographische und geschichtliche Landschaft bleibt die gleiche wie bisher: Danzig in der Zeit des Dritten Reiches und Westdeutschland nach 1945. Aber die Perspektive, in der diese Szenerie gesehen wird, ist differenzierter. Die Blechtrommel schlägt einer allein; nur für kurze Partien übernimmt der Pfleger Bruno den Part des Erzählers. Das Leben des Joachim Mahlke erzählte sein Freund; die Freundschaft erlaubte Beteiligung und Distanz zugleich. Von den »Hundejahren« aber berichtet ein Team. Drei Personen spinnen an der gleichen Geschichte, in die sie verwoben sind; ein Freundespaar, Eddy Amsel und Walter Matern, und der jüngere Vetter von Walter, Harry Liebenau.

Der Roman zeigt eine kunstvoll variierte Perspektive. Die Kindheit der Freunde zu erinnern ist Sache von Eddy; er steigt in »Frühschichten« in den Schacht der Vergangenheit. Er kann es darum am besten, weil er am stärksten aus ihr lebte und die Kraft gewann, das Schicksal eines Halbjuden im Dritten Reich zu bestehen. Seine Stärke ist die Phantasie, die das Gegebene verwandelt und Abwehr gegen die Bedrohung des Lebens erfindet. Er ist der Künstler, der am Widerstand produktiv wird. Auf ihn folgt Harry, der jüngere Vetter des Freundes Walter. Er ist ein zweiter Heini Pilenz. Er lebt in Distanz zu den Freunden; er lebt, reflektiert, in Distanz zur Umgebung überhaupt. Darum ist es seine Möglichkeit, die Jahre 1933–1945 zu repetieren, die Entzweiung der Freunde Eddy und Walter, ihre Verwicklung in die schrecklichen Konflikte der Nazizeit. Harry schreibt »Liebesbriefe« an seine Cousine Tulla und über seine Freundin Jenny. Aber auch das Bekenntnis zur Liebe, die Erzählung ihrer Entwicklung, kann nur die Form der Reflexion haben. Dabei wird der Reflektierte am stärksten von der Direktheit des Sexus angezogen; aber er kann — wie Gnom Oskar — seine Mittelbarkeit nicht überwinden. Mit dem Zusammenbruch von 1945 schließlich ergreift Walter den Faden der Erzählung und spinnt ihn weiter. Und wenn Amsel der Produktive und Harry der Distanzierte ist, dann ist Freund Walter der Verstrickte. Sein Problem ist es, mit den Schatten der Vergangenheit fertig zu werden, mit dem eigenen Versagen und mit den hündischen Ereignissen der deutschen Vergangenheit. Auf ihm liegt die Last; er muß sie heben. Aber im Grunde kann er nur klagen. »Materniaden« — den Klageliedern eines Jeremia vergleichbar — entströmen seiner Feder.

Das sind drei Aspekte, den drei Epochen des menschlichen Lebens wie der Zeit, die zu beschreiben ist, zugeordnet. Und doch sind diese Aspekte nur Variationen einer einzigen Perspektive. Ich meine nicht nur, daß in allen Berichten eben doch der typische Stil von Grass sich durchsetzt. Es ist strenger: Die produktive Weise, mit der der Künstler Amsel am Bild des Menschen schafft, die Reflexion des Beobachters Harry und die Klagen und Anklagen des Walter Matern, sie sind alle aus einer Wurzel gewachsen. Es sind Versuche, mit den Verstrickungen des Lebens fertigzuwerden und nach vorn hin Raum zu gewinnen.

Wir kennen diesen Stil. Geschichte beschreibt sich nicht als objektiver Zusammenhang, sozusagen objektiv. Sie erscheint auch nicht in dem moralischen Fadenkreuz dessen, der für sie verantwortlich ist. Geschichte wird nur real als Geflecht von Wirklichkeiten. Jeder Augenblick, jede Situation ist aus Zusammenhängen gewoben. Sie verlieren sich im Unbegreiflichen; ihre Faktizität ist vor allem Begreifen da. Dabei sind Materie, Klima, Landschaft nicht wirklicher als die in Sprache und Kultur und Familie immer schon wirksame Deutung der Tatsachen, als Träume und Märchen, Sitten und Sagen, Religion und Moral. Und der Anteil des einzelnen bestimmt sich in diesen Zusammenhängen. Er sucht an ihnen schöpferisch zu werden, wie Amsel. Er sucht sich von ihnen zu distanzieren wie Harry. Er weiß sich ihnen unentrinnbar ausgeliefert und muß sie aufarbeiten wie Walter. Und diese letztere Einstellung trägt den Ton: der Mensch ist verantwortlich für seine Vergangenheit, für seine Verstrickung. Freund Amsel, der an jedem Widerstand produktiv wird, hat gut reden: »Laßt den Faden nicht abreißen, Kinder! Denn solange wir noch Geschichten erzählen, leben wir ... Du bist dran, Walter! Erzähle, solange dir dein Leben lieb ist.«[61] Walter tut das ja auch. Aber jeder Satz wird eine »Jeremiade«. Er leidet unter dem Leben und seinen Verstrickungen. Er kommt nicht nur nicht zu Ende; er wird auch nicht fertig.

»Hundejahre«, das sind die Jahre des Dritten Reiches, in denen das Hündische, der Stammbaum, das Läufige, das Kriecherische, die Abhängigkeit dominierte. Sie sind in dem Hunde Prinz symbolisiert, der dem Führer von der Stadt Danzig zum Geschenk gemacht wird. Er stammt von dem Rüden Harras ab, der dem Onkel von Walter Matern gehört, dem Vater von Tulla. Der Hund ist also Sinnbild für die Natur des Menschen, für den dunklen Grund sozusagen. Wenn dieser vom Schicksal überfallen wird wie das Mädchen Tulla, als der kleine Bruder in der Ostsee ertrinkt, dann reduziert sich sein Wesen auf eine arme Kreatur. Tulla kriecht in ihrem Schmerz zu dem Hund Harras in die Hütte und verbirgt sich bei ihm acht Tage lang[62]. Sie ist es aber auch, die am offensten die Hundenatur des Menschen auslebt: wie eine läufige Hündin bewegt sie sich im Kreise ihrer Alterskameraden. Und nicht von ungefähr ist sie es, die aus Rache an ihrer Konkurrentin Jenny deren Ziehvater an die Gestapo verpfeift. So kommt der Mensch auf den Hund.

Aber der Mensch muß mit dieser seiner Natur fertig werden. Das tut Eduard Amsel, der Künstler, indem er den Hund Harras in Pluto umbenennt. Er verbannt die Hundenatur in die Unterwelt und erfindet Abwehrzauber, der dem Hündischen gewachsen ist. Walter Matern dagegen hat sich mit dem Hündischen, mit dem Dritten Reich, eingelassen; er war SA-Mann geworden. Aber er will den Kampf mit der Kameraderie des Bösen aufnehmen. Darum vergiftet er den Hund Harras auf dem Hof des Onkels. Aber damit wird er die Verstrickung in das Böse, in das Hundezeitalter nicht los. Am Ende des Dritten Reiches verläßt Prinz, der Führerhund, Berlin, schwimmt durch die Elbe nach Westen und wird der unzertrennliche Begleiter von Walter Matern; er ermuntert ihn zur Rache, aber er ist auch der bleibende Zeuge seiner Verstrickung.

Exemplarische Bedeutung haben die Grundfiguren, die ihre Auseinandersetzung mit den »Hundejahren« erzählen. Exemplarisch ist vor allem das Freundespaar Eduard Amsel und Walter Matern. In ihm verdichten sich die Konflikte der jüngsten deutschen Geschichte Walter ist von Herkunft halb Pole (Kaschube), halb Deutscher, katholischer Konfession; sein Vater besitzt eine Mühle. Eduard dagegen is der Sohn einer deutschen Mutter und eines jüdischen Vaters; er is evangelisch getauft. Beide sind 1927 in einem Dorf bei Danzig geboren. Sie wachsen zusammen auf, sind Freunde und Blutsbrüder Walter beschützt den linkischen Eddy Amsel. Sie besuchen auch zu sammen die Schule. Aber unter dem Dritten Reich bricht der Kon flikt zwischen ihnen aus. Der ehemalige Kommunist, jetzt SA-Mann Matern, führt den Überfall auf den Halbjuden Amsel an. Aus Bluts brüdern werden Kain und Abel. Nach dem Kriege finden sich beide wieder, Eddy produziert immer noch künstliche Strukturen, mit denen die Bedrohungen aus der Tiefe abgewehrt und verwandelt werden können. Walter ist damit beschäftigt, seine Vergangenheit zu bewältigen und sich zu läutern. Und das Leben der beiden Freunde steht in einem ganzen Geflecht von Beziehungen, das die Zusammenhänge des Dritten Reiches anschaulich macht.

Nun aber kommt alles auf die Perspektive an, in der diese Konstellation der Freunde in den »Hundejahren« erscheint.

1. Zunächst Eduard Amsel. Er legt mit seiner Erzählung den Grund und erzählt die Kindheit, die Freundschaft mit Walter Matern, die gemeinsamen Streiche. Vor allem aber beschreibt er, wie Eddy zum Erfinder und Künstler wird. Am Tauftag sammeln sich fünfhundert Vögel über der aus der Kirche kommenden Taufgesellschaft, eine Wolke von Bedrohung. Damit wird angezeigt: »Sein Beruf lag von Anfang an im Erfinden von Vogelscheuchen. Dennoch hatte er nichts gegen Vögel; wohl aber hatten die Vögel, gleich welcher Flug- und Federart sie sein mochten, etwas gegen ihn und seinen vogelscheuchenerfindenden Geist.«[63]

Das ist also die Konstellation, unter der dieses Leben steht: die Vögel, Symbole des Schicksals, haben etwas gegen den Jungen. Und es wird seine Kunst sein, Vogelscheuchen als Abwehr gegen die vielfältige und unaufhörliche Bedrohung zu erfinden, sein ganzes Leben hindurch. So wird Eddy Amsel zum Erfinder von Vogelscheuchen, zum Karikaturisten der SA; zum Kritiker der Demokratie. Immer weiß er sich mit der Bedrohung des Lebens auseinanderzusetzen in positiver Weise; er wird an ihr schöpferisch.

Grass benutzt diesen Aspekt der Dinge, um spielend eine ganze

Kulturtheorie anzudeuten. Das ist die eigentliche Weise des Menschen, sich mit den Bedrohungen des Daseins auseinanderzusetzen: er schafft eine Gegenwelt, er leiht allen Gefahren und bedrohlichen Kräften menschliche Züge: »Die Vogelscheuche wird nach dem Bild des Menschen erschaffen.«[64] Die Erzählungen aus der kaschubischen, preußischen, polnischen, deutschen Vergangenheit, Mythen und Märchen, Sagen und Lieder, zeugen von dieser Kraft, die Angänge der Wirklichkeit zu verwandeln. Auch die Figuren der Religion gehören in diesen Bereich: so bewältigt der Mensch die Bedrohung des Lebens. Diese ist ursprünglich; das Leben ist primär Konflikt, Freundschaft und Entzweiung zugleich. Eduard Amsel kann darum sagen: Gott und Teufel seien ineinander vergafft, wie die beiden Freunde, die doch miteinander streiten[65]. Die Welt ist eine Erfindung der beiden widerstreitenden Kräfte. »Als Gott noch zur Schule ging, fiel ihm auf himmlischem Pausenhof ein, mit seinem Schulfreund, dem kleinen begabten Teufel, die Welt zu erschaffen.«[66] Aber auch diese Aussage ist natürlich nur eine Erfindung von Eddy Amsel, eine Erfindung zur Abwehr der namenlosen Bedrohung, die kein Gesicht hat.

Diese These wird in Auseinandersetzungen mit Otto Weininger entwickelt, der in seinem Buch »Geschlecht und Charakter« den Frauen und den Juden die Seele abgesprochen hatte. Eduards Vater entdeckte die Schrift und sah seine Lebensaufgabe darin, als Jude den Philosophen zu widerlegen und zu realisieren, was ihm abgesprochen wurde. Vollends der Sohn verwirklicht diese schöpferische Weise. Und er weiß sich darin ganz mit seinem Freunde Walter verbunden: Es ist die gemeinsame Aufgabe, aus allem Vogelscheuchen zu entwickeln. Ja, er geht noch weiter und behauptet: »Aber unter allen Völkern, die als Vogelscheuchenarsenale dahinleben, ist es mit Vorzug das deutsche Volk, das, mehr noch als das jüdische, alles Zeug in sich hat, der Welt eines Tages die Urvogelscheuche zu schenken.«[67] Diese Andeutung führt sehr weit. Wir sollen doch verstehen: das deutsche Volk wird eines Tages die Umkehrung aller Theologie in Anthropologie zustande bringen. Nur müssen wir den Ton hören, in dem diese These vorgetragen wird: Selbst diese Aussage ist — eine Vogelscheuche.

Eduard Amsel ist der große Künstler, der alle Gefahr besteht, weil er an ihr schöpferisch wird. Er wandelt sich und seine Rollen. Aus dem Eddy Amsel, der Vogelscheuchen baut, wird bei dem Überfall durch SA-Männer auf ihn im Schnee der Hermann Haselhoff, alias »Goldmäulchen«, weil er anstelle der ausgeschlagenen Zähne ein

Goldgebiß trägt. Als Trainer von Tänzerinnen übersteht er das Dritte Reich. Danach wird er Kultur-Offizier bei den Amerikanern, um schließlich wie ein großer Zauberer in einem stillgelegten Kalischacht an der Zonengrenze Scheuchen herzustellen. Darum geht es in der Tat: alles nach dem Bild des Menschen zu prägen, ihm die Natur und das Fremde zu nehmen und es zur zweiten Natur umzubilden. Man wird an das Marionettentheater von Kleist erinnert, wo auch, nachdem die Naivität und Unschuld verloren ist, kein anderer Weg bleibt, als alles zu verkünstlichen. Dann steht am Ende die Marionetten-, die Scheuchenwelt.

Aber nun können wir keinen Augenblick Eddy Amsel, alias Hermann Haselhoff, alias Goldmäulchen, alias Brauxel, von seinem Freunde Walter Matern trennen. Der kann sich nicht mit der Zauberei, die alles auf den Menschen zurückführt, beruhigen, sondern empfindet auch diese Scheuchenwelt als eine Bedrohung des Menschen. Wie der Trommler Oskar nicht der Vollender der Welt ist, sondern in seiner Trommelei in die Heilanstalt gehört, so ist auch die künstliche Welt von Eddy nicht die Lösung, sondern eine neue, vielleicht größere und endgültige Bedrohung. Freilich kann nicht der Zauberer selbst diese Problematik herausstellen. Das tut vielmehr sein Freund und Gegner Walter. Er erzählt, wie er am Ende seiner Wanderung durch die Welt nach 1945 von seinem Freunde Brauxel alias Eddy Amsel in die Scheuchenfabrik unter Tage mitgenommen wird und nun die Besichtigung der einzelnen Kammern wie eine Dantesche Höllenfahrt erlebt.

Brauxel, alias Eddy Amsel, alias Goldmäulchen, ist Direktor eines verlassenen Kalibergwerkes. In seinen Stollen hat er eine gewaltige Scheuchenfabrik eingerichtet. Und hier enthüllt sich der eigentliche Charakter der Scheuchen. Was bei dem kleinen Eddy Amsel persönliche Abwehr von Gefahren war, was bei dem Künstler Goldmäulchen Selbstbehauptung durch Karikieren und In-Scheuchen-Verwandeln war — das vollendet sich nun in einer künstlichen Welt, in der alles eine Abstraktion vom Wirklichen, bloße Puppe ist. Amsel wird zum Demiurgen einer künstlichen Welt, einer Hölle, die der Mensch selber schafft.

Welch grauenvolles Bild unserer technischen Welt entsteht da, welche Karikatur des Menschen! Ihre Perspektive ist die Abstraktion von der Zeit, von dem natürlichen Rhythmus, von der Ordnung, von Gut und Böse. Der Hölle Dantes vergleichbar, erscheinen dem in das Bergwerk einfahrenden und von seinem Freunde Brauxel geführten

Walter Matern alle Sünden und Zerstörungen der menschlichen Natur. In Überbietung von Dante ist nicht die Perversion der Natur und der Triebe die Sünde, die die Hölle bereitet, sondern die Verwandlung der Natur und ihrer Ambivalenz durch die Abstraktion des Intellekts in »Scheuchen«, in, heideggerisch gesprochen, »Gestell«. Ernst Jünger kennzeichnete diese Erscheinung mit dem Stichwort vom »abstrakten Geist des Bösen«, der das Gefüge von Gut und Böse sprengt[68].

Fast könnte man meinen, hier würde argumentiert, wie die Blut- und Boden-Philosophie des Dritten Reiches argumentierte: Der Jude — als Intellektueller, als Nihilist — ist unser Unglück, die westliche Demokratie ist vom Teufel. Grass scheut sich nicht, solche Bezüge aufzunehmen. Aber er tut das nur, um herauszuarbeiten, welche Art von Humanitas da am Werk ist. Das Nichts, das Heidegger preist, ist kein Ort, an dem der Mensch wohnen kann. Es weist ihn ab, es trieb ihn ins »Unbehauste«. Darum muß er sich selbst Wohnung und Heimat schaffen.

Es ist wichtig, daß wir diese Eröffnung verstehen. Grass sieht deutlich, daß der Mensch im Sein nicht zu Hause ist. Es weist ihn ab; es ist selbst das gräßlich Zweideutige. Darum muß der Mensch produktiv werden. »Dinge machen aus Angst«, so könnte man mit Rodin und Rilke sagen. Wir übersteigen die Wirklichkeit. An diesem Punkt scheiden sich die Geister. Max Bense hat Ernst Jünger und Gottfried Benn so gegeneinandergesetzt: Jener bleibt der Grundordnung treu, die rechts und links, oben und unten, gut und böse kennt. Dieser aber bricht als Nihilist aus aus der Zweideutigkeit, aus der tödlichen Erkenntnis der Gegensätze, er will sie übersteigen in einer künstlichen Welt[69].

So tut Brauxel. Günter Grass identifiziert sich aber nicht entfernt mit dieser Position; er stellt sie in Frage. Der Versuch, mit den Scheuchen, Figuren, Strukturen einer künstlichen Welt die Gefahren der Inhumanitas abzuwenden, von allem konkreten Bösen zu abstrahieren und eine der abstrakten Vernunft gehorchende künstliche Welt zu schaffen, produziert eine Hölle.

Das Bergwerk, in das Eddy Amsel seinen Freund einfahren läßt, ist eine Fabrik, in der Scheuchen aller Art hergestellt werden. Walter Matern kann immer nur stammeln »Das ist die Hölle«. Man muß die Schilderung dieses modernen Infernos genau studieren. Da geht es nicht mehr um den Geist der modernen Kunst oder um Theorien und Utopien, die am Schreibtisch ausgedacht werden. Was Grass als

Scheuchen beschreibt, das ist das Instrumentarium des modernen öffentlichen Lebens, der Demokratie westlicher Prägung. Eine strenge Hierarchie führt er vor.

In den ersten sechs Firstenkammern wird alles, was das Leben liefert, als Stoff, als Material behandelt und auf kaltem Wege durch Verunglimpfung und Zerschneiden zersetzt. Nichts bleibt in seinem natürlichen Zustand erhalten.

Dann wird der Mensch von seinem natürlichen Wesen entfremdet, alles wird diszipliniert. Auf den Stationen zwei bis neun werden Emotionen künstlich hergestellt. Aus dem Weinen des Menschen wird höllisches Geheul, Weinen ohne Tränen. »Selbst Zwiebelsaft zöge hier keinen Gewinn.«[70] Wie sollte es anders sein: Der Mensch ist nur eine Puppe. Aus dem Lachen wird Höllengelächter. Alle Variationen des menschlichen Lachens werden in »Vogelscheuchengelächter«[71] verwandelt. Kein Humor ist möglich, nur Ironie oder die zynische Zerstörung durch surreale Witze. Matern merkt an, »Er vermisse die menschliche Wärme oder auch Güte, das Humane«[72]. – Und aus dem Haß wird »nie oxydierende Wut«[73]. Auch Matern kennt den Haß; aber für ihn ist er mit der Liebe gekoppelt. Hier aber wird der Haß sozusagen künstlich und isoliert produziert. »Wer die Rache abschaffen will, rächt sich mithin an der Rache.«

Diese Hauptemotionen bilden nun die Basis, »auf welcher sportive Vogelscheuchen den Stabhochsprung, bußfertige Scheuchen das Erbsenlaufen und frisch rekrutierte Scheuchen den Nahkampf in Rekordnähe zu bringen vermögen«[74]. Sportliche, religiöse, militärische Exerzitien werden mit den Scheuchen veranstaltet. Die Erholung also, der Wettkampf wird abstrakt, die religiöse Übung zur mechanischen Mühle, der militärische Drill zum Automatismus. Alles unter dem Vorzeichen des Geistes, der mit der Bedrohung aus der Tiefe der Natur fertig werden will. Diese so präparierten Scheuchen werden dann vereidigt und in das öffentliche Leben eingegliedert. Schauerlich klingt die Parodie auf die westdeutsche Demokratie als Vogelscheuchenstaat. Der Reim, auf den das ganze öffentliche Leben sich reimen muß, ist die Präambel unseres Grundgesetzes. »Im Bewußtsein seiner Verantwortung vor Gott und den Menschen, von dem Willen beseelt, die nationale und staatliche Vogelscheucheneinheit zu bewahren...«, so beginnt die Urkunde[75]. Auf diese Weise wird das ganze öffentliche Leben zu einer Scheuchenwelt. Aber auch das Privateste wird derselben Verzauberung unterworfen: Der natürliche Ablauf des Orgasmus wird zu »Dauerorgasmus« verkehrt, umgekehrt auch die Impotenz verewigt. Und der Phallus wird zum Gegenbild der Erfüllung. »Alle Befriedigung blieb übertage.«[76]

Auf tieferer Sohle wird auch das Denken in Scheuchen-Verfassung gezeigt. Für die Philosophie und ihren »Scheuchencharakter« steht Heidegger gut, der Vorsokratiker. Während die große Denkgeschichte von Sokrates und Aristoteles bis Scheler und Husserl ausgespart bleibt, muß Heidegger das Musterbeispiel für Scheuchenphilosophie abgeben. »Denn das Wesen der Scheuchen ist die transzendental entspringende dreifache Streuung des Gescheuchs im Weltentwurf. Sich hineinhaltend in das Nichts ist das Ge-scheuch ja schon über das Scheuchende im ganzen hinaus...«[77] Es geht jetzt nicht um die Rolle, die Heideggers Gestalt in dem Leben von Walter Matern spielt. Hier kommt es darauf an, daß dem Fundamental-Ontologen in der Scheuchenwelt ein hervorragender Platz gebührt, weil er nach der Auffassung von Grass ein klassisches Beispiel für ein Denken ist, das noch den Ursprung abstrakt denkt und damit in einmaliger Konsequenz die Existenz im Denken unterbricht.

Worauf es ankommt, wird in der 21. Firstenkammer klar: in ihr werden die ideologischen Gegensätze ausgetragen. Sie werden auf einen letzten Nenner gebracht: »Gibt es einen Gott, oder ist Gott die Urvogelscheuche?« Das ist die letzte Frage, auf die alles hinausläuft: Ob Gott nur eine Konstruktion, Erfindung des Menschen sei oder mehr.

Grass kann sich nicht genug tun, das Schreckenskabinett zu vervollständigen. Ein Überblick über die Historie, Einblick in das Wirtschaftsgebaren, Vorführung der inneren Emigranten, der Opportunisten folgen. Sogar einzelne Glieder ohne Zusammenhang mit einem Körper werden als Scheuchen vorgeführt. Das Panoptikum endet mit der Einweisung aller Scheuchen in ihre Aufgaben, ihrer Vereidigung und dem Fertigmachen zum Versand. Walter Matern faßt seinen Eindruck bei der Auffahrt in den Satz zusammen, der bei Dante über dem Eingang zur Hölle steht: »Laßt jede Hoffnung hinter euch, ihr, die ihr eintretet.«[78]

Vielleicht hat Günter Grass seinem Vergleich von der Vogelscheuche zuviel zugemutet. Aber das ist die Freiheit des Dichters, daß ihm die Welt zum Bild wird; es ist auch seine Qual. Und insofern ist es konsequent, wenn er den Menschen als einen Fabricator hominis, einen Fabricator mundi beschreibt.

Dann steht hier also das Weltverhalten des produzierenden Menschen zur Debatte. Er stellt Götzenbilder her, er ist Dämonen verfallen. Götzen aber sind nicht mehr die großen vorgegebenen Mächte, in denen er ruht und die er anbetet. Es sind, in Abwehr der den Menschen gegebenen Vorgegebenheiten, Bilder, Gestelle, Organisationsformen, Strukturen, Ideologien und Utopien, die der Mensch selbst herstellt. Er entrinnt also dem Zwang nicht, sich ein Bild und Gleichnis zu machen.

Dann ist natürlich die letzte — und einzige Frage, an der alles andere hängt, in der Tat: Ob Gott die »Urvogelscheuche« sei. Wir kennen diesen Verdacht seit Fichte, Feuerbach, Marx und Nietzsche. Aber er wird nun nicht mehr als befreiende Entdeckung ausgesprochen, sondern als ein Alptraum. Dieser Verdacht ist also die Kehrseite aller Angriffe auf die etablierte, tradierte Religion, auf das Christentum und seinen Kult. Hinter den Parodien, hinter aller blasphemischen Rede verbirgt sich dann vielleicht nicht nur die Angst vor dem Guten, sondern die Sehnsucht nach der Wirklichkeit, die kein Götzenbild, keine Scheuche ist. Hat darum die Parodie der Messe, die die Freunde heruntersingen, das »Agnus dei« ausgespart?

Eddy, Walter, Jenny sitzen in einer brennenden Baracke in Westberlin und triumphieren mit Gelächter und Gesang über die verzehrende Macht des Seins. Eddy singt — wie er als Knabe tat — die großen Stücke der Messe. Nur das »Agnus dei« spart er aus, auf Bitten seines Freundes. Da bleibt eine Frage, warum.

In diesem Zusammenhang erkennen wir gut, wie wahr und wie schwach zugleich die Religionskritik der dialektischen Theologie ist. Karl Barth hat wohl erkannt, daß der Mensch in den Religionen sich als der große Bildermacher betätigt, daß auch die Gestalt der Messe etwa in den Bereich solcher religiösen Produktion gehört. Aber er hat ebensowenig wie seine Freunde und Schüler einen Blick für die Götzenbilder gehabt, in die der moderne Mensch aus dem Bestreben, den Bedrohungen der Welt zu entgehen, den Nächsten, die Familie, die Gemeinschaft und die Schöpfung verwandelt[79]. Weil sie nicht gesehen haben, daß auch die Strukturen der modernen Welt Bilder, »Scheuchen« sind, darum ist die Dialektische Theologie so ohnmächtig gegenüber den Unmenschlichkeiten *unserer* Zeit.

2. Anders als der Zauberer und Verwandlungskünstler Eddy setzt sich der jüngere Harry Liebenau mit dem Leben auseinander. Er erlebt alles unter dem Vorzeichen der Entzweiung. Und er macht die Distanz zu seiner Weise, das Leben zu bestehen. Mit Absicht läßt der Dichter ihn die Geschehnisse in den Jahren von 1933—1945 er-

zählen. Denn Harry ist neugierig, keineswegs empfindungslos, aber er bringt sich selbst nicht in Gefahr, weil er sich »bloß im Köpfchen« ausdenkt, »was andere regelrecht taten«[80]. Darum nimmt er an den Erlebnissen der beiden Freunde, seiner eigenen beiden Freundinnen, der Kameraden und Verwandten Anteil, aber ohne sich wirklich einzumischen. Sein Idol ist der Philosoph Heidegger, insofern als dieser sich vor allen Realitäten auf das Zugrundeliegende zurückzieht. »Mit Hilfe dieser Vorbilder gelang es ihm, einen tatsächlichen, aus menschlichen Knochen erstellten Berg mit mittelalterlichen Allegorien zuzuschütten.«[81] Er hilft sich mit einer ungeheuerlichen Abstraktion, dem Sein oder auch dem Nichts.

Mit Absicht schanzt der Dichter ihm den Erzähl-Part Drittes Reich zu. Nur in dieser Distanz ist es überhaupt möglich, das zu beschreiben, was geschieht. Aber sie ist andererseits nicht geschieden von dem, was sich ereignet. Denn der neugierige Blick des »Nichttäters«, des Reflektierten entspricht genau dem, was sich vor seinen Augen abspielt. Eben die Reflexion trennt das Wirkliche in Eros und Sexus, in Widerstand und Aktion, in Möglichkeit und Wirklichkeit auseinander.

Harry Liebenau steht als Heranwachsender zwischen zwei Mädchen, die die komplementären Weisen des Geschlechtlichen darstellen. Da ist auf der einen Seite das Findelkind des Studienrates Brunies, Jenny. Harry verehrt sie als seine Anima. Wunderbar erlebt er, wie die kühle Liebe wärmt, wie die gute Seele sich ihm aufschließt, ohne doch je konkret zu werden. Darum zieht ihn auf der anderen Seite seine Cousine Tulla an. Deren Bereich ist der Leib. Der Leser glaubt sie zu sehen, so konkret ist sie. Sie spielt mit den Jungens, sie zieht sie an sich wie eine rechte Hexe. Tulla haßt die zarte Jenny. Sie versucht ihr manchen Tort anzutun. Ja in derselben Nacht, in der Eduard Amsel von den SA-Männern in einen Schneemann verwandelt wird, zwingt Tulla die tanzbegeisterte Jenny, im Schnee zu tanzen; sie macht schließlich einen Schneemann aus ihr, so daß sie ganz aus dem Feld geschlagen in das Reich der Kunst hinübergeht. Tulla siegt. So wie in »Katze und Maus« die Sexualität über die Sublimierung siegt. Aber ihr Eingehen in die Realität des Fleisches ist unfruchtbar. Tulla empfängt zwar — von Walter Matern oder von dem Störtebecker — ein Kind. Aber sie verliert es im zweiten Monat. Harry steht der Cousine bei, als ihr das am Waldrand von Oliva passiert. Grass schildert die Szene mit Phrasen, dem Jargon von Heidegger nachgebildet. »Das fingergroße Zweimonatskind lag da in dem Schlüpfer. Offenbar gemacht da. ... Durch den Welteingang da ... Entborgen in was? Von wem durchstimmt? Eingenommenheit, wie ohne Weltenthüllung. Darum Schlüpfer aus. Skihosen hoch, kein Kindchen sondern. Das war ne Wesensschau.«[82] Und so weiter.

Man muß sehen, was hier geleistet ist. Unerträglich wird der tragische Vorgang verfremdet, um ihn erträglich zu machen, um zugleich in der Karikatur deutlich zu machen, daß die Sprache der Phänomenologie unangemessen ist, hohl, abstrakt. Sie trifft das Schicksal nicht, obwohl sie davon redet, daß Geschick »sich ereigne«. So muß »die Sprache der Eigentlichkeit« gebrochen werden, damit in ihrem Bruch das Eigentliche sich zeigt[83]. Wie Adorno nicht nur dem Jargon der »Eigentlichkeit« widerstand, sondern auch der Anmaßung der Dialektik, das Wesen zu erfassen, und dadurch den mikrologischen Blick auf das einzelne freilegte, das nicht zu rechtfertigen, zu begründen, sondern nur zu lieben ist, so entsteht auch bei Grass aus der Parodie des Heidegger-Jargons und dem Aufbrechen der Distanz ein Bild, das Liebe herausfordert.

Die »Liebesbriefe« des Harry Liebenau sind also keine Herzensergießungen. Sie beschreiben das Kraftfeld des Geschlechtes so, wie es der teilnehmende Blick der Reflexion erblickt; sie karikieren und persiflieren diesen Aspekt in der Sprache, so daß das Menschliche hervortritt.

Für den Blick des Reflektierten treten also seelische und sinnliche Liebe, Eros und Sexus, Jennys Eispalast und Tullas Hundehütte, Marienkapelle und Bordell auseinander. Das ist der Aspekt des Bürgers, das Geschlecht zu erfahren und durch die Spaltung in zwei Bereiche zu beherrschen und zu zerstören. Dabei wird in doppelter Buchführung das Seelische zur Oberstimme, das Fleischliche aber verdrängt. Wenn nun in obszöner Manier das Verborgene und Verdrängte zur Sprache kommt, dann ist da gewiß auch eine Art von Zauber am Werk: indem ich im Wort entblöße, zur Schau stelle, vollziehe, handle ich auch. Harry denkt sich aus, was andere tun, sagt Grass[84]. Aber zugleich ist das die einzige Weise, die Spaltung zu überwinden und das Ganze, das Einmalige des Geschlechts auf der Ebene der bürgerlichen Moral zur Sprache zu bringen. Und das aus einem doppelten Grund.

Einmal muß herauskommen, daß der Traum des Eros, das Schwärmen der Seele, im Konkreten, im Fleisch aufgehen, untergehen und sterben muß. Insofern ist jene Szene von hoher Gleichniskraft, in der Tulla, die Vertreterin des Fleisches, ihre Antipodin Jenny, die als

Seelchen tanzend über der Wirklichkeit schwebt, in Schnee einrollt und zum Schneemann verpackt, damit sie gezwungen wird, abzudanken. In dieser Hinsicht hat die obszöne Sprache ihr Recht; sie dringt aufs Konkrete.

Andererseits aber schlägt auf diese Weise gerade für die obszöne Sprache die Stunde der Wahrheit. Gerade indem der Mensch den Zauber des Eros durchbrechen will und das Fleisch öffnet, wird er dem eigentlichen Geheimnis des Geschlechts konfrontiert. Es liegt einerseits daran, daß ein Mensch am anderen konkret wird. Die Möglichkeit ist zu Ende, die Wirklichkeit beginnt. Andererseits werden so Adam und Eva der Einmaligkeit und Verletzlichkeit konfrontiert. Das Fleisch ist nichtig.

Wenn also im Sinne bürgerlicher Moral Eros das Gute und Sexus das Böse ist, dann kann die ganze Wirklichkeit nur so wiedergewonnen werden, daß das Gute dem Bösen unterliegt, damit in dem Bereich des Fleisches die eigentliche Erfüllung und Gefährdung erfahren werden kann[85]. Dann ist also der Sieg des »Bösen« unmoralisch; er verletzt den Anstand. Aber erst damit ist der Mensch auf der Ebene, auf der es wirklich um Gut und Böse geht. Es ist nicht von ungefähr, daß die Entwicklung des Menschen in der Pubertät erst entdeckt und bedacht werden konnte, als und seitdem der Mensch die Aufklärung sucht. Man kann sagen, er tat das seit je. Aber doch ist ein Unterschied: der mittelalterliche Mensch sah alle Phasen des Menschen vom ehelichen Leben aus, er nahm das konkrete leibliche Miteinander von Adam und Eva als Urdatum und Norm. Aber schon bei Dante, dem frühen Bürger, treten Eros und Sexus auseinander. Der Dichter, jung und unverheiratet, befriedigt seine Lust bei verheirateten Frauen und Huren. Seine Seele aber dient der Anima, der in den Himmel entrückten Beatrice. — Diese Spaltung soll heute gebrochen werden. Darum die obszöne Rede. Darum *auch*, so müssen wir genauer sagen. Denn allerdings wird das Obszöne heute von vielen nur dazu benutzt, um das Geheimnis des Fleisches zu brechen und das Geschlecht zur Ware zu machen.

Davon kann aber bei Grass keine Rede sein. Wenn er in obszöner Rede das Geschlechtliche aufdeckt, Tulla über Jenny siegen läßt, dann nicht — oder nicht primär — aus Freude am Zauber des Geschlechts oder auch aus Freude daran, den Zauber zu vernichten, sondern damit die Wahrheit herauskommt, die Totalität des Geschlechts und sein tragischer Gang. Dann rücken aber Jenny und Tulla zuletzt ganz nah zusammen. Jenny, die über die Erde schwebt, die Seele ohne Arg, muß erleben, daß ihr die Zehen abgebrochen und abgenommen werden; fortan kann sie sich nur ungestalt über die Erde bewegen, ein Engel mit gebrochenen Flügeln. Tulla, angesetzt, den Zarten zu lieben und das Konkrete zu hegen, muß den kleinen Bruder verlieren. Alle ihre Versuche, daraufhin durch Männernähe wieder ein Wesen, das geliebt werden will, zu finden, schlagen fehl. Aber gerade so, in ihrer Angewiesenheit, Unvollkommenheit, ja in der Verfehlung ihrer Existenz, rühren sie unser Herz. Denn so weisen sie hin auf das Ganze.

Man hat mit Recht bemerkt, daß die drei Erzähler trotz ihrer verschiedenen Aspekte alle doch den gleichen Stil reden, nämlich den von Günter Grass. Der Dichter hat also nicht einfühlsam drei Personen und ihr subjektives Erleben der einen Wirklichkeit darstellen wollen, sondern eher den Aspekt des Zauberers, des Intellektuellen und des Schauspielers jeweils brechen wollen, um so im Bruch das Totum vernehmlich zu machen. Das kommt im Fall von Harry Liebenau, unserem Introvertierten, besonders deutlich heraus. Wir treffen Harry nach dem Kriege wieder als Leiter der Abteilung Kinderfunk im Westdeutschen Rundfunk. Er ist der alte Intellektuelle geblieben, ja hat sich zu einem Typ ausgewachsen. Der Dichter charakterisiert ihn entsprechend: »Dieser Scheißer mit seinem Schubkastengedächtnis. ... kein Thema, zu dem ihm nicht Fakten einfallen ... Abstandnehmer und Kernbloßleger ... Infragesteller und Klugscheißer.«[86] Der arrangiert über den interessanten Fall Walter Matern eine Fernseh-Diskussion. Also: Wie der alte Verwandlungskünstler und Produzent von Strukturen in den »Materniaden« entlarvt wird (»Das ist die Hölle!«), so wird auch Harry mit seinem »Klugscheißen« parodiert.

Diese Fernseh-Diskussion mit Walter Matern ist eine meisterhafte Darstellung und in der Darstellung Persiflage des Öffentlichkeits-Wesens. Die Hundejahre werden auf die Ebene der öffentlichen Diskussion erhoben. Denn »in jeder Demokratie hat die öffentliche Diskussion ihren legitimen Platz«[87]. Sie ist der eigentliche Vollzug von Dasein: »Wir handeln nicht ... wir diskutieren. Wir sterben nicht ... Wir diskutieren den Tod.«[88] »Wir diskutieren, um die Existenz des Diskussionsgegenstandes zu beweisen; schwiegen wir, es gäbe keinen Diskussionsgegenstand Walter Matern mehr!«[89] Das ganze Dasein muß darum öffentlich gemacht werden, um wirklich zu sein. Die Diskussion kennt keine Tabus. Sie schreckt auch vor einer Zwangsdiskussion nicht zurück. Die junge Generation — Walter Materns Tochter Wally — benutzt eine von Brauxel erfundene Erkenntnisbrille, um den Diskussionsgegenstand Walter Matern zur Offenbarung seiner Geheimnisse zu zwingen. So muß auch, was das Licht der Öffentlichkeit scheut, heraus.

Interessant ist an diesem Fernsehspiel nicht sosehr, wie genau Grass das Diskussionsspiel abbildet, das vor allem die junge Generation in den sechziger Jahren mit der älteren spielte. Wichtig ist, daß und wie er dieses Verfahren bejaht und kritisiert zugleich, indem er es karikiert. Er stellt die Fernsehdiskussion nämlich dar als den Kultus des öffentlichen, diskutierenden Menschen. Walter Matern spricht von einer Art »Jüngstem Gericht«[90]. Folgerichtig beginnt die Diskussion mit einem Gebet, zu dem der Diskussionsleiter Harry Liebenau die Teilnehmer auffordert.

»O großer Schöpfer der dynamischen und immerwährenden Weltdiskussion, der du geschaffen hast Frage und Antwort, der du das Wort erteilst oder nimmst, steh uns hilfreich bei ...«[91]

Folgerichtig schließt sie mit einem Dank an den »großen Lenker und Schöpfer der immerwährenden dynamischen Weltdiskussion«. »Indem wir hymnisch hochpreisen zweiunddreißigmal den deutschen schwarzhaarigen Schäferhund.«[92]

Dieser Gebrauch des liturgischen Gebets klingt blasphemisch. Er soll die Anrede Gottes nachäffen, um ihre Falschheit zu entlarven. Aber zugleich macht er die Diskussion zu einem Affenspiel. Ihr Gott ist die Diskussion. Ihr Kultbild das Böse, das Hündische, vor dem sie auf dem Bauch liegt.

Um welchen Gott es sich handelt, das kommt in der Diskussion über die Frage »Glauben Sie an Gott?« gut heraus[93]. Matern beantwortet die Frage mit »Nein«. Er glaubt an das Nichts, aber auch das nicht immer. Die Ablehnung lautet genau: »In dreigottesnamen: Nein.« Das ist dialektisch geantwortet: Er lehnt den Gott der Diskussion, auch Gott als Nichts, das den Gott der Diskussion möglich macht, ab »in drei gottesnamen«. Dann könnte also dahinterstehen: der wahre, dreieinige Gott kann im Rahmen einer Diskussion nicht angerufen und verehrt werden.

Eine parallele Stelle kann unsere Deutung stützen. Zum Abschluß des Berlin-Aufenthaltes finden wir Eduard, Jenny und Walter in der brennenden Baracke in einer Art von »Gesang im Feuerofen«:

»im Kern des Ofens zechen höllische Geister, die wechselweise prokommunistische Parolen brüllen, dann viehischem Gelächter verfallen und am Ende einen Tenor auftreten lassen, der höher und heller als Stichflammen und Feuerschein zu singen vermag: Lateinisches, wie es in katholischen Kirchen gesungen wird, entweiht die Potsdamer Straße vom Kontrollratsgebäude bis über die Bülowstraße hinweg.«[94]

Diesem Gesang von Kyrie und Gloria in excelsis, Credo und Sanctus, Hosanna und Benedictus gebietet Walter Matern, der Katholik, Halt: »Matern (kann) die Tränen nicht mehr halten: ›Erspare uns das Agnus dei‹.«[95]

Dieser Stop muß seine Bedeutung haben. Soll sich in ihm ausdrükken, daß die Anbetung des sündentragenden Gottes sich der Blasphemie entzieht? So wie einst Klein-Oskar die Glasfenster nicht zu zersingen vermochte?! Ich meine, man soll das so verstehen. Dann stimmt dieser Bruch aufs beste mit unserer Beobachtung beim Diskussionskult zusammen: In der Ebene der Öffentlichkeit kann die Realität Gottes nur als Bruch zur Geltung kommen. Und die Gottlosigkeit unserer Tage wäre auch positiv zu verstehen. Freilich erhebt sich dann die Frage, ob Gottes Wirklichkeit (und des Menschen in einem) überhaupt zur Sprache kommen kann.

3. Die Wirklichkeit des Menschen zum mindesten tritt bei der dritten Figur heraus, die im Herausgeber-Trio zu Wort kommt: bei Walter Matern. Wir sind schon längst mit ihm befaßt von Anfang an. Denn die erste Person, Eddy Amsel, war nicht ohne ihren Blutsbruder Walter zu beschreiben, und das nicht nur im Sinne der Ergänzung, sondern auch im Sinne der Beziehung. Alles drängte darauf hin, daß das Verhältnis von Eddy und Walter nicht von jenem aus, sondern allein von Walter her verstanden werden soll. Denn Eddy alias Goldmäulchen ist zwar der fast allmächtige Zauberer; aber er ist doch nie ganz ein Mensch; denn er ist nicht aktiv in das Böse verstrickt, er ist nicht gefangen in die Einmaligkeit, Unwiederholbarkeit und Unwiederbringlichkeit des Daseins. Kain zeichnet dem Abel gegenüber nicht nur aus, daß die böse Handlung real macht, sondern auch, daß seine Person für das Einmal einstehen muß. Walter Matern allein ist Person, in dem Sinne, daß er ins volle Leben und seine Verwicklungen eingeht, sich wandeln muß, indem er für das Konkrete einsteht.

Und auch Harry Liebenau war nicht für sich zu begreifen. Sein distanzierter Blick, seine Auffassung von Weltwirklichkeit als bloßem Diskussionsgegenstand wurde schon von ihm selbst in seinem Verhältnis zu Tulla z. B. überstiegen, sie wurde gebrochen in dem Stil, den der Dichter anwandte, als es um den Abortus oder die Diskussion ging.

Walter Matern schreibt »Materniaden«. Auch die Tragödie klagt ja über den Menschen, sie beklagt seine Verstrickung, in die göttlichen Mächte, in die Umstände, in sich selbst. »Materniade« aber meint wohl mehr. Er erinnert an die »Jeremiaden«, die Klagelieder des Jeremia. In ihnen wird das Leben nicht nur als Verhängnis verstanden, das sich im Leid des Menschen lichten und sühnen soll; es wird als Heimsuchung genommen: »Die Güte des Herrn ist, daß wir nicht gar aus sind.« Die »Materniaden« heben mit 1945 an. Was in den Ton der Klage hineinzunehmen ist, das wurde von den beiden Vor-Schreibern erzählt. Seine Aufgabe ist es, das Geschehen aufzuarbeiten, so daß der Mensch nach vorn Raum gewinnen kann. Es ist die Aufgabe derer, die 1945 noch einmal davongekommen waren und nun versuchen mußten, sich von den Verstrickungen der Vergangenheit so zu befreien, daß Leben als Mensch möglich wird. Anders als Eddy Amsel, der sich wandeln kann, anders als Harry Liebenau, der sich allen Verstrickungen entzieht und das Leben in Diskussionen auflöst, muß Walter Matern für seine eigene Vergangenheit einstehen. Er kann sich nur lösen, wenn er sich zu ihr bekennt.

Die Verstrickungen dieses Lebens sind uns von den beiden ersten Schreibern bekanntgemacht: Lebensfreundschaft mit Eddy Amsel, Verwicklungen und Wandlungen in der Politik: zuerst Kommunist, dann SA-Mann, heimlicher Widerständler, Soldat, Degradierter, Flüchtiger. Nun geht es darum, daß Walter diese seine Verstrickungen bewältigt.

Zuerst versucht Walter, mit der Vergangenheit fertigzuwerden, indem er sich an all denen zu rächen unternimmt, die an seinem Irrweg mit Schuld tragen.

In abstoßendem, aber sprechendem Realismus erzählt Grass, wie sein Pönitentiar, von dem Höllenhund Pluto begleitet, in der Männertoilette am Kölner Hauptbahnhof die Adressen eingeschrieben findet, die seine Rache herausfordern. Und dann sucht er sie auf, SA-Sturmführer Savatzki und Hauptmann Hufnagel, Unteroffizier Leblich und Sonderrichter Dimke, Richter Lüxenich und Hauptsturmbannführer Göpfert. Die Phase der Rache endet in einer katholischen Kirche: bei dem Priester, der die Beichte abnimmt.

Aber nun ist zweierlei für diesen Rachefeldzug kennzeichnend.

Erstens, daß die Rache immer auf dem Feld des Geschlechtlichen erfolgt. Savatzkis Frau wird für lange Zeit — in einem Dreiecksverhältnis — Walters Geliebte. Das beginnt im Bett der Eheleute, in dem der zur Rache Erschienene als Dritter Platz und Betätigung findet. Dem Hauptmann Hufnagel wird die Tochter entjungfert; und so fort. Diese Einseitigkeit der Rache ist auffällig. Schon in der Blechtrommel war ja die geschlechtliche Begegnung nicht eigentlich Erfüllung, sondern Abreaktion und Wegtreten ins Vorbewußte. Dieser Zug hält sich durch. Daß Walter mit einer Frau Schicksal erlebt, mit ihr Leben gestaltet, das kommt nicht vor. Aktivität auf dem Gebiet des Geschlechts ist erst von Bedeutung, wenn es sich um Rache, um Abreagieren handelt. Warum macht der Autor nicht den Versuch, Zweisamkeit als Schicksal zu erzählen? — Für die Materniade ist dieses Manko allerdings ein Vorteil. Auf diese Weise kann herauskommen, daß der Rückschlag für Verfehlungen die Realität trifft.

Zweitens. Die Rache kommt nicht zum Ziel. Wenn die drei in einem Bett liegen, der Kommunist Matern und der SA-Mann Savatzki sich in die eine Frau teilen, dann hört jede Anklage auf. Es ist so verständlich, »jeder will mal über die Sonnenseite des Lebens kriechen«[96]. Oder: Der Sonderrichter ist nicht zu treffen: »Zeit heilt Wunden. Musik heilt Wunden. Kunst heilt Wunden. Besonders Liebe heilt Wunden! — Alles Kleber.«[97] Damit fällt die Rache auf den Rächer zurück. Alles ist ineinander verwoben. Davon empfängt die Liebe ihre über die Aggression hinausführende Menschlichkeit. Im Grunde bleibt der einzelne, hier also Walter Matern, mit dem Ungelösten seiner Vergangenheit allein. Denn der Versuch, sich an der Kirche für die Empfehlung zum Konformismus im Dritten Reich zu rächen, schlägt fehl: Der Priester, dessen Ohr er mit einer Stricknadel rächend für die Beichte, sprich Anklage, durchstechen will, ist taub. »Der ist nicht zu treffen.«[98] Aber damit löst sich nicht alles in Wohlgefallen auf. Es bleibt bei dem auffälligen Satz, der jeden Racheakt beschließt: »Der liebe Gott schaut zu.«[99] Der Mensch ist nicht entlassen aus der Verantwortung.

Nun folgt eine Zeit, in der sich Matern der großen Verwobenheit überläßt. Er findet seinen Vater wieder. Der ist zum großen Propheten der Wirtschaftswunderleute geworden: Er weissagt aus den Mehlwürmern in einem Säckchen ostpreußischen Mehls die Zukunft. Und die Größen des politischen, wirtschaftlichen und publizistischen Lebens pilgern zu ihm und seiner Mühle, um Weissagungen zu empfangen. Aber im Wurm ist der Wurm, wenn man meint, an der Rache vorbei, ohne Sühne, Zukunft haben zu können. Auch die Kirchen verschleiern die unerbittliche Wirklichkeit: »Jesus Christus, der das Brot vermehren und die Zugluft abstellen kann, ... der uns allen verziehen hat, hat auch die Buhnen der Männertoilette frisch emaillieren lassen. Keine schuldbeladenen Namen, keine verräterischen Adressen mehr.«[100] Im Klartext heißt das: Christus wird mißbraucht, die Schuld wird vergeben ohne wirkliche Sühne. In Wirklichkeit bleibt aber die Vergangenheit lebendig. Im Lokal »Leichenhalle« wird Walter ein Gebiß aus Marzipan mit zweiunddreißig Zähnen serviert: die Schuld an Eddy Amsel wird ihm präsentiert. Walter verschwindet auf die Toilette, muß sich erbrechen: »Niemand außer dem lieben Gott schaut ihm dabei zu.«[101]

Er beginnt nun wieder das alte Spiel, das er schon im Dritten Reich gespielt hat. Er macht einerseits seinen Frieden mit der bestehenden Ordnung, ist auch ihr Nutznießer; andererseits aber führt er aufrührerische Reden und vertritt marxistische Gedanken. Soll sich also das Spiel wiederholen? Davor bewahrt ihn die junge Generation und die Demokratie: In öffentlicher Diskussion vorm Fernsehen muß Walter Rechenschaft ablegen über die Rolle, die er im Dritten Reich gespielt hat. Und die Tochter von Inge Savatzki — vielleicht auch sein Kind — benutzt die »Erkenntnis« oder Familienbrille, um ihn auch den Tatsachen zu konfrontieren, die er verschweigen möchte oder gar verdrängt hat. So wird er gestellt, seine Halbheit entlarvt. Jetzt bleibt ihm nur die Flucht nach vorn. Er will die Schiffe hinter sich verbrennen, das Alte hinter sich lassen; er will in die DDR. Aber als er im Interzonenzug sitzt, folgen ihm die Schatten der Vergangenheit; Pluto, der Hund des Führers, weicht nicht von seiner Seite. Darum steigt er in Westberlin aus, trifft dort auf Brauxel alias Goldmäulchen alias Eddy Amsel und muß akzeptieren, daß er den Zusammenhang mit seiner Geschichte der Blutsbrüderschaft mit Eddy nicht abstreifen kann. Unentrinnbar gehört das Vergangene zu seinem Leben. Ja, es wiederholt sich immer aufs neue, was einmal dem Leben seinen Stil gegeben hat. So sitzen denn die beiden Freunde — und Jenny als Dritte im Bunde — abends zusammen, höllisches Feuer hüllt sie ein von allen Seiten. Aber sie sitzen wie die drei Männer im Ofen und singen ihren Gesang im Feuerofen. Sie können sich der verzehrenden Flammen des Vergangenen erwehren, indem sie sich ihre Erlebnisse erzählen, indem sie sich im Gelächter befreien, indem sie in den großen Gesängen der Messe einen Freiraum schaffen. Das sind herrliche Stunden der Entlastung. Aber diese hat keinen Bestand. »Was im Feuerofen als Credo eindeutig jubilierte, zerfällt, nahe der Admiralsbrücke, in mißtönende heisere Wenn und Aber. Nichts ist ihm rein. Und immer alle Werte auf den Kopf gestellt.«[102]

Das ist im Grunde die letzte, die bleibende Wahrheit für diese Generation. Sie bleibt an die Konstellation gebunden, mit der sie ihr Dasein begonnen hat. Sie kommt von der Begegnung und Freundschaft zwischen Deutsch—Polnisch—Jüdisch her. Und sie bleibt verantwortlich für die Untaten, die diese Zuordnung zerstören wollten. Leben heißt also: von den eigenen Verfehlungen herkommen, und auf neue Verfehlungen zugehen, im Protest gegen die Verflechtungen leben und zugleich sie akzeptieren und neue knüpfen.

Und doch ändert sich die Landschaft. Zwar ist die Generation von Walter Matern an ihre eigene Vergangenheit gebunden, man könnte sie mit Reinhold Schneiders Worten charakterisieren: »Was der Schnitter nachgelassen, wird ein Volk von Büßern sein.« — Aber das Leben besteht nicht bloß in Repetition und Pönitenz. Es zeigt neue Muster, neue Versuchungen und Verwicklungen. Gerade aus der Abwehr alter Gefahren entstehen neue. So ist die letzte Szene des Buches zu verstehen: Brauxel führt seinen Freund durch sein Höllenreich; er produziert als Abwehr gegen die Bedrohung durch die Vögel des Schicksals die Scheuchen der demokratischen Gesellschaft, den geregelten, der Natur entnommenen und ins Künstliche versetzten Menschen. Das ist die neue Situation, die es zu bestehen gilt. Dann muß jeder also zeit seines Lebens für seine Taten, für seine Konstellation einstehen. Und er sucht das Reinigungsbad für sein Leben. Am Schluß sehen wir Eddy und Walter nach ihrer Höllenwanderung im Bad. Bezeichnend heißt es: »Beide sind wir nackt. Jeder badet für sich.«[103]

Fassen wir das gewonnene Ergebnis zusammen:

1. Auch in den »Hundejahren« geht es um das politische Leben, um Geschichte, um Zeitgeschichte. Ein Freundespaar und seine Lebensgeschichte wird zum Gleichnis für den Weg des deutschen Volkes von 1933.

2. Es geht um konkretes Leben. Die Figuren sind prall von Realität. Und das aus zwei Gründen: Einmal weil das Konkrete, das Fleisch, das Einmalige die Basis ist. Und dann, weil die Mitte des Lebens Tun und Einstehen für das Tun heißt.

3. Aber das einzelne Leben, das der Freunde in unserem Falle, steht immer in Zusammenhängen. Niemand beginnt mit sich, die Zwei ist eher als die Eins. Und keine Realität ist ohne Bewußtsein, ohne Traum und Vision, ohne Verdrängung und Utopie. Darum kann der Stil nicht realistisch, er muß surreal sein, wenn er die Wirklichkeit erzählen will.

4. Nehmen wir die Verflochtenheit des Menschen in seiner Zeit und den unerbittlichen Fortgang der Geschichte ernst, dann verstehen wir, warum und inwiefern die Szenerie der »Hundejahre« die gleiche ist wie die der »Blechtrommel« und doch die Perspektive sich wandelte. Der Distanz des Trommlers gesellt sich die produktive Phantasie des Künstlers Eddy. Und beide werden eingeholt in die Erfahrung der Verantwortung für die Zusammenhänge. Diese bestimmt das Handeln von Walter Matern auf eine doppelte Weise: als Eingehen auf das Gebot der Stunde und als Auseinandersetzen mit den vergangenen Taten und Leiden in Rächen, Sühnen, Einstehen.

Man könnte geneigt sein, von einer Entdeckung der Erbsünde zu sprechen. Denn darum handelt es sich doch bei Grass wie in dem Dogma, daß der Mensch nicht erst mit der eigenen Sünde beginnt, sondern immer schon von Verflechtungen und eigenem Versagen herkommt und in seiner Geschichte für beides einstehen muß. Hier wären sogar die Erkenntnisse Augustins nahe, daß der Herd der Verstrickungen und Verfehlungen der Zusammenhang der Menschen im Geschlecht liegt.

5. Dieser geschlechtliche Zusammenhang ist nach vorn hin offen. Wir repetieren unsere Vergangenheit, aber doch steigen wir nicht zweimal in denselben Fluß. Die Zeiten greifen ineinander. Darum kann auch die junge Generation nicht die gleiche Verantwortung und Aufgabe haben wie die ältere. Aber beide verzahnen sich ineinander. Das wird das Thema des nächsten Romans sein.

6. Die Rolle des Geschlechts ist deutlich. Es bleibt dabei, daß das Geschlecht den Menschen primär bestimmt. Es bleibt auch bei der merkwürdigen Unerfülltheit aller Verhältnisse von Mann und Frau, die der Dichter darstellt. Nur tritt klarer heraus, schon durch die Zuordnung der Frauengestalten zu dem Erzähler Harry, daß der Sexus im Zeichen der Spaltung, der Reflexion steht. Und das obszöne Reden dient der Aufgabe, diese Spaltung in Sexus und Eros sichtbar zu machen und ins Ganze hinein aufzuheben. Dieses Ganze aber ist nicht die heile Welt von Adam und Eva vor dem Fall, sondern die Bestimmung, an der furchtbar die Verhältnisse gemessen werden und scheitern. So wird das obszöne Reden in die biographische Dimension einbezogen. Es ist real in dem Sinne, daß es die Unerbittlichkeit der leiblichen Zuordnung zeigt, die Existenz zwischen Leben und Tod.

7. Auch dem Bereich der Religion kommt die Differenzierung der Perspektive zugute. Eddy, der Künstler und Produzent von Scheuchen,

erkennt in der Liturgie die große Form, die sich in der Notsituation behauptet und es dem Menschen erlaubt zu überstehen (Gesang im Feuerofen). Er verwandelt aber andererseits die religiöse Übung in Marionettenmechanik, die den einzelnen zu manipulieren versteht wie die anderen Lebensformen der Demokratie auch. Dann erscheint Gott als »Urvogelscheuche«, eine Erfindung des Menschen, um mit dem bedrohlichen Leben fertigzuwerden. Einen anderen Stellenwert besitzt die Religion bei Harry und seiner Welt; sie erscheint im Zwielicht. Hinter Jenny erscheint die Gestalt der Maria, hinter Tulla der heideggerische Urgrund, der ein gräuliches Gemisch von Gut und Böse ist und nicht aufzuklären. Wichtiger aber ist, daß dem Intellektuellen, der sich von der Religion distanziert, das Spiel des Intellekts selbst zum Kult gerät. Wenn Grass die Fernsehdiskussion als Kultspiel vonstatten gehen läßt, dann wird die Äfferei der Religion bloßgestellt und karikiert. Was aber bleibt dann übrig? Diese Frage führt uns zum dritten Aspekt, den Walter Matern vertritt. Wenn Religion als Mythos und als Ideologie karikiert und der manipulierende Mensch unserer Tage eines Pseudokultus überführt wird, wo kann dann Religion noch ihren Sitz im Leben haben? Der Zwang zur Lästerung der christlichen Religion ist nicht verschwunden: im Beichtstuhl stößt Walter Matern seine Geliebte. Aber doch zeigen einige Andeutungen, daß hinter dem zertrümmerten Bild Substanz ruht. Als Walter seinen Freund Eddy überfällt und ihm alle zweiunddreißig Zähne ausschlägt, da reagiert der Geschlagene mit der Frage »Bist du es?«[104] So hat Jesus den Judas gefragt bei der Gefangennahme im Garten Getsemani. Wir Menschen spielen also das Unrechtspiel weiter; wir schlagen den Wehrlosen. Eine andere Andeutung ist noch wichtiger. In einer Art negativer Meditation wird die Wahrheit bedacht: »Nichts ist rein. Auch der Schnee ist nicht rein. Keine Jungfrau ist rein. Selbst das Schwein ist nicht rein ... Die Idee, die bleibt rein? Selbst anfangs nicht rein. Jesus Christus nicht rein. Marx Engels nicht rein. Die Arche nicht rein. Und die Hostie nicht rein.«[105] Die Argumentation endet mit dem Hinweis auf den Knochenberg des KZ Stutthoff. Mit dieser Einordnung Jesu in die Unreinheit der menschlichen Wirklichkeit ist hier der Ansatz zu einem legitimen Verständnis Jesu gegeben. Nehmen wir diese Aussage: »Jesus ist nicht rein«, zusammen mit dem Refrain: »Gott schaut zu«, dann begreifen wir: erst wo Jesus nicht der zweideutigen und verantwortlichen menschlichen Wirklichkeit entnommen, vielmehr ganz in sie hineingenommen ist, kann seine Rolle erkannt werden. In den »Hundejahren« bleibt es bei dieser vagen Andeutung. Aber mit dem Hinweis auf das »Agnus dei« beim Gesang im Feuerofen zusammen kann doch festgestellt werden, daß bei der Solidarität Jesu mit dem sündigen Menschen der rechte Eingang zum christlichen Glauben getroffen ist. Dann ist natürlich das Problem: Ist Jesus nur das Symbol für die Zwienatur und Verantwortung des Menschen, oder ist er auch das Symbol für seine Reinigung und Entlastung[106]?

IV. Schritte zur Konkretion

Wer den Dichter auf seinem Weg begleitet hat, der spürt, ein Abschnitt ist erreicht. Der Ton muß sich ändern, und das aus innerer Notwendigkeit. Zwar ist es nicht so, daß ein Talent wie Grass es nicht fertigbrächte, in seinem Stil weiterzudichten; Vergangenheit aufzubrechen, Wirklichkeit zu erzählen gäbe es noch genug. Und seine Kritiker bescheinigen ihm dann auch, daß die folgenden Opera Partien enthalten, die die alte Handschrift, den großen Atem zeigen, der den Ruhm des Schriftstellers begründet hat.

Aber doch stellt die Mehrheit der Kritiker fest, daß Grass von jetzt ab nicht mehr der alte sei. Hämisch oder bedauernd registrieren sie einen Wandel, ein Nachlassen des Vulkans, ja ein Erlöschen der Feuer. Und in der Tat, der Wandel ist unübersehbar. Er deutet sich an in dem deutschen Trauerspiel »Die Plebejer proben den Aufstand« von 1966; er wird offenbar in dem Roman »Örtlich betäubt« von 1969 und penetrant im »Tagebuch einer Schnecke« von 1972. Aber: Man ruft nach dem alten Grass und erkennt nicht, daß der Wandel im Stil notwendig war und daß er eben aus der bisherigen Entwicklung folgte.

Wenn wir dem Grass der zweiten Phase gerecht werden wollen, wenn wir verstehen wollen, was er uns zu sagen hat, dann müssen wir vor allem zu erkennen versuchen, welche Notwendigkeit in den Werken seit 1966 am Werk ist.

Das erste Motiv liegt in der Biographie. Auch ein Dichter kann nicht stille stehen. Er wandelt durch die Entwicklungsstufen des menschlichen Lebens. Aus dem jungen Mann, der in der Auseinandersetzung mit der Tradition und der eigenen Vergangenheit sich selbst gewinnen muß, wird der zur Verwirklichung des eigenen Lebens Berufene. Nun ist er der Festgelegte, der von sich selbst nicht wegtreten

kann, und an der nächsten Generation ist es, sich von ihm abzustoßen, sich mit ihm auseinanderzusetzen. Wir sehen in »Örtlich
betäubt« die Konfrontation mit der jungen Generation in vollem
Gange. Der etablierte Studienrat Starusch findet in seinen Schülern
seine Kritiker. Er begegnet in ihnen seiner eigenen Jugend und muß
doch erkennen: Er muß nun die Rolle dessen spielen, der seine Erfahrung mit sich selbst und mit der Welt gemacht hat. Darum muß
sich auch sein Stil ändern. Vollends deutlich wird dieser Wandel der
Position im »Tagebuch einer Schnecke«. Nun sind es die eigenen Kinder, denen der politisierende Vater Erfahrungen vermitteln möchte.
Ein Stil wird erforderlich, der die Generationen umfaßt.

Hinter diesem biographischen Wandel wird ein zweites Motiv sichtbar. Wer einen Beruf ausübt, wer Kinder zeugt, der ist auf Konkretion
aus. Er kann nicht länger darin verharren, die Vergangenheit aufzuarbeiten, gelebtes Leben zu repetieren, die bittere Frucht des Ge-
lebten und Versäumten aufzubrechen. Er muß den Schritt nach vorn
tun, muß bedenken, was es heißt, mit dem Schatten der Vergangenheit zu leben; er muß die Spannungen der Gegenwart aushalten und
im Reden und Handeln zu dem Humanum stehen, das nur im Brechen des falschen Scheins bewährt werden kann. Das Stück »Plebejer
proben den Aufstand« versucht, diese Situation auszudrücken: Nur
wer die Differenz von Theorie und Praxis erkennt und ihr nicht einfach in bloße Praxis hinein ausweicht, ist fähig zur wahren Praxis,
zum Standhalten *in* den Widersprüchen des Lebens.

Ein drittes Motiv liegt noch eine Schicht tiefer; ich meine die Veränderung der Welt, in der der Dichter lebt. Wir hatten schon auf dem
Weg von der »Blechtrommel« zu den »Hundejahren« erkennen können, daß die Umwelt des Autors sich wandelte. Zwar blieb die Auseinandersetzung mit der Vergangenheit das Thema der Werke. Aber
in den »Hundejahren« drängte sich doch eine neue Fragestellung
nach vorn: die Auseinandersetzung mit der durch die allgemeine Vernunft bestimmten Welt, mit der Welt der Demokratie. Es war ja gerade das Überzeugende an der Darstellung des Dichters, daß im Abstoßen von der Vergangenheit nicht einfach eine heile Welt entstand, sondern eben das Heilmittel, das die Vergangenheit aufdeckte
und von ihr befreite, selbst zum Gift für die neue Gestaltung des Lebens zu werden drohte. Was Grass in seiner Höllenfahrt am Ende
der »Hundejahre« visionär beschreibt, ist ja die Unmenschlichkeit
der durch die Scheuchen, die »Gestelle« (Heidegger) und Ideologien
bestimmten Welt. Wird — so fragen wir — der Dichter dieser neu

entstehenden Wirklichkeit so begegnen, daß er ihre Unmenschlichkeit aufbricht? Es ist von vornherein klar, daß die bisher angewandten Mittel nicht ausreichen werden. Was aber kann dann helfen, wenn die Rückkehr in die Dunkelheit, das Abdrängen des Unbewältigten verwehrt ist, wenn das Licht der Aufklärung selbst das Konkretissimum zum Verschwinden bringt? Hier wäre ein neuer Stil, eine neue Perspektive erforderlich, ein Griff, der die Vernunft selbst wieder bricht, auf das Konkrete zurückbezieht. Wir werden also mit brennendem Interesse beobachten, wie der Dichter in dieser Verwandlung besteht. Und es ist zu vermuten, daß die Lösung da liegt, wo das Problem schmerzt: Wie Mose denen, die von der Schlange in der Wüste gebissen wurden, eine Schlange als Heilszeichen aufrichtete, daran sie erkennend genesen könnten, so kann auch die Heilung der Vernunft nicht in Enthusiasmus oder Widervernunft bestehen, sondern darin, daß sie als Zeichen aufgerichtet wird. Wir werden analysieren müssen, wie das praktisch aussieht.

Diese drei genannten Gründe können andeuten, daß die Perspektive, der Stil des Dichters sich wandeln muß. Und wir können auch als Richtpunkt festhalten, daß es sich um einen Gang auf Leben und Tod handelt. Mit uns, seinen Zeitgenossen, ja in gewissem Sinne auch für uns, muß der Schriftsteller es wagen, mit verrenkter Hüfte den Weg zu gehen, der Gegenwart standzuhalten und die Verwirklichung unseres Lebens menschlich, konkret werden zu lassen im Wort. Und vielleicht ist sein Ungenügen auch das unsere.

Wir können auch schon andeuten, was diese Neuorientierung für unsere Aspekte: obszön, blasphemisch, revolutionär, bedeutet. Um mit dem letzteren zu beginnen — weil es in der Konfrontation mit dem öffentlichen Leben besonderes Gewicht erhält —: in doppelter Weise wird der Aspekt der Revolution in die Geschichtlichkeit des Menschen zurückgebogen, einmal durch die Erfahrung, daß wir nie mit Null anfangen, sondern immer von der Vergangenheit bestimmt sind, und zweitens durch die Erkenntnis, daß das Opfer des Konkreten in die Utopie hinein zu teuer bezahlt werden muß. Wenn die revolutionäre Bewegung in dieser doppelten Weise selbst geschichtlich geworden ist, nimmt die Utopie mit Notwendigkeit einen anderen Charakter an. — Ähnlich wird es der Blasphemie ergehen. Zwar ist auch weiterhin die Dunkelheit, die äußerliche Autorität, das Repressive in der Religion aufzubrechen, aber die eigentliche Gegnerschaft erwächst dem Menschen nicht mehr, nicht primär von der tabuisierten Religion, sondern von ihrer aufgeklärten Form: gerade die

Annäherung des Heiligen Geistes an die Vernunft (wie im 4. Akt der »Plebejer« zu sehen), gerade die Wirksamkeit der Kirche in der »Öffentlichkeit« muß jetzt der Gegenstand der Kritik sein. Darum muß gerade der ideologische Charakter des neuzeitlichen Christentums aufgebrochen werden. Nur wo Gott an der Unreinheit des Menschen teilnimmt, ist Wahrheit zu finden. Die obszöne Rede schließlich scheint zurückzutreten. Oder müssen wir sagen: wir haben uns an das Obszöne so gewöhnt, daß es uns nicht mehr stört, ja kaum noch auffällt. Man kann diesen Gesichtspunkt an dem Lernprozeß erhärten, den wir alle (alle?) in den letzten zwanzig Jahren durchgemacht haben: in Literatur und Theater, in Film und Illustrierten und Fernsehen werden wir ohne Pause mit dem Obszönen konfrontiert. Wir leben mit ihm. Und die einzige Frage ist: Ob nicht das Obszöne so in den Dienst des Allgemeinen, der Oberfläche, des bloß Triebhaften getreten ist, daß es nur noch als Ware, als Plakat wirkt, so daß die Enthüllung das Geheimnis, die Wehrlosigkeit des Menschen zudeckt. Dann müßte also ein neuer Gebrauch der obszönen Rede eintreten: Das Nackte als das Verletzliche der Wirklichkeit muß die Obszönität der Plakatwelt brechen.

Obszöne, blasphemische, revolutionäre Reden treten also in einen neuen Zusammenhang ein. Wir haben ihn nur angedeutet, um die Aufmerksamkeit zu spannen. Der gemeinsame Nenner dieser Stilmittel ist auch zu nennen, es ist der Schmerz. In ihm konvergieren die Tendenzen des Sprachgebrauchs. Denn Schmerz ist das Zeichen der unvertretbaren leibhaftigen, vom Tod bedrohten Existenz, ein Zeichen, das wie ein Signal dazu herausfordert, ihn anzunehmen, um ihn zu überwinden. »Örtlich betäubt« schließt mit den Worten: »Nichts hält vor. Immer neue Schmerzen.«

I.

Am »Schmerz« müssen wir uns orientieren, wenn wir dem Grass der zweiten Periode folgen wollen. Wie die Angst als Angst vor dem Guten die Perspektive für die erste Periode abgab, so bestimmt der Schmerz die Perspektive der zweiten. Was aber bedeutet: Schmerz?

Wenn nicht alles täuscht, sind wir heute dabei, die Rolle des Schmerzes neu zu entdecken. Es könnte sein, daß wir aus dem Zeitalter der Angst in das Zeitalter des Schmerzes überwechseln. Nun kann damit nicht die Banalität gemeint sein, daß wir heute in einem seit der Aufklärung nicht gekannten Maße Schmerzen erfahren. Eher träfen wir schon die Wirklichkeit, wenn wir darauf hinweisen, daß wir intensiver als je zuvor daran arbeiten, Schmerzen zu vermeiden, und damit zugleich neue Dynastien von Schmerzen (Rilke) produzieren. Denn je mehr wir uns der Schmerzen entwöhnen, je mehr wir auf ein von Schmerzen freies Leben und Sterben meinen Anspruch zu haben, um so niedriger wird der Pegel der Empfindlichkeit. Wir reagieren schon auf die kleinsten Spuren-Elemente von Schmerz, und wir lehnen ihn ab. Und eben dadurch produzieren wir »Schmerzen« bei anderen. Wir machen den anderen leiden, weil wir seine Andersheit nicht ertragen. Wir fügen ihm unvorstellbare Schmerzen zu, um die Erfahrung des Widerstandes, des Anderssein zu töten.

Und diese Dialektik wird von uns noch einmal überboten: Wir leben nur so lange, als wir Schmerz empfinden können; und suchen doch zugleich ihm zu entkommen. Aber wie könnten wir uns entschließen, dem Schmerz eine positive Rolle in unserem Leben einzuräumen? Dann müßten wir doch imstande sein einzugestehen, daß der Angriff auf den Kern unserer Existenz sein Recht habe, daß er uns an unser Gesetztsein erinnere, und uns zur Übernahme des Schmerzes bereit erklären.

Kierkegaard schrieb vor 120 Jahren über die Angst. Erst fünfzig Jahre danach war die Welt soweit, das Thema selbst abzuhandeln. Es könnte sich mit dem Schmerz ähnlich verhalten. Jetzt treten wir ein in die Landschaft, die vom Schmerz bestimmt ist. Wann aber sind wir soweit, ihm zu begegnen, uns am Kreuzweg wie Ödipus der Frage des Ungeheuers zu stellen?

Allerdings, Andeutungen finden wir in unserer Zeit vor, die die Rolle des Schmerzes zu bestimmen versuchen. Wir verzeichnen einige Markierungen.

Ernst Jünger ahnte vor einem Menschenalter den Eintritt der Menschheit in die Zone des Schmerzes, den der Mensch dem Menschen und der Natur durch die Machtausübung in der Technik antut. Er erkannte auch, daß die Menschen sich damit in einer »sehr merkwürdigen Phase des Nihilismus«[107] befinden und »daß der Mensch in demselben Maße fähig wird, dem Angriff des Schmerzes zu trotzen, in dem er sich aus sich selbst herauszustellen vermag«[108]. Aber er konnte zum eigentlichen Kern nicht durchdringen. Nur den »negativen Abdruck einer metaphysischen Struktur« fand er in ihm[109]. Daß der Schmerz zugleich das Zeichen des Gesetztseins ist, blieb im Dunkel.

Über diese Position, in der der Schmerz durch Disziplinierung, durch Distanzierung bekämpft wird, geht der Humanbiologe

Buytendijk hinaus[110]. Gegen die Algophobie, die Ablehnung des Schmerzes, setzt er seine demütige Annahme in der Algophilie. Für ihn hat der Schmerz den Sinn, die Existenz zu sich selbst zurückzubringen und das Leiden ohne Widerstand hinzunehmen, damit auf diese Weise ein Stück Leben durch die Annahme des Kreuzes erlöst wird. »So erfüllt sich der Sinn des Schmerzes dadurch, daß er den getroffenen Menschen in seiner Gebrochenheit zu sich selbst bringt und hierdurch am Notzustand der Gemeinschaft teilhaben läßt, deren Schicksal das Seine ist und mit der er nach Erlösung schmachtet.«[111] Gerade dann also, wenn der Mensch den Schmerz annimmt und damit die Unverwechselbarkeit und Ausweichlosigkeit seiner Existenz, wird er mit der Unerlöstheit konfrontiert. Wieso aber führt die Annahme des Widerspruchs zur Erlösung?

Diese Frage fordert uns heraus, über die Art des Widerspruchs nachzudenken, der im Schmerz laut wird. Der Schmerz, jeder, schon der Zahnschmerz, weist mich darauf hin, daß ich von mir selbst nicht wegtreten kann. Zugleich aber behaftet er mich bei meiner Verletzlichkeit, er signalisiert einen Angriff auf mein Leben. Wir tun das Natürliche, wenn wir auf das Signal reagieren. Aber die Reaktion bleibt innerhalb der Grenze des begrenzten Lebens. Schmerz redet von der Endgültigkeit, vom Sterben, vom Tod. Und an dieser Stelle wird er zum »Megaphon (Gottes), eine taube Welt aufzuwecken«. (C. S. Lewis meint mit diesem Bilde seine Funktion, uns auf unsere Endlichkeit und Geschöpflichkeit aufmerksam zu machen[112].) Wir denken vielleicht an Hiob. Der Schmerz um den verlorenen Besitz, um die umgekommenen Kinder, über die eigene unheilbare Krankheit weist ihn an, sein Ausgeliefertsein an Gott als Geschöpf zu akzeptieren. Dann entsteht aber der eigentliche Widerspruch: zwischen dem eigenen Lebenswillen und dem Willen Gottes. Der Schmerz ist der Knoten dieser Konflikte. Er gehört beiden Wirklichkeiten zugleich an, der des Menschen als eines lebendigen Wesens und der Gottes als des Schöpfers.

Zwei Möglichkeiten eröffnen sich hier. Entweder ist der Mensch das Wesen, das empfindet, leidet; und Gott ist ohne Pathos, ohne Fähigkeit zu leiden. Die Griechen dachten sich ihren Gott so. Oder der Konflikt zwischen Gott und Mensch liegt in dem Schmerz, an dem beide Parteien Anteil haben. Auch Gott empfindet Schmerz, er leidet an dem Konflikt mit dem Menschen. Es ist kein Zweifel, daß die Bibel so von Gott redet. Nicht nur, daß er Zorn, Liebe, Mitleid, Geduld kennt; er leidet an der Unwiederholbarkeit, an der Einmaligkeit des Verhältnisses zum Menschen, ihn schmerzt die Entfremdung von ihm. Und dieser Schmerz wird zum Antrieb der Erlösung. Gott leidet Pein für sein Geschöpf, um es zu befreien.

Weiter wollen wir in diesem Augenblick unsere Gedanken nicht treiben. Es kommt uns darauf an zu erkennen, daß dem im Schmerz konkreten Menschen die Konfrontation mit einem im Willen lebendigen Gott entspricht; und daß Gott nach dem Ausweis der Bibel und Jesu Schmerz empfindet und so handelt. Der Japaner Kitamori hat von diesem Ansatz her eine ganze Theologie des Schmerzes Gottes entwickelt[113]. Auch Viktor von Weizsäcker redet von Gott und Mensch in dieser konkreten Dimension[114]. Vielleicht ist es an der Zeit, die Theologie durch eine Theopathie abzulösen.

Damit ist das Vorzeichen beschrieben, unter das das Werk von Grass nun tritt. Wir müssen beobachten, zu welchen Aussagen diese Dimension den Dichter führt und welche Form die obszöne, blasphemische und revolutionäre Rede annehmen wird.

II.

1963, zehn Jahre nach den Ereignissen vom 17. Juni, erscheint »Ein deutsches Trauerspiel« von Günter Grass: »Die Plebejer proben den Aufstand«. Man ist zunächst fast geneigt, den späten Beitrag des Dichters mit seinen eigenen Worten zu kennzeichnen: »Mein voreiliges Auge sieht Nation als Lappen auf Halbmast fallen. Der Redner Chor, ich höre, wird solange aus dem Wort Freiheit schöpfen, bis es leergezupft ist ... Und nachdem man es zehn-, elfmal gezupft haben wird, das feierliche Kalenderblatt, wird man im Suff begehen den Siebzehnten, wie in meiner Jugend den Sedanstag.«[115] Aber man begreift bald, daß in der Besinnung von Grass der Versuch steckt, die Wunde der Realität nicht mit Worten zuzudecken wie mit einer Fahne, sondern gerade den 17. Juni als ein Ereignis zu verstehen, das die Hinwendung zur Realität erfordert.

Um diese Hinwendung darzustellen, bedient sich der Dichter einer für ihr Verhältnis zur Realität exemplarischen Figur, nämlich Bert Brechts. In der Gestalt des »Chefs« des Ostberliner Theaters sammelt sich die politische Auseinandersetzung über den deutschen Realismus. Brechts Zwielichtigkeit ›in politicis‹ eignet sich vorzüglich zu diesem Zweck. Und indem Grass die Zweideutigkeit in dem Verhalten des marxistischen Dichters als Festhalten an der Realität beschreibt, vermag er seine eigene Wendung zur Realität zu klären.

Wieder einmal wird — so können wir sagen — Vergangenes bewältigt. Aber gerade in der Ähnlichkeit fällt das Neue um so deutlicher auf: Die Befreiung von der Vergangenheit geschieht nicht im Gelächter, nicht in der Distanzierung, sondern in der Annäherung an die kritisierte Wirklichkeit, im Bekenntnis zur Realität. Die Folge ist ein neuer Stil obszöner, blasphemischer und revolutionärer Rede.

Zunächst: Wir erleben in dem deutschen Trauerspiel die Wendung vom Theater zur Realität. »Wissen möchte ich, wer am Ende die besseren Noten nach Hause trägt: die Natur oder mein Theater«, sagt der Chef des Theaters »listig«[116]. Er nimmt die Berichte der Arbeiter vom Aufstand auf Band auf »als Material«, er sieht alles auf seine Verwendbarkeit an und hält sich vom Einsatz zurück, weil ja doch der Ausgang des Aufstandes allein durch die Realität bestimmt werden wird. Ironie ist darum das der Lage angemessene Verhalten. Und der Chef hat recht mit seiner Einschätzung der Lage und Einstellung zu ihr. Einmal aus der Einsicht, daß ein Aufstand, der sich scheut, den Rasen zu betreten«, nicht zum Erfolg führen kann. Der Chef sagt: »Ich hasse nun einmal Revolutionäre, die sich scheuen, den Rasen zu betreten.«[117] Dann aber aus der Einschätzung der politischen Kräfteverhältnisse. In dem Augenblick, in dem die Sowjets Panzer einsetzen, ist die Sache verloren. Und wenn auch die revolutionäre Friseuse sympathisch die Kathrin aus »Mutter Courage« zitiert.«[118]

Ich bin Friseuse schon ein Jahr!
Doch schon mit siebzehn ging ich ins Theater:
Da, – da hab ich gesessen, als hier oben
die Kathrin auf dem Dach saß, stumm, und hat getrommelt,
wie ich jetzt schreie: Panzer kommen!

Die Realität ist hart: »Es geht schief.«[119]

Auf diese Weise enthüllt sich aber das Elend der Intellektuellen. Sie haben die Naivität verloren, und nun verlieren sie auch noch ihren Glauben an die Theorie. Es ist zweierlei, ob ein Intellektueller durch eine Theorie der Wirklichkeit Beine machen will – wie meinetwegen Brecht im »Guten Menschen von Sezuan« –, oder ob er, von der harten Wirklichkeit eingeholt, »bei allem Elend Gedichte« macht[120].

Jeder muß am Ende des Stückes seine Niederlage bekennen: Der Plebejer seine Idealisten-Schwäche, der Intellektuelle die Ohnmacht gegenüber der nackten Macht. Beide kommen sich auf dieser Ebene wieder nahe, auf der Ebene der Tragödie. Wenn nämlich Grass sein

Stück »ein deutsches Trauerspiel« nennt, dann meint er dies: Di
Realität ist weder der Theorie noch dem Ideal gemäß, sondern har
widersprüchlich. Wenn der Mensch sich diesem Factum brutum stell
dann steht er da voller Scham und Schuld. Der Chef bekennt an
Schluß: »Schon schäme ich mich.«[121]

Sein letztes Wort ist: »Schuldbewußt klage ich euch an.«[122] Schan
bedeutet hier die Erkenntnis, daß der Mensch angesichts dessen, wa
er anderen antut oder schuldig bleibt, sich verstecken möchte. E
empfindet seine Blöße. Dem korrespondiert die »Schuld«: ich wei
und bekenne, daß ich in einer Situation dem anderen etwas, mic
selbst schuldig geblieben bin. Wollten wir hier Scham und Schul
miteinander wägen, so würde wohl jener das größere Volumen un
Gewicht zukommen. Denn wer sich schämt, verbirgt sich vor den
urteilenden Auge, das allgegenwärtig ist.

Die Wende, die sich hier bei Grass vollzieht, ist, hoffe ich, deut
lich geworden. Ein politisches Ereignis der deutschen Geschichte bring
den Autor zu der Einsicht, daß die Realität voller Widerspruch is
und daß Theoretiker und Idealisten diesem Widerspruch nicht ent
gehen können und mit ihrem Handeln nicht nur äußerlich ohnmäch
tig, sondern auch innerlich beteiligt sind, so daß Scham und Schul
sie bestimmen.

Diese Wende bedingt dann auch einen anderen Gebrauch de
Rhetorik. Obszöne, blasphemische und revolutionäre Sprache änder
ihre Struktur.

Das ist am deutlichsten im Bereich des Religiösen. Weil das eigen
Innere der Kampfplatz ist, darum tritt die Polemik gegen die Tradi
tion zurück. Religiöse Sprache wird nicht blasphemisch gebraucht
sondern kann nur ausdrücken, daß die auf das Welthafte reduziert
Wirklichkeit ins Offene stößt.

Aufschlußreich ist in dieser Hinsicht das Ende des dritten Aktes. D
wird die Wendung, die das Eingreifen der russischen Panzer herbei
führt, mit der Bemerkung kommentiert: Stalin war begraben und
»ist auferstanden und feiert Ostern«. Hier wird nicht mehr — wi
früher — gegen eine christliche Aussage polemisiert, sondern um
gekehrt, der Wahrheitsgehalt einer christlichen Aussage wird benutzt
um das Schreckliche, Unmenschliche vom russischen Vorgehen z
treffen. Ähnlich liegt es ein paar Takte später bei der Erwähnun
des Heiligen Geistes[123].

Verirrte Kinder beten eine Taube an:
»Komm, heiliger Geist, kehr bei uns ein!«

Komm, meine Taube, komm, Vernunft,
Komm, heiliger Geist, du erster Atheist,
scheu keine Treppen, nimm den Noteingang,
geh mich mit harten Requisiten an.
Ich, wissend, listig, kühl, allein,
war ein Gedicht lang fast dabei.
. . .
Es atmete der heilige Geist.
Ich hielt's für Zugluft,
rief; wer stört!

Hier wird die ernüchternde Erkenntnis, daß der Mensch ohne Gott ganz allein sei, daß er wie ein toter Christus vom Weltengebäude herabrede, als Wirkung des Heiligen Geistes, der Vernunft, verstanden. Also genauer gesagt: nicht schon der Geist, der keine Täuschung mehr kennt, wird Heiliger Geist genannt, sondern der Geist, der in den nach Freiheit und Gerechtigkeit Verlangenden atmet. Das ist eine tiefe Einsicht: der Geist, der nach wahrem Leben verlangt, ist Heiliger Geist. Allerdings: er ist ein Geist voller Skepsis.

Der 17. Juni fordert eine Sprache, die im Element der Öffentlichkeit, der Politik, Unechtheit entlarvt und auf Wahrheit drängt. Die Situation ist neu und herausfordernd genug. Eines ist es, den Bann verderblicher Vergangenheit erzählend zu brechen, ein anderes, gegenwärtiges Sprechen ins Licht der Wahrheit zu rücken. Grass zeigt uns, wie einer, der nicht in der Sprache der Revolution und Dialektik zu Hause ist, sich mit dieser auseinandersetzt. Glücklich treffen in dem Einfall, Bertolt Brecht in seinem Verhalten am 17. Juni zu erdichten, Sprache des Revolutionärs und Sprache der siegreichen Revolution zusammen.

Vergeblich suchen wir in dem Stück die Sprachgewalt von B. B. Es kann Grass schon darum nicht gelingen, sie zu kopieren, weil der 17. Juni eben ihre revolutionären Töne stumpf macht. Genauer gesagt: Brecht kann und darf nicht in dem Glanz der marxistischen Theorie erscheinen, sondern in seiner Doppelbödigkeit, die für die Tragik des Lebens offen ist, vollzieht sich in der Darstellung des dem Aufstand gegenüber zögernden »Chefs« (B. B.) eine Ehrenrettung des Marxisten; nicht die Härte seiner Dialektik, sondern der Bruch der Dialektik wird gezeigt.

Und während den Bürger Max Frisch in diesen Jahren die Appelle zur dialektischen Praxis, die von seinem großen Vorbild B. B. ausgehen, beunruhigen und seine Sprache zur Polemik und Einseitigkeit zuspitzen[124], entdeckt Günter Grass bei dem großen Vorgänger die Doppelbödigkeit, die darauf hinausläuft, daß die Sprache der Revolution durch die Praxis gebrochen wird. Und darauf kommt es bei Grass hinaus. Er ist selbst nie Dialektiker der revolutionären Sprache gewesen, aber er begegnet dieser Sprache im Raum der Politik, und zwar in dem Augenblick, in dem sie sich als hohl und lügnerisch erweist. »Die Plebejer proben den Aufstand« ist vor allem eine Sprachübung, in der die dialektische Sprache gebrochen wird.

Das geschieht auf eine dreifache Weise.

Die Arbeiter, die den Aufstand in Berlin inszenieren, z. B. die beiden, die die sowjetische Fahne vom Brandenburger Tor herunterholten, sprechen unvollständige Sätze ohne Verben.

> »Komm runter, rief Berlin! Mach runter!
> Maurer:
> Wobei ist mir mein Schienbein, als wir runter.
> Friseuse:
> Auf Schultern hat man ihn, auch Hotten.«[125]

Diese Beschneidung soll nicht nur die Atemlosigkeit des Berichts charakterisieren, sondern vor allem den Umstand, daß das Tun der Erzähler kein Tun ist; es bewirkt nichts. Die Sprache ohne Verbum ist tot.

Die Funktionäre andererseits enthüllen die Hohlheit ihrer Sprache in der Konfrontation mit der Situation; Kosanke, der Stalinist, spricht die glatte, leere Sprache der Ideologen. Er kann sein Handeln aus dem Kommunistischen Manifest, aus dem Kapital und den Beschlüssen der Komintern dialektisch rechtfertigen und verfehlt doch die Situation.

Dieser Widerspruch wiederum, dort Situation ohne Wirksamkeit, hier Handeln ohne Wirklichkeit, bestimmt die Sprachebene des Chefs, alias B. B. Er redet dem Funktionär nach dem Munde, ironisiert aber zugleich dessen Aussagen. Er gibt seine Unterschrift unter die Ergebenheitsadresse für Ulbricht und sendet eine Durchschrift der unzensierten Fassung für die Nachwelt in den Westen. Er wird wahr erst angesichts der Niederlage. Ihn bedrängen die Stimmen im Ohr, die unzureichenden oder verlogenen Worte der Akteure im politischen Geschehen. Das Tonband hielt sie fest, um sie zu reproduzieren; es vertritt den Speicher des bösen Gewissens. Fortan wird die Redeweise bestimmt durch eine mehr als doppelbödige Dialektik: »Ihr Unwissenden! Schuldbewußt klage ich euch an.«[126] Der Wissende muß anklagen; aber er selbst hat Schuld.

Eine neue Sprachebene ist erreicht. Wenn der in Vergangenheit Verstrickte sich durch Obszönität, Blasphemie und Dialektik der Revolutionssprache abgestoßen hat, muß er entdecken, daß er damit der Verstrickung nicht entgeht, sondern sich zu ihr bekennen muß. Im Bekenntnis der schuldhaften Verstrickung allein wird die Sprache wahr, das Menschliche menschlich.

III.

Ein großer Teil der Kritiker des Dichters hat den Roman »Örtlich betäubt« von 1969 einen Tiefpunkt genannt. Reich-Ranicki spitzt die Kritik zu: es werde hier stets nur verkündigt und kaum etwas gezeigt, »Und statt Menschen lassen sich in diesem Roman lediglich Schemen blicken«, »marionettenhaft agierende Figuren. Sie sind meist von einer fixen Idee befallen.«[127]

Diese Kritik hat recht, aber anders, als sie es meint. Denn der Vorwurf weist einmal darauf hin, daß die Menschen in Westdeutschland im Jahre 1967 in ihrem Verhalten in der Tat etwas Schemenhaftes an sich hatten; es trifft also genau die geistige Situation, wenn die Personen im Roman, Schüler wie Lehrer, von Schematismen wie Marionetten bewegt erscheinen. Und ebenso ist es zutreffend, daß der Dichter mehr verkündigt als zeigt. Denn das, was man erzählen kann, verbirgt sich hinter den Schemata; es kann nur im langsamen Abbau derselben zum Vorschein gebracht werden. Bis dahin kann es nur als Gefordertes erscheinen und indem die Schemata gestört werden.

Und das ist nun in Wirklichkeit kein Ende, sondern eine Wende, kein Tiefpunkt, sondern ein Drehpunkt; genauer gesagt: Hier könnte sich eine Wende anbahnen; mit allen Mitteln deutet sich etwas Neues an.

Grass beschreibt in seinem Roman die politische Szene des Jahres 1967 in Berlin. Er spiegelt sie in den Erlebnissen eines Studienrates mit seinen politisch engagierten Schülern, in dessen Auseinandersetzungen. Der Primaner Philipp Scherbaum will auf dem Kudamm vor Kempinski seinen Dackel verbrennen, um die Kuchen fressenden Damen zu schocken und ein Zeichen zu setzen. Um diesen Plan geht die Auseinandersetzung, der mühsame Lernprozeß von jung und alt und beider miteinander.

Dabei kommt alles auf die Art an, in der diese Auseinandersetzung stattfindet. Sie könnte ja ideologisch oder auch ideologie-kritisch geführt werden. Das geschieht bei Grass nicht, auch wenn die Argumente ideologischer Auseinandersetzung allesamt auftauchen. Das Besondere in der Erzählung ist, daß die eigentliche Wandlung nicht von einem Fortschritt in der Diskussion aus erfolgt, sondern durch die Wirksamkeit des Schmerzes. Der Schmerz ist der allgegenwärtige Held des Romans. Seine Wirksamkeit löst die Probleme auf, überführt sie in einen neuen Zusammenhang.

Um das herauszuarbeiten, bedient sich der Dichter eines Tricks: Sein Studienrat muß sich in der fraglichen Zeit einer großen Zahnbehandlung unterziehen. Ihm muß sein »Hackbiß« beseitigt werden. Sein Gegner Philipp Scherbaum kommt ebenso in Zahnbehandlung, wegen einer umgekehrten Zahnstellung; er leidet an einem Distalbiß; seine Zähne stehen ab. Diese Zahnbehandlung gibt nun den Spiegel für das ab, was sich in den Hauptpersonen und zwischen ihnen abspielt. Der Zahnschmerz ist Symbol für die von keiner Ideologie zu ersetzende und zu beseitigende Konkretheit der Existenz. Die Deformationen der Zähne weisen auf Deformationen des Lebens hin: bei Hackbiß wird Brutalität vermutet, Zahnstein weist auf versteinerten Haß hin[128]. Und der Behandlung der Zahnschäden entspricht der Fortgang der Handlung zwischen den Akteuren. Grass hat sich das Vokabular der Zahnmedizin angeeignet und spielt mit den Fachausdrücken: Progenie und Vorbiß, Alviole-Kamm und Pulpahorn, Zinnkappe und örtliche Betäubung.

Was kann diese allegorische Weise der Darstellung bezwecken? Wollte der Dichter nicht der Devise seines Studienrats Starusch folgen: »Ich glaube nun mal an Geschichten«?[129] Müßte er dann nicht einfach Aktionen berichten, vielleicht Aktionen, in denen sich Ideen, Ideologien verwirklichen? Eben darum kann es sich nicht handeln beim Erzählen. Der Dichter sagt in einem Gespräch: »Dieses ungeheure Mißverständnis, daß es nicht ausreicht, die Welt zu interpretieren, diese große Forderung, man müsse sie auch zu verändern versuchen. Ich wage das zu bezweifeln. Es ist ohnehin schwierig genug, diese Welt zu interpretieren ... Und ich wage es, dieser dogmatischen Alternative ... den resignierenden oder vielleicht kann man auch sagen leicht melancholischen Satz entgegenzustellen: ›Stimmt, verändern, das schaffe ich nicht.‹«[130] Dann käme es also bei der Geschichte zwischen dem jungen Scherbaum, der ein Zeichen setzen will, und seinem Studienrat nicht auf Handlung an, sondern auf Abbau von Handlung, Abbau von Ideologie. Dann müßte die eigentlich erzählenswerte Handlung darin bestehen, daß die konkrete Welt sich durchsetzt.

Hier ist Vorsicht geboten. Denn auch die Welt, die sich in der Praxis von Ideologie verwirklicht, ist ja »konkrete Welt«. Wir müssen darum genauer sagen: Die Handlung besteht deshalb in einem Abtrag von Ideologie, weil die konkrete Welt die in keiner Ideologie zu rechtfertigende Welt ist, in der Schmerz und Gegenbewegung gegen den Schmerz herrschen und miteinander streiten.

Dann muß man zwar fragen, ob die Spiegelung der Handlung im Zahnbehandlungsgeschehen nicht die Gewichte verrückt; aber grundsätzlich muß akzeptiert werden: Es geht dem Dichter darum, im Jahre 1967 in einer Handlung deutlich zu machen, sich ereignen zu lassen, wie Schmerz und Zeit zum Abbau der Ideologien führen und die konkrete Existenz hervortritt.

Dies ist also die Perspektive des Dichters. Er gibt ihr auch einen Namen, wenn er Seneca und seinen Stoizismus nennt. Alle seine Erwachsenen leben mit Seneca und zitieren ihn. Der General Krings zitiert den Stoiker als Helfer zum Durchhalten, er erhält dessen »Briefe an Luzilius« bei einem Wettbewerb als Trostpreis; der Studienrat hat ein Manuskript über Seneca als Erzieher Neros geschrieben; der Zahnarzt lobt seinen Patienten: »Wie ein Stoiker haben Sie durchgehalten.«[131] Und der Primaner »stellt Übereinstimmung fest bei Seneca und Marcuse in der Beurteilung der spätrömischen wie spätkapitalistischen Konsumgesellschaft«[132]. Der ganze Roman ist durchsetzt von Anspielungen auf Seneca und die Stoa. Und dieser Verweis will doch sagen: Der Stoiker hatte in der Vernunft, die sich vom Unabänderlichen und Gegebenen distanzieren konnte, die Kraft gefunden, sich zu behaupten und weder im Gegebenen aufzugehen noch es einfach zu negieren und zu zerstören. Diese Mittelposition, in ständiger Auseinandersetzung, in ständigem Ausgleich sich zu bewähren und doch auf die Realität (den Schmerz) bezogen zu bleiben, ist es, die auch die Figuren des Romans bestimmen soll. Erzählt soll (und muß) also werden, wie im Jahre der beginnenden Unruhe unter der Jugend 1967 der Stoizismus als Haltung sich gegenüber Ideologisierung und bloßem Technizismus durchsetzt. Der Schmerz hilft, den Menschen zu erziehen. Das Leben ist von ihm bestimmt. Jeder muß versuchen, das Leben mit Vernunft und Einsicht zu regulieren. Krings, der General, tut das mit seiner unbewältigten Vergangenheit, der Arzt steuert die Gegenwart aus, der Pädagoge Eberhard Starusch die Zukunft.

Es geht also um den Stoizismus als realistische Haltung in unserer Zeit. Er muß seine Kraft primär auf dem Felde der politischen Realitäten erweisen. Was wird unter dem Einfluß der Stoa aus der Revolution und ihrer Sprache?

Zunächst ist die Wandlung an dem abzulesen, der den Roman erzählt; Eberhard Starusch ist Studienrat an einem Gymnasium; er gibt Unterricht bei Unterprimanern. Diese konfrontieren ihn mit ihren Ideologien ohne Erfahrung; vor allem der Schüler Philipp Scherbaum; der »hat keine Geduld. Nur Ideen«[133]. Er will Gewalt und Ausbeutung nicht durch Gewalt abschaffen, sondern durch ein Happening. Sein brennender Dackel soll die Bürger schocken und ein Signal zur Veränderung des Bewußtseins geben. Seine Freundin unterstützt ihn, sie bestärkt ihn in seinem Vorhaben als einen potentiellen Märtyrer[134]. Der Studienrat kann den Plänen der Jugend nicht zustimmen. Denn er kann die eigenen Erfahrungen nicht überspringen. Er kennzeichnet sie selbst: »»Das sagte ich auch mal: die große Weigerung führt zum Ende der Autorität.‹ Ich sprach vom Scheitern, von der Hölle, Strafbataillon genannt, vom Minenräumen ohne Feuerschutz. ›Auch wenn ich überlebte, die Zeit schaffte mich. Ich paßte mich an. Ich suchte den permanenten Ausgleich. Ich klammerte mich an die Vernunft. So wurde aus einem radikalen Aufrührer ein gemäßigter Studienrat, der sich, trotzdem und dennoch, für fortschrittlich hält.‹«[135]

Was aber ist Erfahrung? Es ist Erfahrung der Zeit. Diese kann verschieden beschrieben werden: Der Mensch erfährt die Relativität allen Tuns, nichts führt zum Unbedingten. Er muß entdecken, daß er nicht unbelastet im Nullpunkt ansetzen kann. Er bringt seine Vergangenheit immer schon mit und muß einen Teil seiner Kraft dazu benutzen, um diese zu repetieren, ihr standzuhalten, ja vielleicht, sie zu verändern. So tritt also die Erfahrung dem Menschen in den Weg; sie macht es ihm unmöglich, radikal zu sein, sich von sich selbst zu lösen. Sie weist ihn in die Relativität ein; sie macht ihn zum Pragmatiker.

Allerdings muß man zwischen pragmatischem Verhalten und Pragmatismus unterscheiden[136]. Der Zahnarzt sieht in der Anpassung, in der Betäubung der Schmerzen und der Beseitigung der (Zahn-) Schäden die Lösung; der Studienrat aber sucht nicht die Schmerzlosigkeit, sondern den Umgang mit dem Schmerz. Man merkt es ihm und seinem Autor Günter Grass an, daß diese Erfahrung, die den Menschen pragmatisch macht, schwer zu beschreiben ist. Von widerlicher Anpassung unterscheidet sie nur das Leiden, das Leiden an der Unmenschlichkeit der Totalität wie auch umgekehrt an der Vigilanz, die alles betäubt. Es ist leichter, die Ablehnung der Gewalt oder der schockierenden Zeichen zu begründen, als die Haltung der Vernunft einsichtig zu machen. Wir fragen, ob diese Unbeholfenheit in der Konstellation liegt, die 1967 herrschte, in der Fragestellung: Auseinandersetzung mit der rebellierenden Jugend. Gegenüber den Kirchen nahm Grass 1969 bei der Katholischen Akademie und beim Kirchentag den Mund ganz schön voll. An der katholischen Kirche kritisierte er ihren Mangel an sozialem Engagement; offenbar vergaß er, daß eben mit der Erfahrung des Scheiterns erst die Dimension sich öffnet, die in der Kirche zu Wort kommen soll. Allerdings gab er ihr auch ein gutes Stichwort mit dem Begriff »Toleranz«[137].

Überzeugend ist die Unterscheidung zwischen Pragmatismus und pragmatischem Verhalten kaum. Und doch ist sie schlechterdings entscheidend für die Botschaft des Autors. Wir müssen ihr daher noch nachgehen.

Die Differenz wird klar im Verhältnis des Patienten Starusch zum Zahnarzt. Zunächst vermag dieser den Studienrat von der Versuchung zu Radikalismus und Utopie herunterzuholen, er erinnert ihn an die Erfahrung des Versagens in der Vergangenheit und analysiert seine Tendenzen zur Gewalt und Veränderung als Versuch, das Versagen abzureagieren.

»Hier will jemand, wieder einmal, über den Menschen hinaus. Wieder einmal will hier jemand mit dem absoluten Zollstock maßnehmen. Zwar gibt er sich modern. Er hat nicht vor, den abgetakelten Übermenschen aufzuputzen, er vermeidet geschickt die Forderung nach dem neuen, dem sozialistischen Menschen, aber sein Überdruß, sein Gähnen angesichts geringfügiger, doch immerhin nützlicher Verbesserungen..., seine Pädagogik, die das Nichts bedingungslos gegen eine Utopie ... einzutauschen bereit ist, seine Unrast, sein launenhaftes Kleinhirn, seine Schadenfreude, wenn etwas nicht klappt, und seine sich wiederholenden Aufrufe verraten ihn.«[138]

Aber dann muß der Studienrat doch seinen Protest anmelden. Es kann in der Stadt nicht darum gehen, die Übel zu beseitigen. »Man stelle sich vor: Ein Zahnarzt und ein Studienrat regieren die Welt. Das Zeitalter der Prophylaxe bricht an. Allem Übel wird vorgebeugt... Fürsorge und Vorsorge befrieden die Völker. Keine Religionen und Ideologien mehr, sondern Hygiene und Aufklärung beantworten die Frage nach dem Sein.« Diese Karikatur erinnert an die Zeichnung Nietzsches vom »Letzten Menschen«[139].

Von dieser Vorstellung des Pragmatikers, des Technokraten, setzt sich der Pädagoge ab: »Vielleicht geht das doch nicht: ein Zahnarzt und ein Lehrer. Er ist es gewohnt, schmerzlos zu behandeln; ich werte den Schmerz als Mittel der Erkenntnis.«[140]

Die positive Wertung des Schmerzes unterscheidet also den Stoiker vom Ideologen einerseits, vom Technokraten andererseits. Dabei ist der physische Schmerz nur das Signal für den Kampf, der da stattfindet. Der Schmerz konfrontiert den Menschen mit seinem Versagen, er läßt ihn zugleich nicht zur Ruhe kommen über den Schmerzen der anderen. Schmerz verhindert ihn, sich vom anderen Menschen zu trennen, der ihm Schmerzen bereitet, und ruft ihn in seinem Verhältnis zum anderen zugleich immer wieder auf sich selbst zurück: Der Schmerz hält den Menschen ab, von sich und seiner Geschichte wegzutreten; er macht ihn menschlich.

In diese Perspektive könnten wir nun alle Figuren einzeichnen, die in das Leben des Studienrates verwoben sind: Die Kollegin Irmgard, die sich ihre ideologische Blindheit als BDM-Führerin im Dritten Reich nicht verzeihen kann und daher dazu neigt, den radikalen Philipp zu bewundern. – Den General Krings, alias Schörner, der, aus russischer Gefangenschaft zurückgekehrt, sich damit beschäftigt, die verlorenen Schlachten im nachhinein im Sandkastenspiel zu gewinnen. Die Tochter des Generals, Linde, die frühere Verlobte des Studienrats. Sie alle werden in die Dimension des Schmerzes einbezogen, freilich in unterschiedlicher Stärke. Nur die Kollegin wird als Gegenüber des Studienrats und auch des Schülers Philipp ganz gegenwärtig. Die frühere Verlobte dagegen und ihr Vater geistern herum als Schmerzfiguren unbewältigter Vergangenheit. Sie erscheinen – sinnbildlich – nur auf dem Bildschirm, den der Zahnarzt aufgestellt hat, um seine Patienten von dem Schmerz der Behandlung abzulenken.

Wir können an dieser Stelle eine Bemerkung zu diesem Einfall des Dichters nicht zurückhalten. Seit dem letzten Kapitel der »Hundejahre« wissen wir, daß der Dichter die Entfremdung des Menschen in der »Öffentlichkeit« kritisiert; die moderne technische Demokratie und ihr öffentliches Wesen verdecken den Menschen. Jetzt, in »Örtlich betäubt«, wird diese Kritik weiterverfolgt. Aber während in der Auseinandersetzung mit den jungen Menschen die Welt der »Publizität« durch die Erfahrung des Schmerzes gebrochen wird, führt der Autor das Fern-Sehen nicht in realer Weise als Medium der Ideologisierung und Entfremdung ein, um sich mit ihm auseinanderzusetzen, sondern benutzt den TV-Apparat beim Zahnarzt als Spiegel der Subjektivität. Der Patient sieht im Apparat seine eigene Vergangenheit gespiegelt. Ähnlich wurde schon das Tonband im Schauspiel »Die Plebejer« verwendet. Doch da ist ein Unterschied: Hier wird in der Wiedergabe aufgenommene Wirklichkeit erinnert, dort im TV-Apparat beim Zahnarzt bildet sich innere Wirklichkeit, Erinnerung, Fiktion, Einbildung ab. Nehmen wir diese Beobachtung mit der anderen zusammen, daß das Geschehen beim Zahnarzt für den Roman auch nur die Bedeutung eines Spiegels, eines Sinnbilds für das eigentlich Verhandelte hat, dann müssen wir unsere Enttäuschung ausdrücken: der Autor weicht der Realität durch Allegorisierung aus. Er stellt sich der Aufgabe nicht, die in der technischen Welt liegt.

Aber doch bleibt der Ansatz beim Schmerz bedeutend. Der Schmerz hält den Menschen bei sich selbst fest, er hindert das Aufgehen im Allgemeinen ebenso wie das Ausweichen nach Utopia. Er verbindet Gegenwart und Vergangenheit und bestimmt die Zeit als unumkehrbar. War das revolutionäre Pathos darauf aus, den Zusammenhang mit der Vergangenheit, mit der Tradition und Umwelt zu brechen, so wird jetzt in umgekehrter Bewegung die Tradition, der Zusammenhang mit dem Vergangenen und dem anderen wiedergewonnen. Aber das bedeutet nun keine Romantisierung der Vergangenheit, sondern ihr Festhalten als Verlorenes, als Zeichen verfehlter Existenz und als unwiederholbar Vergangenes. Die Hüfte bleibt verrenkt.

Eben diese Kennzeichnung gilt nun auch für die beiden anderen Bereiche, die Gegenstand unserer Untersuchung sind.

Auch das Sexuelle wird im Schmerz eingeholt ins Ganze des Lebens, wohlgemerkt nicht ins ungeteilte Ganze und Heile, sondern in die Ganzheit geschichtlicher Existenz.

Natürlich spielt primär die Erfahrung eine Rolle. Ein Vierzigjähriger ist kein unbeschriebenes Blatt; er hat seine Biographie mit Frauen hinter sich: Nach dem Krieg tröstet er verheiratete Frauen, deren Kindern er Stunden gibt. Die Quintessenz lautet: »Er weiß alles vorher und schmeckt die Mühsal danach.«[141] Zweieinhalb Jahre lang ist er mit Linde, der Tochter des Generals, verlobt. Diese aber lebt im Dreiecksverhältnis mit ihm und einem Ingenieur; das Verhältnis platzt. Aber es ist damit nicht abgetan. Auf dem Bildschirm beim Zahnarzt, diesem Spiegel des Gewissens, reproduziert der Patient ständig die Begegnungen, auch die Akte der Untreue mit dem Ingenieur auf Zementsäcken der Firma; er träumt seine Gedanken dazu als Realität: er habe die Verlobte mit einer Fahrradkette erwürgt und sich dann der Polizei gestellt. Er bleibt, das zeigen diese Projektionen, also an die vergangene Geliebte gebunden. Sie tritt auch zwischen ihn und die Kollegin, mit der sich ein Verhältnis anbahnt. Daß der »erste Versuch, mit Irmgard Seifert auch geschlechtlich zu verkehren, nach zwei Stunden Mühe gescheitert war«, daß er dabei den Eindruck hat, »Linde und Vera (seine Schülerin, die Freundin des Philipp, die er auf dem Berberteppich geliebt hatte. M-S.) planen etwas gemeinsam: Aktionen gegen mich ...«[142] — das alles ist keinesfalls mehr zu verstehen als ein Zeichen von Indiskretion, als Freude daran, Tabus zu brechen, sondern steht als Aussage im Dienste der »Erfahrung«, d. h. des Zusammenhangs des ganzen Lebens, seiner Ernsthaftigkeit, die nicht ungeschehen gemacht werden kann. Der Schmerz hält also das Leben zusammen.

Wir wollen jetzt nicht überdeuten, was der Dichter nur andeutet — aber leicht könnten wir aus den Andeutungen den Schluß ziehen: Dann weist also die Repetition der vergangenen Bindungen, ihre bleibende Virulenz auf die Unvertauschbarkeit, auf die Einmaligkeit des Geschlechtsverhältnisses hin. Was Jesu lapidarer Satz positiv ausspricht: »So sind sie nun nicht zwei, sondern ein Fleisch. Was nun Gott zusammengefügt hat, das soll der Mensch nicht scheiden« (Mt 19, 6), das wird hier ›per negationem‹ als Erfahrung sichtbar. Bindungen bleiben wirksam, weil sie auf die Einmaligkeit des Lebens tendieren.

Grass zieht aber nicht diese Linie aus, sondern bezeichnenderweise eine andere: Als Eberhard und Irmgard ihren ersten geglückten Coitus erleben, verloben sie sich. »Wir verzichten auf eine Feier.« Die Schülerzeitung stellt dazu fest: »Einem aufgelösten Verlöbnis liegt ein Verlöbnis zugrunde, das stattgefunden hat.« Und Eberhard wundert sich einige Wochen später: »Wir sind immer noch nicht entlobt.«[143] Und es ist ein Akt von sinnbildlicher Kraft, wenn drei Wochen später Eberhard die Briefe, die Irmgard von ihrem Verlobten aufbewahrt hat, um sich an ihr Versagen zu erinnern, verbrennt. So wird angedeutet, daß Liebe die Kraft hat, Vergangenes hinter sich zu lassen, zu regenerieren, genauer gesagt, daß der Liebende dem Geliebten ein Stück Freiheit von der belastenden Vergangenheit schenken kann.

Wir bewegen uns mit diesen Analysen schon im Feld des Religiösen, wenigstens in dem Feld, das wir mit Religion bezeichnen. Bei Grass nämlich liegt es anders. Die diesbezüglichen Äußerungen im Roman zeigen nämlich, daß die alte Reaktion fortdauert, ja stärker geworden ist. Kaum an einer Stelle ist zu spüren, daß die Dimension des Schmerzes den religiösen Bereich erreicht. Wohl ist erkennbar, daß der Dichter sorgfältig die Strömungen im religiösen Bewußtsein seiner Mitbürger registriert, daß er die Äußerungen im öffentlichen Raum beobachtet. Aber der Standpunkt bleibt im Alten, ja man hat den Eindruck, daß sogar die Intensität der Auseinandersetzung, die ja in der Blasphemie verborgen wirksam war, nachgelassen hat. »Religiöse« Töne hören wir nur von anderen Figuren geäußert, nirgends von dem Erzähler-Ich. Dieser bezieht eine Position der Neutralität, außerhalb des Unruhefeldes sozusagen. Auch der Protest ist nicht mehr brennend.

Dieser Eindruck ist um so verwunderlicher, als Grass in diesen Jahren offenbar ins Gespräch mit den Kirchen, mit Theologen und Laien, Katholiken und Protestanten, eingetreten war. Die Texte von diesen Begegnungen freilich weisen aus, daß es zu einer Begegnung auf der religiösen Ebene kaum gekommen ist. Die Katholiken werden von Grass auf ihre politische Haltung, auf die der Selbstbehauptung angesprochen; ihnen wird der Vorwurf gemacht, daß sie ihre eigentliche Aufgabe, das sozial-ethische Engagement, nur durch ihre in Opposition stehenden Laien haben wahrnehmen lassen. Die Protestanten tun sich in manchem leichter, mit ihnen diskutiert der Dichter das Recht seiner Polemik gegen die Kirche; er läßt sich auf seine Politik der Erfahrung ansprechen. Es ist wahrscheinlich, daß seine Kontrahenten die gemeinsame religiöse Ebene, die der Einheit der Zeit unter dem Vorzeichen des Schmerzes, gar nicht gesucht haben und damit nur beweisen, daß sie den Ausstrahlungen der Blasphemie nicht gewachsen sind, weil und solange sie sich im Feld der Selbstrechtfertigung oder Selbstanklage bewegen und die Dimension des Schmerzes an Gott und des Schmerzes Gottes nicht erreichen.

Eine kurze Durchsicht des Romans kann diesen Eindruck erhärten.

Religion bleibt für Grass offenbar ein Phänomen des entfremdeten Menschen. Das zeigt sich vor allem an Irmgard, der Studienrätin mit ihrer idealistischen BDM-Vergangenheit. Sie kann mit der Erinnerung an ihr Versagen nicht fertig werden (sie hatte, freilich ohne Wirkung, einen Bauern denunziert gegen Ende des Krieges). Nun drängt es sie zur Beichte; sie möchte sich selbst erniedrigen. Die öffentliche Beichte redet ihr der Freund aus. Ihre Selbsterniedrigung im Gespräch trägt hysterische Züge. »Dann besang sie abermals sich und die Verworfenheit unserer Generation.«[144] Sie kommt davon nicht los und hängt sich an die junge Generation von heute, diese muß das reine

Opfer leisten, das sie, die Kriegsgeneration, schuldig blieb. Grass hat da scharfsinnig erkannt, wie es zu der Anfälligkeit der Kriegsgeneration gegenüber dem militanten Idealismus der Jungen kommen konnte. Da fand Übertragung statt. Und umsichtig und therapeutisch richtig sucht der Freund ihr diese Messias-Sehnsucht madig zu machen. Er weist sie zurück: »Jesus war gegen Feuer«[145]; in Erinnerung an den Verweis, den der Meister seinen Jüngern gab, als sie Feuer vom Himmel herunterholen wollten über die ungläubigen Städte (Luk 9, 54).

Er kennt auch die These der Christen (– die Freundin zitiert sie –): »tagtäglich wird an irgendwelchen Straßenkreuzungen Christus ermordet«[146]. Aber er weiß wie sie, daß der Mensch von heute das nur als Schau genießen wird. Schlägt aber das Bedürfnis nach Erlösung nach innen und äußert sich in Formeln der religiösen Projektion, etwa beim Anhören von Gregorianischen Chorälen in dem Ausruf »Es ist wie das Aufleuchten des Grals. Tiefstes Ostergeheimnis wird hier transparent...«[147], dann reagiert Eberhard spontan; er nimmt die Platte vom Plattenteller und zerkratzt sie mit einer Bierflasche. »Erzählen Sie das Ihren Zierfischen jeweils kurz vorm Krepieren.«[148] Eberhard reagiert gewiß richtig. Denn nur wenn der Mensch sich zu seinem Zusammenhang bekennt, kann er dessen innewerden, was Erlösung meint.

Es ist dann nur konsequent, wenn der Erzähler das Wort zum Sonntag persifliert. Dieses verbreitet im Medium der Uneigentlichkeit die – mit Bonhoeffer gesprochen – »billige Gnade«. Der Mensch muß sich aber ohne Entlastung zu sich selbst bekennen. Darum kann der einzig positive Hinweis auf Jesus auch nur darin liegen, daß er solche Überhöhungen ablehnte, auch die eigene Sündlosigkeit. Echt bleibt in der Dimension der Religion allein die Klage. Ausgerechnet der Zahnarzt, dessen Devise doch die »Gottvater«-Haltung ist (»Das ist nicht mein Beruf: Wehtun«[149]), muß den echten Menschen mit einem Wahr-Wort kennzeichnen: »Auch wenn die Welt stillstehen würde, die Leute kämen trotzdem, den Mund voller Klage und Wehgeschrei.«[150]

So weit muß also immer noch und immer wieder der religiöse Überbau abgerissen werden, damit der nackte Mensch, der Mensch, vom Schmerz bestimmt, der Mensch voller Klage und Wehgeschrei übrig bleibt. Der Raum der Öffentlichkeit (Wort zum Sonntag) kann nur allgemeines religiöses Gesäusel bieten, die Äußerungen im persönlichen Bereich sind auch nur Überbauphänomene, insofern als sie zeigen, daß der Mensch nicht bei sich ist, sondern von sich und der Wirklichkeit entfremdet. Aber das ist nun nicht entfernt Religionskritik à la Feuerbach, Marx oder Lenin, sondern mehr: Eben dieser vom Schmerz in seiner Existenz behaftete Mensch, dem Vergangenheit unwiederbringlich anhaftet, ist der wirkliche Mensch. Der einzige Hinweis über diesen Bestand hinaus auf die Heilung der Welt aber wird nicht von den Kirchen gegeben, sondern bezeichnenderweise von einer Sekte. Helmuth Hübener von der »Kirche der Heiligen der letzten Tage« wurde im Zusammenhang mit dem 20. Juli 1944 »in Plötzensee, hingerichtet und vorher natürlich gefoltert«[151]. Nur so indirekt, gegen die Kirche und gegen den von ihr stilisierten Erlöser, kann auf heile Existenz heute noch verwiesen werden. Erlösung geschieht in-offiziell, menschlich, im Einsatz, im Ja zum Schmerzerleiden statt im Schmerzen-Zufügen.

Die Richtung, in der Grass sich in seinen Werken bewegt, ist deutlich. Der Schmerz hat ihn eingeholt. Er ist das wichtigste Element der Erfahrung. Nur indem ein Mensch ihm standhält, sich zu ihm bekennt, ihn weder leugnet noch überhöht, kann er Mensch bleiben und werden: in Schmerzen sich zu seiner Vergangenheit bekennend, in Schmerzen seine Zeitlichkeit und Relativität praktizierend, in Schmerzen die Flucht abschneidend und das Unechte zerstörend. So gerät das Leben zwischen den Geschlechtern in das Wasser der Erfahrung, Religion ist als Zeichen unerlöster Existenz allein echt und der Raum des öffentlichen Lebens als Wirkungsraum des modernen Menschen der Ort der Bewährung.

Kein Wunder also, daß das nächste Produkt den Dichter in der »Springprozession« der Politik zeigt: »Evolution Schritt für Schritt.«[152] Und »Immer neue Schmerzen«[153].

IV.

»Kann einer als Wahlkämpfer eindeutig sein, als Schriftsteller offen bleiben?« fragt Max Frisch 1970 in seinem Tagebuch[154]. Er will damit die Situation seines Kollegen Günter Grass treffen, der 1969 mit der »Wählerinitiative« für die SPD reiste und in dieser Zeit sein »Tagebuch einer Schnecke« schrieb. Er verwebt da die Aufzeichnungen von seiner Wahlreise mit der Erzählung von dem Leben eines Studienrat Zweifel alias Heinrich Ott aus Danzig im Dritten Reich.

Das Problem verbindet die beiden Schriftsteller-Kollegen; auch Frisch schreibt in diesen Jahren ein Tagebuch. Nur die Lösungen sind verschieden. Diesen beunruhigt die Frage nach seiner »Identität«, ob der Mensch seine Vergangenheit ändern könne; darum tritt er betont, bewußt, gewollt auf die Seite der Veränderer. Er urteilt über Politik, nimmt Stellung gegen das Beharrende. Aber er glaubt nicht an die Möglichkeit der Wandlung. Darum bieten seine Urteile nicht Erfahrungen, sondern Verurteilungen. »Mein einziger lebenslänglicher Haß: Haß auf bestimmte Institutionen« schreibt er[155].

Anders Grass. Er hat ein anderes Verhältnis zur Zeit. Er kann die Vergangenheit nicht ändern; er kann sie aber aufarbeiten. Darum ist er auch in der Lage, verändernd in die Gegenwart, in die Politik einzugreifen. Er glaubt an die Veränderung. Darum urteilt er auch nicht, wenn wir unter Urteil die Unterwerfung eines Zusammenhangs unter ein Allgemeines, unter eine Idee, verstehen. Er kann also unbefangen eindeutig sein als Wahlkämpfer, weil er nicht für Allgemeines eintritt, sondern auf konkretem Gelände kleine Schritte macht wie eine Schnecke. Er kann es tun, weil er die Vergangenheit nicht abstoßen muß, sondern aufarbeiten kann.

Ein »Sudelbuch« von seiner Wahlreise 1969 für die SPD und Willy Brandt schreibt Grass[156]. Er sagt: »Das wastebook englischer Kaufleute heißt bei Lichtenberg Sudelbuch; Zweifel empfahl mir diese Methode, mit leichter Hand gegen die Zeit zu schreiben.«[157] Er handelt nach der Regel des Göttinger Professors, daß die Teile mehr sind als das Ganze. Und auch darin ist unser Politik praktizierender Schriftsteller dem Aufklärer gleich, als er glaubt, daß man mit Aufklärung Politik machen könne.

Das also ist die Absicht der Aufzeichnungen: gegen die Zeit zu schreiben. Und »Zweifel« gab ihm die Anweisung dazu. Grass hat den Zweifel Fleisch und Blut werden lassen in der Gestalt des Danziger Studienrates, von dem er in seinem Buch erzählt. Der tritt gegen die Vorurteile seiner Zeit für die Juden seiner Vaterstadt in konkreten Handlungen ein, und er arbeitete die Vergangenheit seiner Freundin in geduldiger Sinnlichkeit auf. Grass vermag »gegen die Zeit« zu schreiben, weil er Zeit hat. »Ich habe Zeit«[158], damit meint er, daß er von der verrinnenden Zeit, die ihn mitführt, Abstand nehmen kann, um die Zeit zu verändern. Beileibe nicht *die* Zeit, aber in der Zeit die Zeit zu heilen, Vergangenheit aufzuarbeiten, Gegenwart aus dem Zwang der Ideologie zu erlösen, Zukunft zu eröffnen. Was diese Haltung, in der Zeit gegen die Zeit Zeit zu haben, möglich macht, ist aber der Zweifel.

Grass variiert also seine Kollage zweier Zeitebenen. Nur — in »Örtlich betäubt« durchdringen Gegenwart und Vergangenheit einander. Jetzt wird die Vergangenheit den Kindern des Schriftstellers als Geschichte erzählt. Sie kann als solche dann zum Spiegel der Gegenwart werden. Das ist ein Verlust an Dichte, ja an Substanz. Denn es ist zweierlei, ob ich zur Ermunterung und Belehrung eine Geschichte erzähle, sei es auch eine solche, die die Aufarbeitung von Vorurteil und Vergangenheit beinhaltet, oder selbst die Aufarbeitung der Vergangenheit in der Gegenwart leiste. Vielleicht ist es nicht von ungefähr, daß von dem letzteren in der Erzählung vom Wahlkampf nicht die Rede ist. Die Folge ist, daß die unaufgearbeitete Vergangenheit in der Gegenwart nicht angefaßt, ja das Unbewältigte in Gestalt der CDU oder der »Schwarzen« zum Gegner verdichtet wird, gegen den Emotionen aufstehen. Um die Frage von Max Frisch noch einmal aufzugreifen: Nicht die Eindeutigkeit des Wahlkämpfers ist das Problem, sondern daß in die Stellungnahme das Aufarbeiten der Vergangenheit nicht einbezogen wird. Grass will nicht den Gegner gewinnen, er will nur für die eigene vernünftige Position werben. Das freilich tut er menschlich insofern, als er die Flucht in die Abstraktion und Ideologisierung vermeidet. Grass beschönigt nichts. Die APO hat darum in ihm immer ihren Gegner gewittert, den Feind der Ideologie.

Unter dieser Einschränkung also ist es dem Schriftsteller möglich, ja geboten, Partei zu ergreifen und in seiner Partei für Liebe zum Konkreten zu sorgen. Er schließt den Gegner aus und die Vergangenheit ebenso. Dürfen wir hier schon — vorgreifend — bemerken, daß in diesem Punkte Stoizismus und Christentum sich trennen. Der Stoiker muß das Vergangene vergangen sein lassen und in der Gegenwart das Mögliche tun, Unmögliches ausschließen. Der Christ — Christus selbst — arbeitet das Vergangene auf und kümmert sich gerade um die Gegner. Bei Grass sind diese verschiedenen Haltungen auf die beiden Ebenen verteilt: Der Studienrat Zweifel trägt christliche Züge; die politische Wirklichkeit der Gegenwart wird stoisch dekliniert. (Wir werden noch sehen, wo und wann unsere Unterscheidung nicht ausreicht.)

Der Studienrat »verkündigt ... den Zweifel als neuen Glauben«[159]. So auch Grass selbst. In seiner »Rede von den begrenzten Möglichkeiten«, die er für den Wahlkampf ausarbeitet, setzt er »Skepsis gegen Glauben. Ich bestreite, daß irgend etwas Bestand hat. Mein Ekel vor dem Absoluten und ähnlichen Daumenschrauben.«[160] Mit dieser Haltung setzt er sich von aller naiven oder bösartigen Absolutheit ab, sei es in der feindlichen Partei, sei es in der eigenen. Das ist als Umgangsweise beachtlich.

»Wir mögen uns nur teilweise«, registriert er von einem Treffen mit Größen seiner Partei: Sontheimer, Baring, Gaus, Jäckel, Ehmke und Eppler[161]. Diese Männer, die als »Hitlers ehemaliges Jungvolk ... alle Morgenfeiern hinter sich« haben, zeigen die Tugenden, die aus dem Zweifel geboren werden: Mißtrauen, zuallererst gegen sich selbst, Pragmatismus, Allergie gegen allen Doktrinarismus. »Früh gewonnene Greisenhaftigkeit hinderte uns, wie unschuldig bei Null anzufangen.«[162] Wir haben bei dieser Bemerkung vielleicht Kierkegaards Wort im Ohr, er sei »eine Ewigkeit älter«, seit ihm sein Selbstbewußtsein gebrochen wurde.

Das also nennt Grass den »neuen Glauben« (eben das, was Kierkegaard auch den Ansatz des Glaubenden nannte). Er meint ihn gegen die Kirchenchristen immer noch absetzen zu müssen, charakterisiert diese weiterhin pauschal »Die Schwarzen« oder polemisiert: »der älteste Mief ist der religiöse«[163], verwandt mit dem Kommunismus. Andererseits kennzeichnet er Eppler, den Minister: »ein wie vom Konjunktiv lebender Christ und Sozialdemokrat«[164], und ähnlich positiv den »willentlich protestantischen Christ und Sozialdemokraten« Wehner: er »stapelt ... eine Pyramide von Konjunktiven«[165]. Das ist ein neuer Ton. Offenbar sind dem Schriftsteller Christen begegnet, deren Glaube dem Zweifel nicht widerspricht, die Relativierung nicht ausschließt, sondern beides bewirkt.

Aber das eigentliche Problem ist nicht mehr die Ablehnung des Absoluten und die Anwendung des Zweifels auch gegen sich selbst, sondern die Frage: Wie man denn mit dem Zweifeln handeln kann. Das Zerlachen von Systemen, das Über-den-Witz-Springen-Lassen jedes absoluten Gehabes[166], ist der leichtere Teil des neuen Glaubens. Der schwerere ist die Aktion. Wie ist sie überhaupt möglich?

Diese Frage begleitet Grass von der ersten bis zur letzten Seite. Er bedenkt sie im Zusammenhang mit der Aufgabe, in Nürnberg zum Dürer-Jubiläum zu sprechen, als den Gegenstand seiner Betrachtung wählt er sich den Stich »Melencolia« von 1514. Reflexionen zu diesem Gegenstand durchziehen das Tagebuch[167]. Der Vortrag bildet den Abschluß des Buches[168]. Parallel dazu laufen Überlegungen von »Zweifel« zum Thema Melancholie; er nimmt von Anfang an die Lösung in die Fragestellung mit hinein: »Über die Schnecke als Mittlerin zwischen Melancholie und Utopie«[169]. Dabei ist die Schnecke das Symbol für die geduldige Sinnlichkeit.

Dreierlei leistet Grass in seinem Nachdenken über das Bild der Melencolia I.

1. Er sieht in dem geflügelten Weib, das Dürer inmitten von wissenschaftlichen und handwerklichen Geräten darstellt, das Rätsel der Zeit dargestellt. Die Zeit wird als »Spannung« beschrieben zwischen Utopie, dem Glauben an den Fortschritt, an das Glück befriedeten Daseins einerseits[170], und Melancholie, dem Absinken in die Resignation, in das »Vergeblich« andererseits. Beide Pole haben ihre großen Entdecker und Vertreter: Marx das »befriedete Dasein«, und Freud die formale Beherrschung der Ohnmacht. Grass erkennt scharfsinnig, daß in unserer Zeit Herbert Marcuse zuerst ihre Doppelheit ins Verhältnis gebracht hat. Er begriff die Unruhe des Lebens als Dialektik zwischen Utopie und Melancholie und entwickelte »aus seiner Dialektik der Verzweiflung die Einmütigkeit melancholischen und utopischen Verhaltens«[171].

2. Parallel zu Marcuse beschreibt Grass die Spannung der Zeit. Er versucht, die Kennzeichen des müden geflügelten Weibes auf Dürers Bild, das »zu Trödel gewordene Werkzeug«[172] der Wissenschaft, in unsere Welt zu übertragen und beschreibt eine Melancholie am Fließband, die acht Stunden lang täglich der Leistung unterworfen ist, um ihre Leere zu erfahren — um dann in der Gegenwelt der Freizeit nicht etwa der Leere der Zeit zu entfliehen, sondern im Komplement ihr ebenso ausgeliefert zu sein. Grass deutet an, daß die Wissenschaft im Aufbruch in den Fortschritt, im Bemessen aller Dinge das Leben in Bewegung bringt und zugleich den Stillstand in allem Fortschritt erfahren läßt[173]. Sie schaut die Nichtigkeit aller Dinge: »Wo sie hinblickt, öffnet sich nichts«[174].

3. Wenn aber der neue Glaube als Zweifel den Widerspruch, der in der Zeitlichkeit selbst liegt, so unausweislich erfährt, wo ist dann Rettung, Erlösung zu finden? Grass sucht die dritte Position, jenseits von Freud und Marx, jenseits von Utopie und Melancholie auf zwei Wegen zu beschreiben.

Einmal, indem er Beispiele von Menschen zeigt, die in dieser Spannung der Zeit aushalten und aus den Steinen Funken schlagen. Am Ende seines Vortrags in Nürnberg nennt er den SPD-Abgeordneten Leo Bauer, der seinen Weg durch die politische Landschaft: Marxismus — Kommunismus — Sowjetrußland — Ostberlin — SPD gemacht hat, »später wurde Leo Bauer, unter Verzicht auf Glauben, Sozialdemokrat«[175]. »Eigentlich müßte er aufgeben. Aber Willen, wie ihn nur vielfach Gebrochene, Totgesagte und aus eigener Kraft Schuldbewußte aufbringen, läßt ihn, wenn nicht richtig leben, so doch immerhin tätig sein.« Und: »das Wort ›vergeblich‹ in Blei gefaßt. Ekel nach letzter, vor neuer Erkenntnis.«[176] — Noch weiter reicht ein zweites Beispiel: die Geste Brandts bei seinem Besuch in Polen im Warschauer Ghetto. Zweimal erwähnt Grass diese Szene, um ihre Bedeutung zu unterstreichen. Er beschreibt ihn als »Jemand mit Hintergrund ... Sobald er Schritte macht, bewegt er Vergangenheit ... In seinen Knien sitzt, knirscht etwas, das gebeugt werden will; und im Jahr drauf ging er in Warschau auf die Knie, anstelle von Worten.«[177] Deutlicher noch die zweite Stelle: »der dort, wo das Warschauer Ghetto gewesen ist, Last getragen hat und auf die Knie ging, der Erkenntnis ungeminderter Schuld späten Ausdruck gegeben«[178]. Es handelt sich also bei dem Ausgleich der Spannung von Melancholie und Utopie nicht nur um eine Mitte, sondern um das Standhalten gegenüber der geschichtlichen Tiefe, gegenüber der Schuld. Das erst ist das Problem. Denn die Balance zwischen Überdruck und Ungeduld könnte artistisch herzustellen sein; die Last der Vergangenheit aber verbietet solchen billigen Ausgleich; sie verhindert freilich auch, daß der Mensch sich der Aufgabe entzieht. Dennoch: Hier standzuhalten ist etwas Besonderes, Exemplarisches.

Es muß Günter Grass zugestanden werden, daß er seinen Freund Willy Brandt so exemplarisch sieht. (Ich vermag ihn nicht in dieser Perspektive zu sehen.) Dann stellt sich die Frage: Was erlaubt es dem Menschen, Existenz zwischen Utopie und Melancholie zu verwirklichen, ohne die Last der Vergangenheit abzuwerfen und mit Null zu beginnen? Diese Frage führt zu jener Romanfigur Heinrich Zweifel, die der Dichter in diesem Sinne als Schlüsselfigur konzipiert hat.

Grass berichtet durch das ganze Buch hindurch fortlaufend die Geschichte dieses Mannes. 1905 in Danzig geboren und aufgewachsen, wurde er 1933 Studienreferendar für Biologie. In seinem Philosophie-Studium hatte er Schopenhauer zu seinem Vorbild erkoren und mit ihm gegen Hegel den Zweifel als seine Weise zu glauben entdeckt. Um nebenher Geld zu verdienen, arbeitete er im Büro des jüdischen Auswandererlagers in Danzig. Dieser Zusammenhang wurde sein Schicksal. Er nimmt sich nämlich in der beginnenden Verfolgung stufenweise und konsequent der Juden seiner Vaterstadt an, wird Lehrer an der jüdischen Schule, sorgt für die Auswandernden und taucht schließlich, selbst gefährdet, bei einem Fahrradhändler in der Kaschubei bis Kriegsende unter. Er hat ein Verhältnis mit der

Tochter seines Beschützers und heiratet sie. Eine Zeitlang muß er schwermütig in einer Anstalt leben, wird aber wieder gesund und lebt ein normales Leben mit seiner gesunden zänkischen Frau. Von Studienzeiten an ist dieser Heinrich Ott alias Dr. Zweifel Liebhaber und Sammler von Schnecken.

Nun ist diese Geschichte von Zweifel bis an den Rand mit tiefer Bedeutung geladen. Die Juden stehen in dieser Erzählung für den Sündenbock, den der Mensch für jedes Unglück, das ihn überfällt, finden muß, also auch z. B. bei Arbeitslosigkeit, Teuerung, Wohnungsnot[179]. Exemplarisch sind also die Hilfe, die Heinrich Ott den jüdischen Mitbürgern angedeihen läßt, und seine Erfahrungen dabei für das, was ein Mensch erlebt, der gegen Vorurteile angeht.

Ebenso dann die Tochter des Fahrradhändlers; sie ist durch den Tod ihres Mannes und den Verlust ihres einzigen Kindes stumm geworden. Exemplarisch ist nun, wie der Untermieter Zweifel sich der jungen Frau annimmt und in geduldiger Liebe ihre Stummheit, ihr Fixiertsein an die Vergangenheit, aufarbeitet. Zunächst duldet das Mädchen nur das Begehren des Mannes, sie ist aber unfähig zu erwidern; sie bleibt auch gegenüber der Bitte um ein wenig Zärtlichkeit stumm. Sie nimmt aber das Umweltgeschehen auf und wird an ihm gesprächig. Als der Liebhaber sie dann mit Galle-reinigenden Getränken behandelt, wird die Kranke schwatzhaft, ja ordinär, »ein richtiges geiles Miststück«[180]. Die Therapie fährt fort mit der Erzählung und Aufführung von Theaterstücken im Einmannbetrieb, sie bringt als letztes Therapeutikum Schnecken am Leibe der Lisbeth zum Einsatz und kann mit einer »unbestimmten Nachtschnecke« die Heilung bewirken, das Wunder. Lisbeths Zunge löst sich; sie erzählt von ihrem Sohn. Das ist die Wendung. Die Schwermut wird von der Schnecke aufgesogen (»als sei der Teufel in die Schnecke gefahren: das Böse in Schneckengestalt«); sie weicht von der Kranken[181]. Und als sie eines Tages die heilende Schnecke mit dem Fuß — sich ekelnd — zertritt, ist sie »eine junge und erschreckend normale Frau«[182]. Der Verkehr führt zum Orgasmus, die Frau wird eitel, schwatzhaft und zänkisch. Und nun wird der Heiler selbst krank. Heinrich Ott kann die besondere Schneckenart, mit der er die Heilung vollbracht hat, nicht wiederfinden und wird schwermütig darüber. Zwei Jahre lebt er in einer Heilanstalt, dann wird er entlassen und lebt heute im Westen.

Die Heilung einer Schwermütigen, die da erzählt wird, ist ein »Wunder«. Der Dichter bezeichnet es so. Bewußt wählt er die biblische Sprache, um den Rang des Erzählten zu bezeichnen.

»Und legte die Hand auf. Und berührte sie. Und sagte: Steh auf. Und tat ein Wunder. Und die es sahen, glaubten fortan. Auch Stomma sagte: ›Ain ächtes Wunder‹, sooft ihm Zweifel widersprach, so umständlich er wissenschaftlich wurde. Dabei war es die Natur, die wegnahm oder zurückgab und heilte.«[183]

Die Formeln erinnern an die Auferweckung von Jairi Töchterlein.

Das ist nun der Kern der Erzählung von Zweifel: Ein Wunder von religiöser Qualität. Eine Analyse der Komposition an dieser Stelle kann die zentrale Stellung dieser Szene noch unterstreichen: ihr sind zwei Gegenszenen vorgelagert. Einmal das Nachspiel um den unglücklichen Apotheker Augst, der versucht hatte, sein Fehlverhalten als SS-Mann im Dritten Reich durch religiöse Aktivität bis zum Kirchentag hin zu überwinden, und dann aus Verzweiflung auf dem Kirchentag in Stuttgart 1969 seinem Leben ein Ende macht. Die Gespräche und unfruchtbaren Versuche, ihm aus seiner religiösen Verklemmtheit christlich-kirchlich aufzuhelfen, werden der geduldigen sinnlichen Therapie an Lisbeth entgegengesetzt. Ausdrücklich wird gesagt: Schnecken hätten ihm helfen können. – Die andere Gegenszene ist die Erfahrung des Wahlkämpfers beim Kampf mit Studenten. Ihr rührender »Versuch radikaler Entmiefung« kann nicht gelingen, weil sie nicht wie der Studienrat und Liebhaber Zweifel geduldige Sinnlichkeit praktizieren. Diesen beiden unfruchtbaren Weisen, Spannungen aufzulösen – auf der einen Seite das christliche Festziehen der Verzweiflung (in Richtung Schwermut), auf der anderen Seite die Flucht aus dem Zusammenhang – wird die rechte Therapie entgegengesetzt: im Bilde der sinnlichen Schneckentherapie die geduldige sinnlich-geschlechtliche Zuwendung des Mannes zur Frau.

Natürlich ist diese Geschichte »erfunden«. Um so mehr spricht sie als Symbol. So wie in manchen Gemeinderäumen der Kirche in der Wand ein Altarbild eingelassen ist, das nach Bedarf gezeigt wird, um den Alltag an ihm auszurichten, so errichtet der Dichter einen Altar der geduldigen männlichen Sinnlichkeit, um an ihm das Alltagsgeschehen, Wahlkampf und politische Szene, auszurichten.

Der Dichter selbst versteht seine Geschichte ausdrücklich so, als Legende von einem Heiland; wobei der Heiland einerseits Zweifel selbst ist, der dann auch die Krankheit auf sich nehmen muß, von der er andere geheilt hat, und andererseits die Schnecke, in durchsichtiger Symbolik; wörtlich redet der Dichter so von ihr: »Die Schnecke ans Kreuz schlagen. Ein leiser Vorgang. Die seitlich gehefteten Augenühler. Kein Blut, nur Schleim am Fuß des Kreuzes.« Und — damit über die Symbolik kein Zweifel aufkommen kann, fährt Grass fort: »In jener Nacht, als sich beide (und jeder anders verzweifelt) leer geliebt hatten, begann Zweifel, weil die Schnecke zertreten war...« usw.[184].

Wir können die Bedeutung dieser symbolischen Erzählung also nicht hoch genug einschätzen. In ihr bietet der Dichter seine Lösung für den Konflikt, den das Leben darstellt. Entscheidend ist dabei die Erlöser-Rolle der männlichen Sinnlichkeit; in ihr durchdringen sich die sexuelle und die religiöse Dimension, und sie ist ein Vorbild für die politische.

Machen wir uns die wichtigsten Züge deutlich:

1. Der Mensch unserer Tage lebt in einer unerträglichen Entfremdung von der Realität. Das kommt daher, daß er von der Wissenschaft, vom Denken bestimmt ist. Auf die Berechenbarkeit der Welt, die durch sie bewirkte Festlegung der Wirklichkeit, ihre Relativierung, ihre Beliebigkeit und Wiederholbarkeit reagiert der Mensch auf eine doppelte Weise. Entweder weicht er aus in die Utopie vom geglückten Leben, oder er versinkt schwermütig im Schlamm der Wirklichkeit, die Gewichte der Vergangenheit ziehen ihn in die Tiefe.

2. Hilfe liegt allein im Annehmen der konkreten sinnlichen Wirklichkeit. Sinnlich und wirklich ist das Leben aber in der Begegnung der Geschlechter. Während bisher die Zuordnung von Mann und Frau vor allem unter dem Gesichtspunkt des Dranges, der Herrschaftsausübung und damit eben der Gefährdung gesehen wurde, kommt seit »Örtlich betäubt« die Erfahrung zu Wort, daß im Aushalten dieser Spannung, in Wagnis und Geduld eine Möglichkeit der Heilung liegen könnte. Wir könnten diese Einsicht mit der Biographie des Schreibens verstehen: Mit 40 Jahren lebt der Mensch im Bereich der Erfahrung. Aber diese These geht über das Persönliche weit hinaus; sie besitzt grundsätzlichen Rang.

3. Man muß hier genau zusehen: Grass behauptet nicht, daß durch die geduldige Sinnlichkeit das Paradies geschaffen wird. So ist es nicht, sondern es wird ein lebenswerter Zustand geschaffen. Deutlich unterscheidet er: Eines ist seine Utopie »Vom Glück der Zwitter«. Von ihr wird die Überwindung von Melancholie und Utopie erhofft. »In Zweifels zwittriger Gesellschaft war Geben und Nehmen eins. Niemand ging leer aus. Kein Drohen mehr: wenn Du nicht, dann ich nicht... kein Haß...«[185] Das ist Zukunft, nur mit religiöser Aura

zu beschreiben. — Aber wirklich ist in dieser Realität nur die Lösung des Menschen in der Spannung zwischen Mann und Frau, zwischen Melancholie und Utopie, Stillstand und Fortschritt durch die sexuelle Zuwendung. Dann kann der Mensch aushalten, er kann atmen.

4. So ist also das Wunder, bei dem es so natürlich, allzu natürlich zugeht, die Herstellung von Adam und Eva, in dem Sinne, in dem Freud von dem Erfolg seiner Analyse sagt: sie verwandelt »hysterisches Elend in normales Unglück«[186]. Das muß bei allem beachtet werden. Und diese Hilfe verwirklicht sich in einer Praxis mit vielen Stadien, einer Praxis, in der es auf Tod und Leben geht. Dabei ist es nicht von ungefähr, daß der eigentliche »Heiland« der Mann ist. Er vermag durch die werbende, geduldige Sinnlichkeit die Sprachlosigkeit des Weibes zu lösen. Wir werden noch Gelegenheit haben, dieses Bild mit dem Madonnenkult bei Böll zu vergleichen.

5. Um die rettende Wirksamkeit des sexuellen Umgangs zu kennzeichnen, dazu bedient sich Grass an den entscheidenden Stellen religiöser, christlicher Vokabeln. Es ist also zu Ende mit der Blasphemie. Das umgekehrte Verfahren wird angewandt: Nicht wird das Göttliche ins Menschliche hinabgezogen; jetzt wird das Menschliche ins Göttliche transzendiert; es empfängt nicht nur die alten religiösen Kleider, sondern soll auch die mit ihnen geprägte Rolle übernehmen; ich nenne nur: Kein Haß mehr, Kreuzigung der Schnecke, stellvertretendes Leiden. Bei diesem Manöver wird allerdings die Anthropologisierung des Vokabulars durchgehalten. Es wird aber der Anspruch gemacht, daß mit der geduldigen sexuellen Dauerbeziehung Heil vermittelt wird.

6. Es bestehen merkwürdige, vielleicht fruchtbare Differenzen. Der Name »Zweifel« deckt die Rolle des Mannes nicht, der so genannt wird. Denn der setzt sich zwar kraft des Zweifels von dem sogenannten Glauben, von den Riten und den Vorurteilen ab; aber seine eigentliche Potenz ist nicht der Zweifel, sondern die sinnliche Geduld (oder »geduldige Sinnlichkeit«), sie bringt das Leben ins Lot. — Ähnlich steht es mit der Differenz zwischen dem Wirken von Zweifel und der Wirksamkeit der Tagebuch-Figuren von 1969. Denn die Aufklärer der SPD von 1969 ziehen im Lande umher, um aufzuklären im Sinne von Zweifel I; und vielleicht ist auch Geduld dabei im Spiel. Wo aber bleibt die geduldige Sinnlichkeit? An keiner einzigen Stelle kommt dieser therapeutische Realismus zum Tragen. Die Sphäre der Sinnlichkeit, jene eigentliche Domäne des Dichters, wird schlechterdings einfach ausgespart. Was sollen wir aber mit den Figuren der Zeitgeschichte

ohne diese Dimension? Dann wird ja aus der Schilderung der Gegenwart ein Programm. Es werden potemkinsche Dörfer errichtet.

Dies scheint mir der erste wirkliche Mangel zu sein. Nur im Falle des unglücklichen Apothekers Augst werden die wahren Dimensionen des menschlichen Lebens ausgemessen. Die lebendigen Personen, Brandt und Eppler z. B., werden verhüllt, wahrscheinlich mit Recht, gewiß nicht ohne Grund. Aber dann entsteht eben eine »Werbeschrift« für die Firma SPD. Und die Kinder Franz, Raoul, Laura und Bruno werden nicht aus dem Leben der Erwachsenen belehrt, sondern nur aus der Vergangenheit, aus der Romanfigur Heinrich Ott, genannt Zweifel.

7. Diese Bemerkung reicht weit. Auch die erste Schrift von Grass war ein Tagebuch: Oskar schrieb sein Leben auf, als er in der Anstalt saß; er deckte ohne Scham seine Blöße auf. Jetzt im Jahre 1969 schreibt der Dichter ein Tagebuch, in dem die Hintergründe des Lebens nur auf zweierlei Weisen zur Sprache kommen:

a) In der Form einer eingeblendeten Erzählung aus der Vergangenheit.

b) In der Form von Sentenzen für die Gegenwart. Aus dem Leben des — fiktiven — Herrn Zweifel werden Lehren, allgemeine Wahrheiten gezogen. Und aus den Weisheiten entspringen — kraft welcher Vollmacht? — die Imperative: »steh auf und beginne Dich zu bewegen«[187] oder »Ich bitte euch, zärtlich zu sein und geduldig zu bleiben«[188].

Ist das also die Weise, in der ein zu Jahren gekommener Schriftsteller der Realität die Ehre geben kann? Muß er dazu die primäre Realität abblenden auf Vordergrund ohne Hintergrund? Kann er nur im Spiegel der Vergangenheit noch Realität ohne Tabus vorkommen lassen?

8. Diese Frage hat ihre Bedeutung für den Realitätsbezug selbst. Hat Grass nur aus Taktik, aus Gründen der Werbung, die Tiefe in der Gegenwart, in den politischen Figuren, auch im eigenen Leben ausgeblendet? Oder bestimmt ihn dabei Tieferes? Schamhaftigkeit vielleicht oder die Unmöglichkeit, vor Kindern alles zu sagen?

9. Auch für das Verhältnis der Generationen ist diese Differenz von Bedeutung. Weiß der Autor der »Blechtrommel« nichts mehr von der eigenen Welt der Kinder, daß er es fertigbringt, sein Tagebuch zur Belehrung der Kinder über die Weisheit der Erwachsenen zu schreiben? Ist in diesem Sinne »Aufklärung« möglich? Zollt er auf diese Weise nicht eben der Entfremdung vom Konkreten seinen Tri-

but, deren Schreckbild er unter dem Generaltitel »Demokratie« im Schlußteil der »Hundejahre« beschwor? Oder macht man seinen Frieden mit einer hündischen Welt?

10. Die Trias »obszön — blasphemisch — revolutionär« ist also gegenüber den Anfängen ganz verwandelt.

Der Kampf gegen die Lüge und das Verdecken im Umgang der Geschlechter hatte den Dichter einst zur gewollten Obszönität getrieben; es mochte freilich auch die Freude am Entblößen des Geheimen dabei mitspielen. Jetzt aber ist die Sprache, die ohne Tabus von den Vorgängen spricht, normal geworden, fast eingeschliffen. Nun muß ein zweiter Schritt getan werden: der Realität selbst ist Krankheit und Gesundung inhärent. Nicht das Natürliche ist natürlich, es muß natürlich werden. Und dazu hilft nur das Ja zur Beziehung, zur Abhängigkeit, hilft nur die geduldige Sinnlichkeit. Und um diese Funktion der Geschlechtlichkeit zu bezeichnen, muß sich der Dichter einer die Sinnlichkeit transzendierenden Sprache bedienen. Das Symbol allein kann das leisten. Freilich kann man nicht behaupten, daß diese Sprache weit gediehen wäre. Sie bleibt bei ersten stammelnden Lauten; poetische Zeichen wollen sich kaum bilden.

Woran das liegt, das kann noch deutlich werden.

Die Blaßheit, ja Monotonie der Symbolsprache hat ihren Grund darin, daß die Welt des Sexus nicht real genommen wird. Das Idyll im Unterschlupf von Kaschubien täuscht! Unsere Welt des Sexus ist in anderen Bezügen real. Wo bleibt die Rolle, die die »Plakatwelt« für die Begegnung von Mann und Frau heute spielt? Wo kommt die Entlastung vom Ernst durch die Pille mit ihrem Begleiter Melancholie vor und wird in die Sprache aufgenommen? Wo findet die Auseinandersetzung mit der Reflexion statt, mit der noch die spontansten Vorgänge heute imprägniert sind? Die Begegnung mit der Realität des Sexus in unserer Zeit fällt aus. Legende, Symbol tritt an die Stelle von Bekenntnis und Entwurf.

Dem läuft die Entwicklung im Felde der Öffentlichkeit ganz parallel. Dem Totalitären wurde mit der Sprache der Satire widerstanden. Das Unmenschliche in der Abstraktion des Öffentlichen wurde gebrandmarkt. Aber nun verdirbt der Ernst in einer Art von Scheinheiligkeit. Auf der einen Seite widersteht der vom Konkreten Ergriffene den Totalitarismen. Gegen Hegel und Antihegel baut er ein Realisieren des Wirklichen auf, das sich immer neu dem einzelnen öffnet und bei

ihm aushält. Zugleich aber wird dieser Ernst mit einer Partei ideologisch so zur Deckung gebracht, daß die Waffen gegen die Ideologien,
gegen den falschen Schein stumpf werden. Würde nämlich der An-
satzpunkt: Kampf gegen die Abstraktion, gegen die Organisation,
gegen das Zahlendenken ernstgenommen, dann müßte sich hier die
Kraft revolutionärer Sprache erst entfalten. Da ginge es dann allerdings nicht mehr um Utopia, sondern um einen revolutionären An-
gang gegen die »Scheuchen« der Öffentlichkeit, der Demokratie. An
dieser Stelle wird die Sprache des Schriftstellers stumm. Sie ist ohne
Salz. Was würde geschehen, wenn er seinen Ansatz beim Konkreten
wirklich ins Politische einbrächte? Vielleicht würde er dann wie sein
Vorbild Zweifel zum Märtyrer, er müßte die Last der Entfremdung
im politischen Feld auf sich nehmen. Zum mindesten aber erhielte
seine Stimme den Klang der Prophetie.

Ähnlich steht es auch mit der religiösen Dimension der Sprache.
Wir waren betroffen von der ins Schwarze treffenden Blasphemie.
Mit ihr wurde die Scheinheiligkeit, die Unbußfertigkeit der Christen
aufgedeckt. Indem der Gnom, der Krüppel, selbst sich die Rolle des
Gottessohnes anzog, kam heraus, woran der Mensch leidet.

Solch ein Abbau der Scheinheiligkeit findet bei Grass auch jetzt
noch statt. Wenn der Dichter »die Schwarzen« angreift und beschimpft,
dann steckt etwas vom alten Pathos dahinter. Auch seine kritische
Haltung gegenüber dem Kirchentag ist legitim. Sein Spott über den
»Streit um Jesus« und sein Hohn über den »evangelischen Mief«[189]
klingen echt, seine Analyse der Grabrede für den Selbstmörder Augst
mit Psalm 23 trifft die Unfähigkeit der Konfessionen zur Solidarität
ins Zentrum (Zweifel hätte anders gehandelt)[190]. Und man kann es
auch dem Polemiker nicht anlasten, daß er angesichts des Selbst-
mordes auf dem Kirchentag die Frage nach dem falschen Bewußtsein,
nach Krankheit, Schuld und Erbsünde zwar stellt[191], aber nicht versucht, selbst eine Antwort zu finden.

Auch mit dem Hinweis auf eine »Messe ohne Credo«[192] befindet
sich Grass noch auf dem Boden seiner prophetischen Kritik; er will
bei dem Menschen ansetzen, der Absolutheit, Vorsehung, Zuflucht
ablehnt und den Zweifel zur Grundtonart macht. Da hätte er manchen Christen, auch auf dem Kirchentag, auf seiner Seite[193]. Aber
dann wird diese Dimension nicht ausgehalten. Es kommt zu einem
Absinken des religiösen Pegelstandes.

1. Was Grass beabsichtigt, wenn er den Vorgang der Heilung an
Lisbeth Stomma ein Wunder nennen läßt und doch zugleich die

Natur als Heiland bezeichnet, ist klar; er möchte Natur und Religion zur Deckung bringen. Er tut es dadurch, daß er die natürlichen Vorgänge ins Symbolische transzendiert. Dadurch überspielt er aber die Bindung in Vergänglichkeit und Zweideutigkeit.

2. Aber kommt nicht die tiefe Zweideutigkeit zum Vorschein, wenn Zweifel infolge seiner Wirksamkeit und im Zuge der Normalisierung der kranken Lisbeth selbst krank wird? In der Tat. Aber Grass deutet diesen Zusammenhang so, daß der Mensch selbst der »Sündenbock« ist. Der Jude für die Welt, Zweifel für die junge Frau. Es findet eine Art Übertragung statt. Dieser Mechanismus hat dann den Charakter des Letzten. Er ist Weltgesetz, eine Art Karma. Müssen wir nicht aber fragen: Wer hilft dem stellvertretend leidenden Menschen heraus?

3. Diese Frage führt auf die Unvertretbarkeit des Menschen. Wenn wir den Prozeß der geduldigen Sinnlichkeit verfolgen, wenn wir sehen, daß alles darauf hindrängt, das System-Denken aufzulösen und die Konkretheit des Lebens wiederzugewinnen, dann landen wir konsequent bei einem letzten Datum: Das Leben, das wir Menschen miteinander führen, in der Gegenseitigkeit meinetwegen auch der Heilung, ist dann doch im strengen Sinne singulär, einmalig, durch keine Erklärung zu rechtfertigen. Hier könnte die religiöse Dimension wieder auftauchen; sie hätte die Gestalt der Frage nach der Erbsünde.

V. Der Butt

Niemand konnte annehmen, daß Grass mit seinen ›Konkretionen‹ sein Ziel erreicht hätte. Aber wer konnte wissen, an welcher Stelle und mit welcher Beute er von neuen Erkundungen wieder auftauchen würde. Nun bietet uns der große Erzähler in einem ›Roman‹ ein Stück Menschheitsgeschichte an, in barocker Fülle, in konsequentem Realismus, in ausschweifender Vereinfachung. Alles ist vorhanden, was wir an dem Meister aus Danzig bewundert, was uns an ihm geärgert hat: seine sinnliche Direktheit, die doch so doppelbödig ist –, seine Reflektiertheit, die nie abstrahiert, sondern stets ins Leibliche zurückweist –, sein hinreißender Realismus, der doch voller Irrweisungen steckt –, seine Offenheit, die doch eine tiefe Selbstverschlossenheit anzeigt.

I.

Grass erzählt unsere Zeit. Der aufmerksame Leser vermag die Monate zu bestimmen, in denen die Seiten geschrieben sind; er schmeckt die biographischen Zutaten auf jeder Seite, überall stößt er auf Zeit- und Weltbezüge. Zugleich erzählt Grass aber jede Zeit, die Zeit des Menschen überhaupt. Wie ein Mythenrad rollt die Erzählung durch die Geschichte, im Wiederkehren der Urfiguren ist das Neue, das Einmalige eingebunden.

Aber müssen wir nicht fragen: kann man heute überhaupt noch erzählen? Gerät der Dichter mit diesem Unternehmen nicht unter das Niveau, das uns im Zeitalter der Reflexion als Maßstab gesetzt ist? Walter Benjamin hat gewarnt: der Mensch unserer Zeit könne nicht mehr erzählen, weil Erfahrungen nicht mehr ausgetauscht, Rat nicht mehr gegeben werden könne[194]. Wenn, so hat er argumentiert, die Erinnerung an die transzendente Heimat erlischt (Lukács), dann versucht das Ich des Erzählers im Roman noch alles zusammenzuhalten. Erklären tritt an die Stelle des Erzählens, das Neue und Einmalige einer Information wird wichtig. Aber diese Einstellung überholt sich selbst. Das Erklären muß der Interpretation des Unerklärlichen, Faktischen weichen; jede Utopie erweist sich als Entwurf, der doch in die Zeit eingeht. So geht's am Ende, wie Wittgenstein es angedeutet hat: alle Erklärung geht in Beschreibung über; ja, auch das Erklären ist nichts anderes als ein Beschreiben, ein Erzählen, freilich in höherem Sinn[195].

So aber befindet es sich bei unserem Autor. Er nennt seinen ›Butt‹ vorsichtig einen ›Roman‹. Gleichwohl blüht in ihm die Erzählkunst. Freilich ist da keine Naivität am Werk, sondern höchste Bewußtheit. Vielleicht dürfen wir von einer »zweiten Naivität« reden in dem Sinne, daß hier über das »Zählen«, aber auch das Reflektieren hinaus der Erzähler mit in die Perspektive eingeht, so daß der Unterschied von gegenständlicher Wahrheit und Erfindung sich aufhebt. Auch die Erfindung kann wahr sein[196].

Dieses Erzählen zweiter Ordnung verlangt nach einem sehr bewußten Leser. Viele lesen den ›Butt‹ naiv. Sie freuen oder ärgern sich an den Blasphemien und Obszönitäten, je nach ihrer eigenen Einstellung. Von der Doppelbödigkeit, Konsequenz und Radikalität in der Erzählweise des Dichters begreifen sie nichts. Der ›Butt‹ verlangt aber einen kritischen Leser, nicht nur in dem Sinne Brechts, der über Zusammenhänge so belehren wollte, daß der Leser (Hörer) zur Auflösung der Dialektik fähig würde, sondern radikaler in dem Sinne, daß der Leser durch die Erzählung so in den Strom der Zeit und ihre Wirbel hineingerissen wird, daß kein Halten mehr ist. Er wird da weder emotional bestärkt noch zur Aktion belehrt, er wird in die Krise geführt.

Mit diesem Erzählen in der zweiten Naivität ist Grass eine Art Durchbruch gelungen. Nun haben wir also, meint Wolfgang Hildesheimer, einen Erzähler im deutschen Sprachraum, der einem James Joyce im Englischen vergleichbar ist[197].

II.

Versuchen wir — im Zusammenhang mit unseren bisherigen Deutungen —, die Erzählstruktur des Romans zu erfassen.

1. Wir beginnen mit der Frage: Wer ist der Held des Romans?

Zunächst scheint es das Ich des Autors zu sein. Wenigstens beginnt die Erzählung im Ich-Stil.

Aber dieses Ich ist kein Individuum, das von sich aus Beziehungen eingeht. Es ist als Beziehung konstituiert. Der Dual von Mann und Frau ist der Held. Gleich auf der ersten Seite finden wir Mann und Frau im Gespräch miteinander, ja in Handlung begriffen. Sie zeugen miteinander ein Kind, und sie essen zusammen. Und diese Beziehung von Ich und Ilsebill hält sich neun Monate durch, bis das Kind zur Welt kommt. Wesentlich ist also die Beziehung von Mann und Frau in Hinsicht auf die Entstehung und das Werden der nächsten Generation.

Neun Monate lang wächst die Frucht im Leib der Mutter. In dieser Zeit durchläuft das gemeinsame Erinnern von Mann und Frau den Weg, den Adam und Eva seit dem Neolithikum durchschritten haben. Der Ontogenese der Frucht entspricht die Phylogenese der Geschlechter. In den biographisch fixierbaren neun Monaten haben also die beiden Individuen stets den geschichtlichen Weg von Mann und Frau erinnernd in sich. Wenn der Autor sagt: »Ich, das bin ich jederzeit«[198], dann meint er damit: Zur Identität gehört die Geschichte des Verhältnisses von Mann und Frau. Aber diese Erstreckung durch die Geschichte des Ich »Jederzeit« oder »zeitweilig« meint keine Verallgemeinerung ins Typische. »Zeitweilig«, das bedeutet: Mann und Frau treten in die Zeit ein und haben da ihre Weile. Aber das ist noch zu abstrakt formuliert. Das Ich, das da eben mit seiner Ilsebill ein Kind zeugte, war schon der Mann im Neolithikum. Ebenso verhält es sich mit Frau Ilsebill. Auch sie lebte schon in der Vorzeit. Die Zeitgenossen sind Adam und Eva.

Ihre Geschichte, die von Mann und Frau, kann also nur erzählt werden, weil diese beiden als Personen jetzt existieren. Es handelt sich nicht um Idealtypen, die sich durch die Zeit hin durchhalten, sondern um das gegenwärtige Paar, das nur mit seiner Herkunft zusammen wirklich ist. Man muß es noch genauer sagen: Die Geschichte dieser beiden erzählt sich nicht als Vergangenheit, sondern als Vergangenes, das noch im Jetzt gegenwärtig ist, ja das im Gegenwärtigen ausgetragen werden soll, als Prozeß.

Das ist es: Das Leben von Mann und Frau ist ein Prozeß, in dem die Vergangenheit ausgetragen wird. Sie kommt in der Gegenwart zum Schwur. Ein ›Tribunal‹ findet statt. Ein Tribunal der Frauen, das über das Verhältnis von Mann und Frau, über seine Geschichte urteilen soll, ist also die Spitze des Geschichtsprozesses. Der Prozeß ist immer im Gange. Aber im Jetzt der Erzählung tritt die Lebensgeschichte von Mann und Frau in die Entscheidung, ins Offene.

Das ist höchst reflektiert?! Gewiß, aber doch nur, damit die Einmaligkeit der Existenz um so überzeugender, unausweichlicher herauskommt. In alten Erzählungen konnte man den Eindruck haben, daß in ihnen das Immerwiederkehrende des Lebens, etwa das Typische zwischen Mann und Frau oder zwischen Eltern und Kindern, oder auch das Abgeschlossene, zur Sprache kam. Das Einmalige sog seine Kraft aus dem Typischen. Hier ist es umgekehrt. Ein Märchen kann nur erzählt werden, weil es die Einmaligkeit des Jetzt gibt. In diesem Sinne erzählt also Grass das Märchen ›Vom Fischer und siner Fru‹. Und da Mann und Frau in ihrer Beziehung zueinander gleich ursprünglich sind, ist es nur konsequent, daß es auch zwei Fassungen dieses Märchens gibt, die erst zusammen die volle Wahrheit bieten. Die eine Variante »machte die zänkische Frau Ilsebill glaubwürdig, wie sie mehr, immer mehr haben will, König, Kaiser, Papst sein möchte, schließlich jedoch, weil sie vom alles vermögenden Butt wünscht, wie Gott zu sein − ›Ik will warden as de lewe God...‹ wieder in ihre strohgedeckte Hütte, ›Pißputt‹ genannt, versetzt wird, die andere... zeigt eine bescheidene Ilsebill und den Fischer maßlos in seinen Wünschen ... Die Welt beherrschen will er, die Natur bezwingen und von der Erde weg sich über sie erheben.« Zum Schluß fällt dann auch alle Pracht der konstruierten Welt in sich zusammen, »schüttelt die alte Erde, indem sie bebt, des Mannes Herrschaft ab...«[199] Grass erzählt, daß der Maler Runge vor 160 Jahren diese beiden Fassungen von einer alten Frau auf der Insel Rügen erzählt bekam: sie seien beide wahr. Ja, der Dichter erfindet, um die Geschichte vollständig zu machen, noch eine weitere Variante. Im Zusammenhang mit dem ›Vatertag‹, der von Grass als Feier von vier emanzipierten Frauen (›Manzis‹) beschrieben wird, erzählt eine der ›Manzis‹ eine neue Lesart der ›Story vom Butt‹[200]. Da war die Ilsebill mit ihrem Mann nicht zufrieden und »wünschte sich mal diesen, mal jenen Kerl ins Bett«[201]. Und sie bekommt nacheinander einen Feuerwehrhauptmann, einen Staatsanwalt mit Robe, einen Terroristen, einen Bundesbahnpräsidenten, einen Gewerkschaftsfunktionär und einen Filmstar. Als Ilsebill aber nach »einem Symphoniker mittem Taktstock mittendrin« − wir erinnern uns an den Trommler Oskar mit seinen Trommelstöcken − verlangt, da sagt der Butt: »Jetzt ist genug!... Von heute an kriegt sie nur noch − und ewiglich − ihren Maxe schlecht und recht verpaßt.«[202] Diese drei Fassungen des Märchens müssen wir also ineinanderflechten, um die Erfahrung der Zeit darzustellen. Mann und Frau sind durch die Wünsche der Frau bestimmt, zugleich durch den

Herrscherwillen des Mannes und schließlich durch die sich überschlagende Lust nach Abwechslung. Drei Variationen der Grundstruktur, die wie drei Themen die Fuge der Geschichte bilden. Das Resultat kann nur tragisch sein.

Grass sieht aber nicht nur, daß der Mensch bei seinen Versuchen zu transzendieren scheitert, er erkennt auch die Schwere der Einmaligkeit der Geschichte. Der Weg von knapp 4000 Jahren, den der an der Weichselmündung Beheimatete historisch zu überblicken vermag, ist weder ein bloßes Auf und Ab noch nur eine Variation von Grundspannungen des Lebens, sondern einmalige Geschichte. Sie kann nur erzählt werden, erzählt in dem strengen Sinne: so und nicht anders ist die Geschichte von Ilsebill und ihrem Mann, ist unsere Geschichte gelaufen. Sie kennt einen Anfang und ein Ende. Ihr voraus geht die Vor- oder Urzeit, als Mann und Frau im Einklang lebten. Und sie endet in der Krise der Gegenwart: Mann und Frau im Tribunal, das sie sich selbst bereiten.

Das Heute ist also die Zeit des Gerichts. Der Mann wird für die Zerstörung der Welt durch seine Maßlosigkeit und Herrschsucht verantwortlich gemacht. Die Frau sitzt im Tribunal; sie ist aber dadurch nicht gerechtfertigt; sie ist ja nichts ohne den Mann. Und die Zukunft ist offen.

Im Gericht muß die Frage auf den Anfang gehen: wer ist daran schuld, daß Mann und Frau diese Bahn durchliefen? — Die Völker der Erde haben auf diese Frage von jeher mit den Mythen von der Weltentstehung geantwortet: Himmlische Mächte haben die Welt geschaffen; aber unter ihnen ist Streit. Und der Mensch, ihr Geschöpf, von ihnen gebildet, ist in ihre Auseinander-setzung verwickelt. Die Bibel hat mit diesem mythischen Ansatz gebrochen. Nicht Götter und Mächte sind schuld, sondern der Mensch, Mann und Frau. Gott hatte die Welt in Harmonie und Frieden geschaffen. Die Menschen verlassen das Vertrauen zu ihm und begehren selbst das Geheimnis der Welt zu genießen und zu verstehen. Freilich erfinden Adam und Eva die Sünde nicht. Die Schlange ist es, die Zwietracht zwischen Gott und seinem Menschen sät. Sie reizt den Menschen: »Ihr werdet sein wie Gott! Ihr könnt mit euch selbst beginnen, die Abhängigkeit von Gott beseitigen und selbst aus der Welt heraus die Wirklichkeit vollenden.«

Günter Grass scheidet sich vom Mythos; er hält es mit Platon, der entschied: »Die Schuld (Verantwortung) liegt beim Wählenden (Menschen); der Gott ist ohne Schuld.«[203] Und mit diesem sieht er nicht in einem Bruch des Gottesverhältnisses den Ursprung der Schuld, sondern in dem Zerbrechen der Einheit von Mann und Frau. Einmal lebten sie beide im Einklang mit sich und allem; das war im Zeitalter der Aua, der dreibrüstigen Göttin. Damals gab es noch kein vom Ganzen abgetrenntes Individuum. Die dritte Brust der Frau und Göttin stillte alles Verlangen; Mann und Frau waren in sich selig.

Dreimal setzt der Dichter an, um den Fall des Menschen aus der Einheit durchsichtig zu machen. Einmal bemüht er einen eigenen Einfall: Die dritte Brust der Aua fiel ab; da konnte der Mann seinen Durst nach der Traumwelt nicht mehr stillen. Schuld aber ist der Butt: »weil der Butt uns Edeks Gott sein wollte«[204]. Diese Auskunft kommt der biblischen nahe: der Versucher macht den Menschen unruhig. Nur nennt die Bibel den Verweis auf den Satan (den Butt) eine Ausflucht vor dem Bekenntnis der eigenen unentschuldbaren Schuld.

Eine zweite Erklärung geht auf die urtümliche Furcht der Frau vor der Schlange. Der Mann legt seiner Frau einen Aal ins Bett; sie erschrickt. Die Symbolik ist durchsichtig; der Dichter meint sie auch noch ausdrücklich deuten zu müssen. Danach ist es der sinnliche Urschreck, der die Geschlechter auseinanderbringt und zugleich so eng aneinanderbindet, daß die Anbetung des Phallus daraus entsteht. Der Mensch fürchtet und verehrt die rätselhafte Macht des Geschlechts; sie wird sein Gott.

Eine dritte Vermutung lautet: Der Mann wurde von der Göttin-Mutter Aua von der sogenannten ›Traumrunkel‹ entwöhnt. Wünsche konnten nicht mehr im Traum befriedigt werden. Der Mann erklärt: »So riß der Film lebhafter Vorstellungen. So verloren wir unsere Unschuld. Danach besetzte uns Unruhe.«[205] Der Butt resümiert: »Endlich sahen die Herren klar.« Die Hinwendung zur Realität bringt also die Ernüchterung. Das Träumen und Wünschen ist nicht etwa zu Ende, es beginnt jetzt in gewissem Sinn erst richtig. Mann und Frau wollen nun ihre Träume verwirklichen. Die träumende Unschuld ist zerstört.

Diese Andeutungen des Dichters gehen alle in die gleiche Richtung. Der Ursprung des Bösen, des Streites zwischen den Geschlechtern, ist dunkel. Die Verantwortung kann der Mensch nicht leugnen. Und doch möchte er verstehen, wie es zu dem Grundwiderspruch seiner Existenz gekommen ist. Die drei Aufhellungen, die wir beschrieben haben, sind Versuche in diese Richtung. Sie haben dabei zugleich die Rolle von Entlastungsangriffen: Der Mensch muß versuchen, die Verantwortung aus sich hinauszuverlegen.

So entstehen dann die mythischen Bilder, in denen der Dichter aus der Situation ihres Verlustes heraus eine ursprüngliche Einheit beschwört: Auas drei Brüste, die Traumrunkel, der Schreck der Sinnlichkeit. Der Autor ist sich wohl bewußt, daß er nur Bilder an die Grenze des Menschlichen stellt. Aber sie haben ihre Funktion.

Welche Aufgabe sie haben, das können wir in einem Vergleich dieser Bilder mit der Urgeschichte der Bibel erkennen[206]. Die Genesis verzichtet radikal darauf, mythisch eine ursprüngliche Einheit zwischen Adam und Eva im Element des Geschlechtlichen anzunehmen. Vielmehr ist die Gemeinschaft von Mann und Frau mit dem Schöpfer die Dimension, die verlorenging. Grass kennt solchen Urzustand nicht. Er sieht ihn vielmehr als eine ›unio sexualis‹. Schuld wird als Störung, als Brechen dieser Einheit verstanden. Dann liegt die Tragödie der Geschichte als Geschichte von Mann und Frau darin, daß sie aus ihrer Einheit durch das Erwachen des Bewußtseins, durch das Verlangen nach Verwirklichung von Wünschen und Träumen aufgestört wurden.

Hier liegt der Schlüssel zum Geschichtsverständnis des Dichters. Wenn die meisten Rezensenten an der Grass'schen Geschichtskonzeption rühmen, daß hier endlich einmal — parallel zu Brechts »Das Verhör des Lukullus«, wo beim letzten Gericht der Koch, der Bäcker, die alte Frau, die unbekannten Soldaten und Sklaven als Träger der Geschichte beschworen werden — die Geschichte vom Essen her, vom Sexuellen her, von unten her gesehen werde, dann langt das nicht zu. Nicht eine materialistische oder ›materiale‹ oder sexuelle Deutung der Geschichte ist der Schlüssel zum ›Butt‹, sondern ihr Rückbezug auf eine erschlossene fiktive Einheit des Lebens im Geschlecht.

Die mythische Überhöhung des Sexuellen bestimmt den Roman. Es ist, als ob die Auseinandersetzung des biblischen Menschen mit der Mythisierung durch die Jahrhunderte seit dem Kampf Israels gegen die Gottheiten der Kanaanäer umsonst geführt wäre. Indem das Stehen von Adam und Eva vor Gott abgedeckt, die Dimension des Schöpfers weggewischt wird, entsteht die Überhöhung des Geschlechtlichen, der Urbeziehung von Mann und Frau, ins Mythische. Und wie jeder Mythos die Abhängigkeit des Menschen von den Mächten als Verhängnis beschreibt, das schuldig macht und den Menschen bald lähmt, bald fliehen läßt, so wird auch in der mythischen Erzählung von Grass die unentrinnbare Bezogenheit von Mann und Frau zugleich in mythischer Überhöhung als verlorener Ursprung erfahren als auch im bewußten Handeln ständig überschritten.

Die Schuld ist tragisch, kein Weg führt zurück, aber die Bezogenheit auf den Ursprung bleibt. »Aber meine Wünsche zählten noch nie. Ich muß nur immer erfüllen, verdammt! Und alles verantworten, jawohl!! Und zahlen, bezahlen! Und mich schuldig fühlen für alles und nichts!«[207]

So entsteht das Bild der Herkunft von Mann und Frau aus dem mythischen Ursprung ungeschiedener Einheit, und zugleich die Deutung der Geschichte als Austragen der Differenz bis hin zur Krise, die sie beide die Herkunft aus der verlorenen Einheit bekennen läßt. Aber die Tragödie endet nicht. Das Märchen wird weiter erzählt werden. Und immer lautet der Refrain: »Ach Butt! Dein Märchen geht böse aus.«[208]

III.

Mit diesen Bemerkungen haben wir die Struktur beschrieben, wie sie das Erzählwerk des Dichters durchformt. Geschichte ist Fall in den Streit zwischen Mann und Frau, in die Spannung von Wunsch und Wirklichkeit, in die Differenz zwischen Einheit und Spaltung in der Reflexion. Nicht von ungefähr spielen die Romantiker: Brentano und Runge, die Brüder Grimm, Bettina und Achim von Arnim bei der Entdeckung des Märchens vom »Fischer und sine Fru« die entscheidende Rolle[209]. Nun, nach unseren Erörterungen über die Struktur der Geschichte, können wir auch verstehen, wieso das Märchen zwei Fassungen haben muß, die beide wahr sind. Erst emanzipierte sich der Mann aus der Einheit, dann erfolgte als Gegenschlag die Befreiung der Frau. Das Paradies ist verloren, die Rückkehr kann nicht gelingen. Aber wenn auch die Unschuld verlorenging, auch schuldig partizipieren Mann und Frau immer noch und immer wieder am Ursprung. Die Verbindung mit der Quelle ist erst dort entgültig abgeschnitten, wo die Frau in konsequenter Emanzipation das Weibliche verleugnet und damit sich und den Mann in einem zerstört. Folgerichtig erleidet die emanzipierte Billy von den lederjackigen Todesengeln mit ihrem Motorrad Vergewaltigung und Tod[210].

Von daher ergeben sich die Stadien, in denen die Geschichte verläuft.

1. Der Mann ist der Träger des Fortschritts, er macht Geschichte. Unruhe überkommt ihn, auch »die Frage nach dem Sinn«[211]. Die Folgen beschreibt der Butt so: »auf meinen Rat hin löste der unterdrückte Mann die vieltausendjährige Phase geschichtsloser Frauenherrschaft ab, indem er sich gegen die Zwänge der Natur stellte, Ordnungsprinzipien entwarf, das chaotische, weil inzestuöse Mutter-

recht durch die verantwortliche Disziplin des Vaterrechts ersetzte, der apollinischen Vernunft Geltung verschaffte, utopisch zu denken und praktisch Geschichte zu machen begann.«[212]

Der ›Fortschritt‹ erfolgt in Schüben. Einfallsreich blendet der Autor in das Leben an der Weichselmündung Bilder vom Fortschritt im Mittelmeerraum, in Ägypten und auf Kreta und in Griechenland ein — farbig, aber leer wie ein gescheiter Reiseprospekt. Die Zeit der Völkerwanderung folgt, der Griff der Männerkultur aus dem Westen und Süden nach dem noch im Mutterrecht ruhenden Nordosten. Adalbert von Böhmen bringt das Christentum als Vaterreligion nach Danzig. Der Ostraum wird für das ›lübische Recht‹ erobert und mit ihm geordnet. Endlose Kämpfe der Zünfte gegen die Bürger, beider gegen die Adligen, der Protestanten mit den Katholiken, der Schweden mit den Preußen und Polen, der Franzosen mit den Völkern der Mitte und des Ostens erfüllen die Jahrhunderte.

2. Wichtiger aber als diese bunten Geschichtsposter mit ihren Moritaten ist das innere Gesetz der Geschichte, die der Mann verwirklicht. Der Fortschritt führt zu immer stärkerer Entzweiung, in die Krise. Sie steigert sich von Mal zu Mal, bis sie in unserer Zeit total wird. Dieses tragische Gesetz der Geschichte wird aber von Grass weniger abstrakt formuliert, als anschaulich gemacht. In die Gründungsgeschichte von Danzig z. B. blendet der Dichter Bilder von der Zerstörung im Jahr 1945 ein, erzählt er auch von seinen Filmaufnahmen im wiederaufgebauten Dansk von 1970. Gespenstisch schieben sich die Bildebenen ineinander. Entsprechend verfährt der Dichter mit den Männergestalten aus den verschiedenen Jahrhunderten. Immer schieben sich ihre Gestalten, nach dem Motto ›Ich, das bin ich jederzeit‹, ineinander. Aber doch ist da kein ewiges Da capo gemeint, sondern der Prozeß der Erkenntnis, was die Männer in den 4000 Jahren der Geschichte angerichtet haben. »Der Mann ist am Ende« ist das Fazit[213]. Geschichte ist auf ihr Ende bezogen, von ihrem Ende her verstanden.

3. Eigentlich wird aber gar nicht die Geschichte der Männerkulturen beschrieben, sondern das Schicksal der Frau im Zeitalter des Mannes. Sie bestimmt die Geschichte, nicht direkt zwar, aber fundamental. Denn der Mann lebt von der sinnlichen Realität, die die Frau verwaltet. Sie ermöglicht also Geschichte. Wie der Riese Antäus doch ständig der Erde bedarf, um seine Kräfte zu erneuern, so bedarf der Mann der Frau. Daraus gewinnt sie ihren Einfluß. Und nicht nur das, sie vermag sich auch selbst dabei zu emanzipieren.

Gerade das Begehren des Mannes macht sie stark. Wie das Kind neun Monate im Mutterleibe wächst, so entwickelt sich die Gestalt der Frau in der Geschichte. Neun Frauengestalten werden, den neun Monaten entsprechend, vom Dichter vorgeführt. Am Anfang steht Aua, die Mutter-Göttin mit den drei Brüsten. — Wigga zur Eisenzeit erlebt die beginnende Unruhe des Mannes, »Fernweh kommt auf«. — Mestwina, Köchin und Priesterin, erschlägt den Mann, der nur als Eroberer kommt. — Dorothea von Montau in gotischer Zeit beginnt mit der Emanzipation der Frau vom Mann; sie emigriert in Askese und Jesusminne. — Margarete Rusch ist Äbtissin eines Klosters zur Zeit der Reformation; sie benutzt ihre Freiheit, um sich geschlechtlich zu emanzipieren und auszuleben. — Die demütige Magd und Köchin Anna bietet im Dreißigjährigen Krieg vielen Männern Geborgenheit in ihrer Bettkiste. — Im Preußen Friedrichs des Großen führt Amanda Woyke die Kartoffel als Nahrungsmittel ein. — Sophie Rotzoll begeistert sich für die französische Revolution; sie ist mit der Idee verlobt, an ihr sterben die Männer. — Lena Stubbe, die Arbeiterfrau, ist zweimal verheiratet; sie schreibt ein »proletarisches Kochbuch« und hat sich mit Bebel der Emanzipation verschrieben. Neunmal ist die Frau die Quelle des Lebens, neunmal trägt sie die Differenz zum Mann und seiner Unruhe aus, neunmal bildet sich dabei ihr eigenes Bewußtsein.

4. Aber der Dichter erzählt noch von einer zehnten und einer elften Köchin. Diese beiden sind »noch ungenau, weil die beiden zu nah bekannt wurden«. Es ist Sibylle, ›Billy‹ genannt und, als letzte Köchin, Maria, die Cousine. Jene hat einmal mit dem Ich der Erzählung zusammengelebt; sie haben auch ein Kind miteinander. Sie wird dann aber von Freundinnen, die sich »ins eigene Geschlecht verkrochen haben«[214], angestiftet, »verrückt zu spielen«, Erfüllung ohne Mann zu suchen (das andere Geschlecht von Simone de Beauvoir ist nahe). Dabei scheitert sie. Die Freundinnen wollen mit ihr in widernatürlicher Weise durch einen künstlichen Penis den »Übersohn« zeugen, Emmanuel, das Retterkind[215]. Als sie sich dann auf sich selbst zurückbesinnt (»Was für ein neues Gefühl: Frau sein«[216]), da fahren die lederjackigen Todesengel, Symbole der Künstlichen Welt der Männer, über sie her, mißbrauchen sie und walzen sie mit ihren Motorrädern platt. — Die letzte Köchin, Cousine Maria, lebt im polnischen Danzig unserer Tage. Sie duldet den Beischlaf ihres Verwandten am Strand mit abgewendetem Gesicht. Dann aber beschwört sie den Butt und spricht sich mit ihm aus. Als sie von der See zu-

ückkommt, ist sie in Ilsebill verwandelt. Sie geht an dem Mann
vorbei. »Ich lief ihr nach.«[217] Beginnt nun ein Zeitalter der Herrschaft der emanizpierten Frau?

5. Hier sind wir in der Mitte der Dichtung. Töricht, wer ihre
Darstellung wörtlich nimmt. Ihre Wahrheit liegt in der Genauigkeit
ihrer Verdichtung. Aber es ist da nicht nur eine Art von ›Sur-Realis-
mus‹ am Werk, der anschaulich die Anschauung übersteigt. Lieber
würde ich von ›Strukturalismus‹ sprechen, weil hier nicht einfach eine
Verdichtung von vielen Einzelerfahrungen vorliegt oder ihre Über-
steigerung, sondern die Darstellung eines geschichtlichen Prozesses, der
sich in der Zeit vollzieht und dessen Spitze der Mensch selbst ist.
Nehmen wir die barocke Erzählung so, dann erkennen wir, wohinaus
der Dichter will.

Mann und Frau kommen von weit her. Sie haben ihre Geschichte
miteinander. In ihr liegt kein Fortschritt, die Gegensätze verschwinden nicht. In dem Augenblick, in dem sie neues Leben zeugen, erleben sie von der widerstreitenden Erfahrung der Zusammengehörigkeit. Nur wo die Frau den Mann einläßt, ist Leben und Zukunft; zugleich aber streben sie beide auseinander, ins Eigene. Der Mann hat
durch diesen Drang das Leben mit Katastrophe angefüllt; nun sucht
er in der Rückkehr ins Ungetrennte Heil und Rettung. Aber die Einheit ist nur Imagination. — Umgekehrt sucht heute die Frau — vielleicht gerade wegen der Übertreibung des Mannes — den Weg ins
Eigene. Aber wenn sie sich ganz aus dem Dual löst, gerät ihr das
Eigene zur Selbstzerstörung. Wenn diese Deutung richtig ist, dann
meint also das Zeitalter der Aua als Zeitalter der Einheit keinen
historischen Augenblick. Es kann auch nicht nur ein Idealbild sein,
an dem gemessen alles weitere als Abfall anzusehen ist. Das Bild
von der ungeschiedenen Einheit ist vielmehr Projektion der Grunderfahrung von der unauflöslichen Zuordnung von Mann und Frau
im Augenblick ihrer totalen Krise.

Dann will der Dichter zuletzt und eigentlich nicht durch pralle
Bilder und Späße den Leser unterhalten und vergnügen (— das will
er auch —); seine Intention ist eine andere.

Dichtung ist mehr als Leben; sie vermag den Zusammenhang von
Menschen und Zeiten sichtbar zu machen, so daß seine Wahrheit uns
überwältigt. Dichtung ist aber zugleich weniger als Leben; denn immer
mengt sich in ihre Erzählung die Lüge; Furcht und Hoffnung und
Wünsche machen sie übertreiben. Platon wollte darum den Dichter
aus seinem Gemeinwesen verbannen. Der Dichter unserer Zeit ist

sich dieser seiner Lüge und Übertreibung bewußt; er lügt, übertreibt, karikiert, weil er nur so die Wahrheit sagen kann. Schon Goethe setzt als Vorzeichen vor seinen ›Werther‹: »Sei ein Mann und folge mir nicht nach!«

Dichtung und Wahrheit sind also eng miteinander verschwistert, enger als es die Verbindung der Worte ›Dichtung und Wahrheit‹ erkennen läßt. Wir können sie so wenig voneinander scheiden, wie wir im Leben Mann und Frau in ihrem Widerstreit erlösen können. Trennen wir sie, so sterben sie. Bringen wir ihre Differenz fort, so brechen sie gleich darauf wieder auseinander. Das ist der tragische Widerspruch des Lebens. Hildesheimer, der Freund des Dichters, hat diesen Kern des ›Butt‹ mit dem Satz erfaßt: »Etwas nicht lassen können und nicht tun können, das ist nicht bloß ein Thema. Es ist das menschliche Thema, und in seiner Behandlung und Meisterung hast du Vorfahren in Shakespeare und den griechischen Tragikern.«[21] Freilich übersieht der Skeptiker Hildesheimer dabei, daß der Roman seines Freundes die Begleitmusik zum Entstehen eines neuen Lebens ist! Im Widerspruch der Existenz wird von Mann und Frau gezeugt. Das Leben geht nicht nur weiter, es wird bejaht, vollzogen, als offen erfahren. Der Widerspruch wird nicht überwunden, aber Leben wird aus ihm geboren, trotz seiner. Die Wirklichkeit des Lebens ist um eine Dimension reicher als Wünsche, Flüche, Trotz oder Verzweiflung. Wirklichkeit ist unfaßbar.

Hier wären wir an einer Grunderkenntnis angelangt, die ihren Ort in der Nähe christlicher Grunderkenntnis hat. Die Einsicht in die tragische Situation ist nahe bei der Lehre vom unfreien Willen; die unauflösliche Zuordnung von Mann und Frau rührt an die Erkenntnis von der Einmaligkeit der Ehe. Und sogar die Rede vom ›Emmanuel‹ hat ihre Entsprechung; nach dem Verständnis der Bibel geht die Erneuerung des Menschen nicht am Geschlecht vorbei. Denn daß Maria ohne Mann den Emanuel gebiert, soll heißen: hier beginnt die neue Schöpfung, nicht aber: menschliche Zeugung befleckt das Heilige.

IV.

Der Dichter freilich wird solche Bemerkungen kaum akzeptieren. Seine Dichtung bleibt im Kraftfeld des Mythos von der Einheit der Geschlechter, gerade auch da, wo er ihn in die Offenheit der Geschichte hinein überschreitet. Und nur so ist ja auch das Verhältnis zu den Urbildern überhaupt zu vollziehen. Wir leben in ihnen, indem wir sie überschreiten, von ihnen Abschied nehmen, ja sie zerstören. ›Entmythisierung‹ findet nicht nur in der Philologie und Philosophie statt, von ihr lebt die große Dichtung unserer Tage. Adorno hat das Problem bezeichnet, das da entsteht. In der Krise der Geschichte, für die bei ihm der Name ›Auschwitz‹ steht, erfährt der Mensch, daß er sein Tun nicht verantworten kann. Selbst die Dialektik und der Versuch des Menschen, mit ihrer Hilfe das Verhängnis der Geschichte nach vorn hin zu überwinden, kann nur ›negativ‹ sein, denn wir können sie nur dazu benutzen, um den ›Verblendungszusammenhang‹ zu zerreißen[219]. Haben wir aber die Bilder entzaubert, sie banalisiert, dann droht dem Menschen der Rückfall. Gerade die vollkommene Banalisierung, die Zerstörung aller Tabus, das Aufdecken der Scham produziert wiederum Bilder. Adorno sagt exakt: »Indem sie (die Entmythologisierung MS.) nichts übrig läßt als das bloße Seiende, schlägt sie in den Mythos zurück.«[220] Auf den ›Butt‹ angewendet bedeutet das: Der vollkommene Abbau aller Geheimnisse, aller Tabus des Geschlechtlichen und des Religiösen, die Zurückführung der Geschichte auf den Aspekt von unten, auf Herd und Bett, Kochen und miteinander Schlafen, schlägt in den Mythos, in die Unwahrheit, in die Fabelei zurück. Man kann also Grass nicht schon hinreichend kritisieren, indem man ihn der unerträglichen Sexualisierung zeiht. Bei ihm ist nicht sosehr die Lust an der Lust am Werk, die das Element manches Schriftstellers ist, sondern vielmehr die Lust, aufzuklären und Banalität zu erweisen. Und eben dabei erfährt der Dichter — und seine Leser —, daß die Banalität in einen Mythos zurückschlägt. Dabei erweist sich allerdings auch: Es ist zweierlei, ob wir im Mythos die Allmacht des Geschlechts poetisch feiern, wie z. B. große Dichtung bis zu Goethe, oder ob gerade die Aufklärung, die Entzauberung, das Brechen der Tabus in einen (Ersatz-)Mythos umschlägt.

Darum ist für mich die stärkste Seite des ›Butt‹ nicht der in die Überwirklichkeit umschlagende Aufklärungsdrang, sondern der anhaltend wirksame Impetus, die Bilder so zu entzaubern, daß die Wahrheit der Existenz sichtbar wird. Gerade die Grotesken, gerade die permanente Anstrengung, Bilder zu zerschlagen, gerade die Clownerien, gerade die tragische Attitude — sie sind es, die diese Dichtung auszeichnen. Obszönes und blasphemisches Reden dürfen also nicht als Entzauberungsversuche gedeutet werden, sondern als ›Narrenrede‹ im Sinn von Adorno: »Narretei ist die Wahrheit, mit der die Menschen geschlagen werden, sobald sie inmitten der Unwahrheit nicht von ihr ablassen.«[221]

Manchmal kommen freilich dem aufmerksamen Leser auch Zweifel — gerade wenn er den Ton der großen Romane ›Die Blechtrommel‹ und ›Hundejahre‹ noch im Ohr hat —, ob der Dichter der Ausrichtung auf die Wahrheit inmitten der Unwahrheit auch treu geblieben ist. Zu oft schlägt die Narretei um in das Verliebtsein in die Unwahrheit des schlechten Mythos.

Die Probe für diese Aussagen können wir machen, indem wir das Bild prüfen, das Grass von dem Bereich der Religion entwirft.

Da ist zuerst vom ›Butt‹ zu reden, der Gestalt aus der Tiefe des Meeres, der Möglichkeiten und Bilder, die Mann und Frau in Unruhe bringt. Seine Rolle ist zwar dem Satan der Bibel nicht gleichzusetzen, aber doch weckt er wie dieser Wünsche, die bis zum Himmel aufsteigen, und spaltet die Wirklichkeit in Bild und Sache. Er verführt den Menschen dazu, ewig unzufrieden zu sein.

Der Butt ist der Gott der Zeit. Er tritt auf wie ein Vater, der seinen Sohn ins Leben einführt und sich auf die Länge dadurch selbst überflüssig macht. Als Gott des paternalen Zeitalters, als ›Weltgeist‹ im Sinne Hegels[222], macht er den Mann durch Ordnung und Erfindung mächtig zur Geschichte, mächtig durch Dialektik, durch Streit und Zerstörung. Aber am Ende wird der Aufklärergott mit seinen eigenen Waffen geschlagen. Das ›Tribunal‹ findet ja nicht nur statt, weil die Folgen der Verwirklichung so furchtbar sind, sondern zugleich auch, weil der Mensch vom Butt das Infragestellen, den Zweifel gelernt hat.

Wie streng Grass den Ansatz durchhält, erkennen wir daran, daß das Tribunal nach allen Verhören nicht mit dem Todesurteil über den Täter endet, sondern mit dem Vergleich: der Butt wird seinem ursprünglichen Element, dem Meer, wieder zurückgegeben. Dann geht also die Wirksamkeit des Gottes der Aufklärung und der Ideologien weiter. Nur: künftig wird er nicht nur den Mann, sondern auch die Frau beraten.

Vom Butt aus kommt auch die christliche Religion in Sicht. Sie wird zunächst als die Religion des Mannes eingeführt, der Herrschaft aufrichten will. Aber im Lauf der Geschichte wird sie immer mehr die Religion der Frau. Denn das christliche Dogma erlaubt es ihr, sich zu emanzipieren. Als willkommenes Beispiel dafür wählt Günter Grass die Jesus-Minne zur Zeit der Hochgotik. Dorothea von Montau ist zwar mit dem Schwertfeger Slichting verheiratet; sie entzieht sich aber der Herrschaft ihres Mannes, indem sie ein religiös-asketisches Leben beginnt und sich der sinnlich-übersinnlichen Jesus-Minne ergibt. Damit ist sie »die erste Frau, die gegen den vaterrechtlichen Zwang der mittelalterlichen Ehe revoltiert«[223]. Die Vorsitzende des Frauen-Tribunals bescheinigt der Geschlechtsgenossin denn auch prompt: »Dorothea Swarze wollte Freiheit für sich. Die Religion und Jesus sind ihr nur das Vehikel und die einzig erlaubte Bezugsperson gewesen, ihren Emanzipationsanspruch durchzusetzen und der penetranten Macht der Männer zu entkommen.«[224] Der Butt andererseits sieht in der Jesus-Beziehung der Frau einen Versuch, sich von der Knechtschaft der Lust zu befreien; er wirft der Fürsprecherin im Gericht vor: »Weil du das hohe Prinzip Jesus zum Lustprinzip umgedeutet hast...«[225]

Das sind auch kirchengeschichtlich relevante Bemerkungen. Wir wissen aus der Forschung, daß zur Zeit Dantes sich die irdische sinnliche Liebe (Wilhelm von Auvergne) und der himmlische sublimierte Eros (Robert von Avrissel) zu polarisieren begannen, wie ja auch im Leben Dantes selbst der Bereich der Sexualität sich von der überirdischen Liebe zu Beatrice zu scheiden beginnt[226]. Von Grass wird also die Jesus-Minne als Mittel der Emanzipation gesehen. Umgekehrt kann er aber auch gerade die Figur Jesu mit der Sexualsphäre verbinden. Dann nennt er — in blasphemischer Redeweise — das Beilager der Äbtissin Margarete eine ›Bettmesse‹. Auch das Abendmahl erscheint dann auf diesem Niveau. »So hat die Äbtissin Margarete Rusch die todernste Streitfrage ihres Jahrhunderts, wie nun Brot und Wein, das Abendmahl zu reichen sei, auf ihre Weise, also bettgerecht, beantwortet.«[227] Sehen wir einmal davon ab, daß die Frage der beiderlei Gestalten nicht im geringsten die Kernfrage des Jahrhunderts war, sondern die der Gegenwart in den Gestalten, offenbar will Grass die Sprache der christlichen Religion und ihres Geheimnisses, nämlich die Vereinigung von Gott und Mensch in Jesus und mit dem Gläubigen, benutzen, um den Realismus der sexuellen Vereinigung überhöhend auszudrücken. Darum bricht das Ich der Erzählung in Gedanken an die Freuden des Betts in den — blasphemischen — Hymnus aus: »Unsere Äcker. Ihn, Gottes runden Gedanken, bete ich an... als mir ... die kochende Nonne Rusch ihre Sonne zum ersten Mal aufgehen ließ, begriff ich den Hymnus des Heiligen Franz unverschleiert: Hingebung Jubel Fleiß...«[228] Als Gegenstimme müssen wir freilich auch den Butt hören: »Mißbrauch der Vagina zum Zweck des christlichen Abendmahls...«[229]

Was bedeutet diese Inanspruchnahme der religiösen Sprache, speziell der Meßliturgie? Hier holt der Autor die religiöse Redeweise heran, auf die Ebene der banalen Wirklichkeit hinunter, um mit ihr die Überhöhung des Sexuellen in den (schlechten) Mythos zu leisten. Die Blasphemie der Redeweise liegt darin, daß die entmythisierte Wirklichkeit des Geschlechtlichen mit Hilfe der religiösen Sprache remythisiert wird. Wie sagt Adorno? »Schlägt sie in den Mythos zurück.« Vielleicht zieht also der Dichter die christliche Aussage darum so tief in das Sexuelle als das Wirkliche hinunter, weil ihm die Geschichte der Religion, auch der christlichen, dazu die Erlaubnis gibt; gewiß aber vor allem darum, damit in der Tiefe des Banalen die Tragkraft des Religiösen Auftrieb gibt. Grass weiß gewiß, was er tut. Er steht z. B. im Briefwechsel mit einem Danziger Studienrat über die Heiligsprechung der Dorothea von Montau. Im Roman heißt es: »... noch immer bin ich katholisch genug, um vor der zeitaufhebenden Kraft der alleinseligmachenden Kirche zu erschaudern. Ich weiß, daß der Glaube, so finster er irrt, die Funzel Vernunft überstrahlt.«[230] Der Satz muß beim Wort genommen werden. Die Vernunft ist gerade in ihrer Helle Finsternis. Der Glaube leuchtet aber noch in seinem Irrtum als Vorschein der Wahrheit.

Das ist Glaube, wie er sich überträgt;
Zweifel geteert und gefedert[231].

Nur, bleibt nicht der Dichter im Bannkreis der Banalität stecken und benutzt die religiöse Sprache nur, um den Sexus zu mythisieren? Dann wird die Narretei Zeichen von Neurose, von Besessenheit. Die Stimme der Wahrheit in der Unwahrheit verstummt, indem die Blasphemie siegt.

Dann kann aber die Wahrheit in den Aussagen des christlichen Glaubens nicht mehr vernommen werden. Sie wollen doch beides zugleich leisten: Der Mensch soll gehindert werden, in die erfundene Wahrheit und Fülle, in den Mythos oder in die Ideologie auszuweichen. Zugleich aber wird ihm in seiner Blöße und Armut und Unfähigkeit, sich zu rechtfertigen, gesagt: Du bist von Gott bejaht. Dann besagt doch z. B. das Abendmahl: Die sterbliche Kreatur, meinetwegen als Mann und Frau in Streit verwickelt und bloß, wird mit der Gottesgemeinschaft beschenkt. Also keine Überhöhung des Menschlich-Allzumenschlichen, des Fundamental-Menschlichen (in Essen und Trinken) findet da statt, sondern liebende Annahme dessen, der sich seiner Blöße schämt, durch den Schöpfer.

Dieses biblische Insistieren auf der Realität des Banalen und seine Aufwertung ist nicht dem christlichen Glauben allein eigentümlich, sondern die gemeinsame Perspektive aller, die die Eröffnung der kreatürlichen Wirklichkeit durch die Größe, die kein Teil dieser Welt ist, festhalten. Darum können wir uns für unsere Kritik an Günter Grass auch auf Theodor W. Adorno berufen. Er hält die Zertrümmerung des Mythos durch und bekennt sich zur Einmaligkeit des Lebens, das keiner Überhöhung und Rechtfertigung fähig ist. Er sagt am Ende seiner ›Negativen Dialektik‹: »Die kleinsten innerweltlichen Züge hätten Relevanz für das Absolute, denn der mikrologische Blick zertrümmert die Schalen des nach dem Maß des subsumierenden Oberbegriffs hilflos Vereinzelten und sprengt seine Identität, den Trug, er wäre bloß Exemplar. Solches Denken ist solidarisch mit Metaphysik im Augenblick ihres Sturzes.«[232]

Wir brauchen von unserem Lob für den Dichter und dem Dank an ihn nichts zurückzunehmen. Wir sehen ihn ja in die Anstrengung verwickelt, von der Wahrheit nicht abzulassen inmitten des Unwahren. Wir erinnern uns darum noch einmal an seine Klage, die aller schlechten Mythisierung den Kampf ansagt: »Aber meine Wünsche zählten noch nie. Ich muß nur immer erfüllen, verdammt! Und alles verantworten, jawohl!! Und zahlen, bezahlen! Und mich schuldig fühlen für alles und für nichts.«[233]

Diese Aussage gibt uns den Mut zu dem Wunsch, daß er nicht nur fabulierend die Geschichte von Mann und Frau ins Offene, in die Krise, einmünden lasse, sondern mit mikrologischem Blick den einzelnen und das Paar erkennt und ihre Geschichte mit Liebe erzählt. Denn die Liebe überhöht nicht, sondern bekennt sich zum Menschen, der sich schämt.

Heinrich Böll
Dichtung als Eröffnung
sakramentaler Sinnlichkeit

Überleitung

Wenn die Welt sich wandelt, eine alte Ordnung stürzt und eine neue geboren werden will, dann gerät auch die Sprache des Menschen in Bewegung. Die Sätze werden unruhig, die Farben der Wörter laufen aus; neue Prägungen brechen hervor, und es kommt etwas Drängendes in das Sprechen des Menschen. Er wird gewalttätig gegen die Überlieferung, nur im Widerspruch gegen ihre Valuta vermag er wahrhaftig zu bleiben oder wieder zu werden. Dann bricht Satire den alten Ernst, Ironie lupft die Schwere der Worte, Spott kündigt die Gefolgschaft. Die Grenzen von Zucht und Ordnung werden im obszönen Reden überschritten; der abgegrenzte Bezirk des Heiligen wird mit Blasphemie gestürmt; Revolution zerbricht die überlieferten Werte.

Dieser Wandel ist mit Schmerzen verbunden. Das Alte muß gebrochen werden; das Neue ist noch nicht sichtbar. Alles ist im Übergang. Wir kennen diese Erscheinungen aus der Geschichte. Die erste Aufklärung in Griechenland zeigt ihre Züge. Blasphemische Rede über die Götter, Spott über das Heilige. Überschreiten der Grenzen von Zucht und Sitte, Willkür der Ordnung bestimmen den Übergang vom Zeitalter des Mythos zur großen Zeit des griechischen Logos[1]. Und ähnlich auch der Schritt, den das Abendland im 18. Jahrhundert tat: Die alten Sprachkonventionen zerbrechen, Ironie, Verfremdung, auch Blasphemie und Spott erheben ihr Haupt, die heilige Tradition wird verhöhnt. Und aus dem Bruch entsteht dann eine neue Welt, die Welt der Klassik.

Auch wir leben in solch einer Epoche des Übergangs, in der die Valuta der Sprache zerfällt, der Mensch die alten Sprachmuster zerbricht, weil sie die Wirklichkeit einzwängen. Obszönes Reden sucht eine neue Totalität des Geschlechtlichen zu gewinnen, Blasphemie dem größeren Gott Raum zu schaffen, Kampf gegen die Tradition der Zukunft zu dienen. Wir zögern aber, so ohne weiteres die Erfahrung vergangener Zeiten auf die unsere anzuwenden. Es ist nicht ausgemacht, daß aus dem Zerbrechen der alten eine neue Sprachgestalt ersteht, die das Menschliche in neuer Verwirklichung zeigt. Es könnte sein, daß Zerstörung am Ende steht oder eine Maskierung alles Menschlichen in Künstlichkeit. Noch zeigt sich jedenfalls keine neue Sprachgestalt. Wir stehen im Übergang.

Auch unsere Dichter stehen im Übergang. Darum ist es so interessant, die Gestalt ihrer Sprache zu analysieren: die Aufnahme der Tradition, den Bruch mit ihr in allen Variationen und Verwerfungen und vielleicht die Anzeichen einer neuen Sprache mit neuer Valuta von Seele, Welt und Gott. Wir haben unsere Beobachtungen am Werk von Günter Grass gemacht; wichtig war uns der Prozeß, in dem das Sprechen des Dichters sich bewegte. Lebendig ist sein Reden im Übergang, in den Verwechslungen, Wandlungen und Brüchen. Aber dann muß sich die Sprache gegen den Kältetod der Melancholie wehren. Und an dieser Wende mangelt ihr die Wärme; sie postuliert diese zwar, aber sie kann sie selbst nicht geben. Die Sprache wird allegorisch; sie spricht nicht mehr konkret, sondern reflektiert und in Verweisungen. Aber, im »Butt« gelingt dann eine erstaunliche Synthese zwischen dem Empirisch-Konkreten und dem Typischen.

Wie Grass lebt auch Heinrich Böll mit seiner Dichtung im Übergang. 1917 geboren, also zehn Jahre älter als jener, erhebt Böll bald nach 1945 seine Stimme. Stärker als der jüngere, der im Dritten Reich noch ein Kind war und darum die Welt der Erwachsenen distanziert und in Komik zeichnen konnte, muß er sich mit der vielfältigen Welt im Dritten Reich als seiner Herkunft identifizieren. Sein Pathos gilt der Zeit *nach* dem Zweiten Weltkrieg, der Aufgabe des deutschen Menschen, sich zu wandeln. Die eigentlichen fruchtbaren Brüche werden also an dieser Zeit nach dem Zusammenbruch sichtbar. Die Sprache muß nach 1945 die alten Werte brechen, Fehlansätze anprangern, zu einer menschlichen Haltung Mut machen.

Der Umbruch des Lebens zeigt sich in der Sprache; er vollzieht sich in ihr. Darum bedarf eine Gemeinschaft ja der Dichter und Schriftsteller. Auch Heinrich Böll leistet unserer Sprache diesen Dienst. Dabei gebraucht er die Sprache religiös. Wir sollten darunter verstehen, daß der eigentliche Antrieb, die Welt menschlich zu machen, für ihn nicht vom Menschen ausgeht, sondern von Gott, der sich in Jesus so menschlich zeigte. Diese Identifizierung Gottes mit dem Menschen, mit dem Menschen in seiner Schwäche und Menschlichkeit, ist für Böll das Muster, das den Menschen und seine Sprache prägt. Unangemeldet und unvermittelt treten in seiner Dichtung »religiöse« Stichworte auf. »Ich sah in der Straßenbahn ein Gesicht, wie es Jesus Christus in der Agonie gehabt haben muß«[2], schreibt der Studienrat auf einen Zettel. So viel liegt Böll an dieser Wahrheit, daß er sie bis zur vollen Identität treibt, d. h. er kommt her von der Differenz zwischen Gott und Mensch, Natur und Übernatur, Erde und Himmel, Rein und Unrein; seine katholische Erziehung lehrte ihn diese Differenz. Und dann erfuhr er die deutsche, abendländische Katastrophe als ein Zerbrechen dieser Differenz, als Gericht über die Scheidungen und Trennungen in der Menschenwelt, und er hörte die Botschaft seiner Religion neu: es geht um Vereinigung, Diesseitigkeit, Immanenz, Sinnlichkeit. Die Scheidungen, das Urteil, die Differenz sind vom Teufel.

Wenn Bölls Dichtung so menschlich ist, dann kommt es daher, daß er diesen Ton durchhält in seinem Werk. Natürlich ist wahr: der Dichter hat ein Auge, das sieht; herrlich und liebevoll dringt sein Blick zu den Einzelheiten, auch zu den verborgenen Schönheiten, ja, er liebt auch noch das Häßliche, weil es lebt. Dazu ist der Dichter der Erbe der rheinischen Sensitivität. Er charakterisiert sie selbst als »Mischung von Kriminalität und Humanität«[3]. Das soll doch heißen, daß die rheinische Kultur ihn gelehrt hat, die äußerliche Ordnung nicht allzuernst zu nehmen und mit göttlichem Humor augenzwinkernd sich auch an dem Allzumenschlichen, an den Schwächen und Fehlern zu freuen. Aber wer will da das Natürlich-gewachsene und das Geschenkte, wer will Natur und Kultur auf der einen, Gnade auf der anderen Seite voneinander trennen? Das ist ja gerade der Charakter dieses Dichters, daß und wie er die Identität als das Heilmittel unserer Welt rheinisch dekliniert, in unnachahmlicher Weise.

Will man beobachten, wie sich diese Grundeinstellung beim Dichter verwirklicht, dann wird man eine Wandlung feststellen können. Die ersten Erzählungen und Äußerungen nach 1945 sind von dem Impuls erfüllt, das durch die Katastrophe hindurchgerettete Leben durch Nähe, Identität, Erfahrung von Sinnlichkeit im Sinne der Menschlichkeit zu heilen. Dazu muß eben das Menschlich-Allzumenschliche zur Sprache kommen, das Leben ohne Vater (Haus ohne Hüter), Hunger und Gier (Das Brot der frühen Jahre). Alles wird eingeholt in die große Erfahrung der sinnennahen Wirklichkeit. Und der Katholik sieht sich zu dieser Bejahung des Leiblichen ermächtigt durch seine Religion: Ist nicht alle Wirklichkeit, auch das Leben des Sünders, angenommen in der Inkarnation? Der Dichter erhofft darum von der Religion die Überwindung aller Trennungen und Klassen, die Heilung aller Spaltung, das große Versöhnen aller Vergehen. Und dann muß er erleben, daß sich bald nach 1950 anderes begibt: Der Staat richtet Grenzen auf, er bewaffnet den Bürger, er beschließt Notstandsgesetze gegen die Bedrohung der Ordnung. Und die Kirche gibt den Segen zu diesem »Sündenfall«. Nun ändert sich die Sprache, der Dichter wird polemisch, politisch, militant. Er setzt sich mit der Politik seines Landes auseinander, mit Entscheidungen wie Wiederaufrüstung und Notstandsgesetzgebung, mit der Haltung der CDU, mit der Medienpolitik, vor allem der Springer-Presse. Er äußert sich zu dem Weg seiner katholischen Mutterkirche, wird aggressiver gegen sie von Mal zu Mal. Er tut das vor allem in Reden, in Aufsätzen und Besprechungen. Sein Stil beginnt zu funkeln. Zu der liebevollen Konkretheit der ersten Jahre treten Satire, Spott, Polemik und Karikatur. All diese Mittel durchdringen mehr und mehr auch die Dichtungen, freilich diese in anderer Dosierung. Man muß es ihnen nachrühmen, daß bis jetzt der Schmelz der Romane und Erzählungen noch nicht durch Polemik und Karikatur zerstört worden ist. Höchstens in der Erzählung »Die verlorene Ehre der Katharina Blum« verunreinigt Polemik den Stil.

Ob das ein Zeichen dafür ist, daß Böll sein Stil-Prinzip: Sinnlichkeit als Erfüllung, als Überwindung aller Differenz, nicht wird durchhalten können? Günter Grass setzte an mit Distanz und Verfremdung, das bestimmte seinen Stil; wir mußten fragen: was wird aus ihm, wenn die Distanz der Nähe weicht. Umgekehrt geht jetzt unsere Überlegung bei Böll: seine Dichtung lebt von der Erfahrung der liebevollen Nähe; was wird aus ihr, wenn die Distanzierung, die Polemik stärker wird? Können die Mittel der obszönen Rede, der Blasphemie, der anarchischen Schönmalerei dem Cantus firmus dienen? Oder wird dadurch die Position der geliebten Sinnlichkeit zersetzt? Wir fragen so. Die Reden und Aufsätze, gar die Interviews, werden immer polemischer, gereizter, manchmal unreflektiert wie ein Bildzeitungsartikel. Die Dichtung triumphiert mit ihrer Menschlichkeit über die Aggression. Aber nimmt sie dadurch nicht utopische Züge an, verliert an Realität?

Wir wollen nicht die Entwicklung des Werkes von Heinrich Böll verfolgen, sondern an seinem bisher dichtesten Poem »Gruppenbild mit Dame« studieren, wie der Dichter seinen Impuls zur »Humanität und Kriminalität« durchhält, wie das Bekenntnis zur Sinnlichkeit sich der Mittel der Sprache bedient. Dabei fragen wir wieder speziell nach der Art und Weise, wie sich auf dem Felde des Geschlechtlichen der Wille zur Totalität durchsetzt, wie im religiösen Bereich falsche Worte gebrochen werden und wie im Politischen der Wille zu einer Welt ohne Parteiung sich ausdrückt.

I. Das Bild absoluter Seinsfülle
»Gruppenbild mit Dame«

Der Dichter will uns in seinem Roman »Gruppenbild mit Dame« einen Menschen vorstellen, eine Dame, ihr Leben im Dritten Reich und nach der Katastrophe von 1945[4]. Er will ihren Weg so beschreiben, daß der Leser von der Wesentlichkeit ihres Charakters ergriffen wird, daß er im Spiegel ihres Wesens das Unglück jener Jahre beurteilen lernt, daß er auch die Möglichkeiten und Gefahren nach 1945 erkennen und sich in ihnen entscheiden kann. Um seiner Darstellung Gewicht zu geben, bedient er sich eines Kunstgriffs. Er will vermeiden, daß sein Bild als eine subjektive Huldigung angesehen wird; darum redet er selten im Ich-Stil; der Verfasser ist nur ein indirekter Zeuge, er ist der Ermittler von Zeugen. Er führt Zeugen an, Auskunftspersonen, welche Leni Gruyten, die Hauptperson, kennen und je ein Stück des Lebens mit ihr geteilt haben. Das Verfahren entspricht der Mode; man besorgt sich Informationen und stellt Ansichten nebeneinander. Es bewährt sich aber bei Böll wirklich, weil auf diese Weise ein unverzerrtes Bild von den Verflechtungen und Zusammenhängen jener Jahre entsteht. Alle sind sie von der zentralen Sonne beleuchtet und dienen ihr, aber zugleich laufen sie ihre ihnen eigentümliche Bahn. Daß die Eltern der Leni, ihr Bruder und Vetter, die Hausgehilfin, die Mitarbeiter des Vaters, die Schwiegereltern der jungen Dame, ihre Freundinnen, die Schulgrößen, die Nonnen im Internat, die Gärtnerei mit ihren Typen und viele andere Figuren so ohne Karikatur, in ihrer Mischung von Humanität und Kriminalität erscheinen, das liegt an der Ausstrahlung der Hauptfigur. Ihr Mangel an Hochmut, ihre Vorurteilslosigkeit und Zugewandtheit macht diese Darstellung möglich. Diese Züge teilen sich auch dem Dichter mit. Oder muß man sagen: Im Grunde ist es der Dichter selbst, der es vermag, den verschiedensten Figuren der letzten beiden

Generationen in Deutschland Gerechtigkeit widerfahren zu lassen; er kann es offenbar, weil er die Wirklichkeit liebt und sich des Urteils enthält. Vielmehr: Sein Urteil ist ein Ja zur Wirklichkeit.

Dabei muß man bewundern, in welchem Maße es Böll gelingt, die Eigenart der verschiedenen Generationen, Personen, Berufe usw. sprechend zu machen, so daß sie lebendig vor Augen treten, ohne Karikatur oder Schönfärberei. Ein Mitglied der älteren Generation kann nur dankbar sein, wie unverstellt und menschlich hier gezeichnet wird. Die Prüderie des Bildungsbürgers Gruyten, die zarte Kraft seiner gebildeten Frau, die unmoralische Menschlichkeit des Gärtners Pelzer auf der anderen Seite, man kann nur entzückt sein, wie differenziert und unverstellt die Menschen der letzten Generation bei Böll auftreten. Und diese Unverstelltheit hält bei ihm auch durch, wo es gilt, die nach 1945 geborene nachwachsende Generation darzustellen. Auch ihr gilt seine Sympathie, auch ihr wird Gerechtigkeit. Diese Vorurteilslosigkeit hat höchstens bei der Darstellung des hochgestellten Industriellen ihre Grenzen, der in den Zusammenhängen mit KZ und Rüstung steckte; aber selbst da geht die Entlarvung von der Person selbst aus. Das alles bezeugt den hohen Rang dieser Dichtung. Sie bietet keine Karikatur; sie ist ohne Vorurteile.

Und doch verzichtet der Dichter nicht im geringsten auf ein Urteil. Dieses ist sozusagen wirklichkeits-immanent; es hat seine Außen- und seine Innenseite. Die äußere Seite des Urteils liegt in dem Gang der Geschichte selbst. Die Katastrophe machte offenbar, was menschlich war, legte die Verstrickungen der Menschen bloß und kritisierte sie mit der Macht des Faktischen. Die Innenseite dieses Urteils aber liegt in der Menschlichkeit. Ihr Maßstab ist die erfüllte Sinnlichkeit.

Das meint der Dichter, wenn er in seiner Wuppertaler Rede von der Kunst sagt: »Sie ist frei, sie ordnet Material; und sie ist ein Drittes: untröstlich.«[5] Der Künstler ist an keine Institution (wie Staat oder Kirche) gebunden; er darf alles frei ansehen, seine Perspektive ist die Erfüllung ohne Minderung, die »absolute Seinserfüllung«[6]. Von daher ordnet sich ihm alles Material des Lebens. Er kennt dabei keine Halbheit, keine Ausflucht, er hält den Fluchtpunkt fest und speist niemanden ab mit falschem Trost.

Damit haben wir die Perspektive angedeutet, die dem Werk von Heinrich Böll eigentümlich ist. Wir müssen sie aber genauer beschreiben.

Der Titel des Romans »Gruppenbild mit Dame« deutet an, daß alle Figuren sich um eine Dame gruppieren, eine Frau als »Heldin«. Alle Personen äußern sich über diese Frau, alle sind in ihr Leben verwickelt und darauf bezogen. Und das darum, weil sie in exemplarischer Weise das verkörpert, was man einen Menschen nennt.

Leni wird uns vorgestellt als »eine ungeheuer sinnliche Person, der sich alles, aber auch alles sofort ins Erotische umsetzt«. Sie erlebt »vor Entzücken, Wehmut, Erinnerung, totaler Erregtheit jenen Vorgang, der — womit dort allerdings etwas anderes gemeint ist — in theologischen Lexika als ›absolute Seinserfüllung‹ bezeichnet werden könnte; der von plumpen Erotologen und sexotheologischen Dogmatikern, auf eine peinliche Weise reduziert, mit Orgasmus bezeichnet wird«[7]. Leni hat also die Fähigkeit, alles, aber auch alles sinnlich zu nehmen. Sie erlebt die Welt als Materie; sie erlebt sie mit dem Auge[8], mit der Nase, mit der Zunge. Leidenschaftlich gern ißt sie Brötchen[9], sie ist ein »verkanntes Genie der Sinnlichkeit«[10].

In dieses sinnliche Erfahren der Welt und des eigenen Lebens wird auch das einbezogen, was von der normalen Erziehung ausgeschlossen ist, die Exkremente, der Schmutz. Schon in seinem berühmt gewordenen »Brief an einen jungen Katholiken« hatte Böll die Ausschließung des Schmutzes, den Kampf um die Sauberkeit angeprangert und »ganze Theologien«, Soziologien und Philosophien über dieses ›schmutzig und arm‹ gefordert[11]. (Bezeichnenderweise ist der Empfänger dieses Briefes der Journalist Wallraff, dessen Reportagen nur dem einen Unternehmen dienen: den Schmutz der Gesellschaft aufzudecken, um ihn als Schande anzuprangern.) Im »Gruppenbild mit Dame« interessiert sich die junge Dame Leni für ihre Exkremente, sie findet auch im Internat eine Nonne (Jüdin), die Spezialistin für Stuhlgang ist und in der Lage, eine »fäkalistische Mystik«, eine »Skatologie« zu entwickeln[12].

Es ist klar, daß dieses sinnliche Genie in der häuslichen und schulischen Erziehung jener Jahre nicht auf seine Kosten kommt, widersteht ihr doch jede Abstraktion. Das macht sich besonders in der religiösen, katholischen Erziehung bemerkbar. Sie mißlang bei Leni vollständig, mißlang »glücklicherweise«[13]. Lenis Zugang zur religiösen Dimension ging nämlich über die Sinne. »Wenn es um Brot oder Wein ging, um Umarmungen, Handauflegungen, wenn Irdisch-Materielles im Spiel war, hatte sie keine Schwierigkeiten.«[14] Man sollte denken, daß sie in dieser Beziehung als junge Katholikin gut dran war. Aber mit ihrer frühen Gier nach dem Sakrament, mit ihrem sinnlichen Sensorium für die Elemente — das sich auch in der Enttäuschung über die Substanzlosigkeit der Oblate äußerte — war sie dem Religionslehrer verdächtig. Bei ihrem Sohn Lev wiederholte sich dreißig Jahre später die Auseinandersetzung.

Diese Einstellung der Hauptperson wird vom Dichter als »materialistisch-sinnlicher Konkretismus«[15] bezeichnet. Das muß recht verstanden werden. Es geht nicht um Sinnlichkeit, sondern um ihre Erfahrung, um ihren Hinweis-charakter auf das alles Sinnliche Erfüllende und Transzendierende. Das Paradoxe ist, »daß Leni sinnlich war, weil sie eben nicht total sinnlich war«[16]. Sie »wußte immer erst, was sie tat, wenn sie es tat. Sie mußte alles materialisieren.«[17] Zugleich aber war alles Sinnliche geeignet, in die Seinserfüllung hineinzuführen. Das konnte in jeder sinnlichen Erfahrung angelegt sein: es kam allerdings zur Erfüllung im »Beiwohnen« von Mann und Frau. Mit 16 Jahren erlebt die Hauptperson zum ersten Mal, mit dem Rücken im Heidekraut liegend, »jenen Punkt von Glückseligkeit, ... der heutzutage viel zu oft angestrebt wird«[18]. Und nun kann der Dichter sich nicht genug tun, diese die Sinnlichkeit erfüllende und übersteigende Erfahrung zu beschreiben, mit Worten und Vergleichen zu schmücken und ins Wesentliche, Symbolische zu erheben.

Das tut er einmal, indem er für den Coitus den Zusammenhang von Sterben und Auferstehen beschwört. Schon nach der ersten Erfahrung Lenis mit dem Urlauber Alois Pfeiffer heißt es: »Da war sie also, ›Leni am dritten Tage‹ wieder auferstanden von den Toten‹.«[19] Und wenn man hier noch negativ heraushören kann, also war der Akt selbst eine Art von Kreuzigung oder Höllenfahrt, so ist doch später die positive Bedeutung dieses Bildes klar: die Stunden der Erfüllung werden Leni und ihrem Geliebten, einem russischen Kriegsgefangenen, in einer ausgemauerten Grabstätte zuteil, als Symbol für die Erfahrung von Sterben und Auferstehen in der Vereinigung von Mann und Frau. Gerade in der Katastrophe, wo der Unterschied von Freund und Feind, von gesund und verwundet, von Leben und Tod verschwindet, erleben darum »Zeugen« diesen Zusammenhang. Böll hat da in einer Szene vom Beilager in der Katastrophennacht eine Situation von großer Dichte und Wahrheit beschrieben[20]. In solchen apokalyptischen Augenblicken geht die Erfahrung der sprengenden Nähe von Mann und Frau mit dem Gebet, also der Erfahrung der Nähe Gottes, zusammen, in letzter Erschütterung.

Auch daß ein russischer Kriegsgefangener es ist, der mit Leni diese Erfüllung erlebt, soll symbolisch sprechen. Die Deutsche und der Russe, so will es der Dichter, feiern Versöhnung, mitten im Kriege. Das Menschlichste verbindet sie. Und aus ihrer Verbindung entsteht neues Leben, Zukunft, ein Sohn wird von ihnen gezeugt. Wir können verstehen, warum Bölls Dichtung den Russen willkommen ist. Sie ist den Russen doppelt willkommen, weil die Deutsche in diese Ehe ihre vollkommene Sinnlichkeit, ihren Materialismus einbringt. Die Dichtung kann auch als ein Plädoyer für den Materialismus verstanden werden.

Aber — es ist ein Materialismus eigener Art, ein »sakramentaler Materialismus« sozusagen. Von ihm muß jetzt die Rede sein.

Leni, die Hauptperson, hatte ein sakramentales Verhältnis zu aller Materie. Sie nahm alles als sinnliche Gegenwart, Erfahrung der Dinge war der leibliche Umgang mit ihnen. Und in jedem Umgang konnte das Entzücken schlummern, die Seinsfülle sich ereignen. Man kann diese Erfahrung mit den Dingen, diese Erfahrung vor allem im Umgang von Mann und Frau insofern sakramental nennen, als die Substanz der Wirklichkeit in der Hingabe als sinnliche Wirklichkeit erfahren wird. Die Materie wird sozusagen Hinweis; sie wird geistig im Vollzug, in der Hingabe. Insofern ist Opfer der Sinn, die Erfüllung des Lebens. Dann ist also das, was wir sakramentale Wirklichkeit im christlichen Glauben nennen — Gottes Hingabe an uns Menschen —, nur eine Spezialisierung, vielleicht auch Verdichtung des Grundvollzuges von Wirklichkeit.

Wir kennen solche Gedanken im Reform-Katholizismus unserer Tage. Teilhard de Chardin preist Christi sakramentale Wirksamkeit als die Erfüllung der Materie überhaupt. Und auch Karl Rahner versteht das Ursakrament Christus als Erfüllung dessen, was in der Materie angelegt ist: Transzendieren, Hingabe, Opfer, im Geheimnis des Sterbens und Auferstehens deutlich geworden.

Wenn dieses sakramentale Verständnis von Wirklichkeit dem Katholischen so nahe ist, daß sich Böll mit Recht auf es berufen kann, wie kommt es dann aber zu dem scharfen, sich steigernden Gegensatz von Böll zu seiner Kirche, der ihn schließlich dazugebracht hat, auszutreten. Die Differenz, die zum Bruch führen mußte, können wir uns am Verständnis der Taufe deutlich machen. Sie spielt in unseren Romanen eine wichtige Rolle; der im Grab gezeugte Sohn von Leni und Boris wird auf ausdrücklichen Wunsch des russischen Vaters von dem Gärtner Pelzer getauft. Später spielt diese Taufe bei der Aufnahme des Jungen in die Schule eine Rolle. Die Taufe deutet also auf die Auferstehung, auf die Geburt aus dem Tode hin. Aber sofort ist klar: es geht um die natürliche Geburt aus dem dunklen Mutterschoß. Taufe ist Symbol für das Mysterium des Lebens. Das ist die christliche Taufe nicht. Sie bedeutet vielmehr umgekehrt: Das natürliche Leben muß sterben; schon bei dem Beginn seines natürlichen Daseins muß der Mensch sterben, um ein neues Leben aus dem Geiste Christi zu empfangen. Und das widerspricht der Grundauffassung des Dichters. Er benutzt erst das christliche Symbol, er verwandelt aber seine Bedeutung; er vernichtet die Differenz von altem, natürlichem und neuem Leben, von Geburt und Wiedergeburt.

Von daher schließen sich uns die verschiedenen Züge der Dichtung auf. Oft betont der Verfasser, »Lenis Reuelosigkeit ist total«[21], sie ist »unfähig zu knien«[22]; sie bedarf ja keiner Erneuerung, Wandlung, Neugeburt. Mit ausgesprochenem Mißfallen bemerkt der Verfasser an einer Stelle die Äußerung des hochgestellten Industriellen: »schließlich sind wir doch gebrochen, gebrochen in unserer Natur.«[23] Soll diese Phrase auch in erster Linie den ethischen Unernst, die Abstraktheit charakterisieren, so steht beim Dichter doch dahinter: der sinnliche Mensch bedarf keiner Wandlung; er ist seiner selbst gewiß. Das natürliche Leben nimmt sakramentale Züge an.

Ganz nahe ist diese Auffassung vom Symbol-Charakter des natürlichen Lebens der katholischen Auffassung von der Ehe als Sakrament. Was trennt denn noch das Böllsche Verständnis von dem genuin katholischen, daß die Ehepartner sich das Sakrament der Ehe gegenseitig selber spenden? Nur eine entscheidende Kleinigkeit. Dieses Sakrament der Ehe können sich nur Getaufte spenden: der Wiedergeborene vermag seine leibliche Hingabe sakramental zu vollziehen, und das darum, weil die Natur in Christi neues Leben hineingezogen ist.

Dieser Gegensatz ist dem Dichter auch bewußt; wir möchten ihn so gern im Sinne eines erneuerten Katholizismus verstehen, als einen mutigen Vorkämpfer, der sich gegen Erstarrung und Verderbnis seiner Religion wendet. Er hat sich, so verstanden, auch viele Sympathien von kritischen Katholiken und Christen erworben. Aber diese Waffenbrüderschaft zwischen kritischen Christen und Dichter kann nicht darüber wegtäuschen, daß Böll einem anderen Herrn dient. Auch wer Verständnis für den Kampf gegen die Prüderie hat, wer von Herzen der Überspitzung zustimmt, daß eine Hure diejenige Frau ist, von der man sagen muß, »Für Geld hatte sie sich verheiratet«[24], auch wer die Kennzeichnung der willigen Person sympathisch findet, die »jedem, der nett aussah und traurig dreinblickte, volle Barmherzigkeit« gewährt[25] — wird doch kein Verständnis dafür aufbringen, daß blasphemisch von geschlechtskranken Frauen das männliche Glied mit dem Namen des Erlösers belegt wird. Denn diese Blasphemie soll ja nicht einen Mißbrauch der Religion durch die Religiösen treffen, um so vielleicht noch in Albernheit dialektisch die Wahrheit wieder erkennbar zu machen, sondern sie will offenbar in Albernheit und Verkehrung die Wahrheit ausdrücken, daß das Geschlecht der Heiland ist. Und das ist in der Tat die Meinung des Dichters.

Wir können dagegen nur das nackte Bekenntnis setzen, daß eben diese Identifizierung von sinnlicher Natur des Menschen und Heil für den Christen — Blasphemie ist. Die Satans-Messen, die die Kirche auf ihrem Wege begleiten, haben zum großen Teil eben dieselbe blasphemische Tendenz. Sie bekämpfen die Grundwahrheit des Glaubens, das »Tut Buße«[26].

Diese nackte Feststellung enthebt uns natürlich nicht der Aufgabe, darüber nachzudenken, wie es dahin kommen kann, daß ein im katholischen Glauben Erzogener in seiner Auseinandersetzung mit der sinnlichen Natur des Menschen seinen ererbten Glauben im Sinne eines Nein zur Geschlechtlichkeit, eines Dualismus verstehen konnte — oder sogar mußte. Wir werden bei Böll noch untersuchen müssen, wie ihm der Dualismus von Natur und Übernatur zur Ursache wurde, diesem Dualismus einen Monismus entgegenzusetzen und die Wahrheit zu übersehen, daß Gott die menschliche Natur dadurch heilt, daß er sich ihrer annimmt und die Konsequenzen der Sünde austrägt.

Noch ist der Ring unserer Beobachtungen mit einem letzten Glied zu schließen. Leni wird gleich zu Beginn in gewollter Zwielichtigkeit als fromm dargestellt. »Sie hat kein Gebetbuch, geht nicht zur Kirche«, aber »die Metaphysik macht Leni nicht die geringsten Schwierigkeiten. Sie steht mit der Jungfrau Maria auf vertrautem Fuß, empfängt sie auf dem Fernsehschirm fast täglich, jedesmal überrascht, daß auch die Jungfrau Maria eine Blondine ist...«[27] Zu dieser Vision gibt die Freundin des Verfassers, eine ehemalige Nonne, den Kommentar »platter als Druckerschwärze erlauben sollte. Es ist sie selbst, sie, sie ist es, die da aufgrund noch zu klärender Reflexionen sich selbst erscheint.«[28] Die Lösung der Begegnung zwischen Leni und der Mutter Maria ist also: Leni ist selbst Maria. Die Doppelung ist

Folge einer Spiegelung, einer Reflexion. Das ist die geistvoll-platte Auflösung der Religion: der Mensch ist in der Sinnlichkeit mit sich selbst identisch.

Aus dieser Deutung heraus ist es selbstverständlich, daß und warum Böll im Westen wie im Osten als ein Dichter gefeiert werden kann, der ausspricht, was der fortschrittliche Mensch im Westen wie im Osten denkt. Man kann Leni als die Darstellung der zu sich selbst gekommenen konkreten Sinnlichkeit verstehen, die in der Differenz zu den noch nicht zu sich selbst Gekommenen ihre geschichtliche Position und Mission erfüllt. Man kann sie ebenso als eine Gestalt begreifen, die die Differenz zwischen der Fülle des Daseins und der Banalität des Alltags austrägt. Daß sie beides zugleich ist, daß sie die Hochzeit mit dem Russen vollzieht, daß sie das Materielle religiös und das Religiöse materiell versteht, das ist ihre faszinierende Zwielichtigkeit. Mit ihr hat Heinrich Böll ein Symbol für die Zukunft gesetzt. Er hat zur Überwindung des Gegensatzes zwischen Christentum und Materialismus, Dualismus und Monismus angesetzt.

Darin liegt sein Verdienst; darin liegt seine Verführungskraft.

II. Im Kampf um sakramentale Sinnlichkeit

Wir wollen uns also hüten, die Position des Dichters, die in seinem Roman sichtbar wird, für ein »System« zu nehmen. Sie ist eher wie eine Standortmeldung anzusehen, die ein Flugzeug zu einem bestimmten Zeitpunkt funkt. Der Dichter ist auf Fahrt, er ist in Auseinandersetzung mit seiner Vergangenheit begriffen, als Deutscher, genauer Rheinländer, als Christ, genauer Katholik, als Vertreter des Jahrgangs 1917. Und seine Auseinandersetzung mit seiner Herkunft verbindet sich mit der Stellungnahme zu dem politischen, gesellschaftlichen, kirchlichen, literarischen Leben seiner Zeit. In sie geht seine Perspektive, die ungeheure Sinnlichkeit und Konkretheit ein, oder muß man eher sagen: Sie bildet sich geradezu in diesen Stellungnahmen aus?!

Wir wollen dieses Wechselverhältnis noch an einigen Beispielen studieren und dabei keinen Augenblick unsere Relativitätslehre vergessen, die es uns gebietet, jede Aussage als Funktion von Kräften zu verstehen.

1. Auffällig ist die Aversion gegen die Institution der Ehe. Von Anfang an ist die Diskrepanz zwischen der bürgerlich-kirchlichen Ordnung der Ehe einerseits und der Biographie zweier Menschen andererseits Heinrich Bölls bevorzugtes Thema. Nur wechselt im Laufe der Jahre die Beleuchtung der Szene. Zunächst geht es ihm darum, die Mühsal zu beschreiben, die es kostet, daß zwei junge Menschen zueinanderfinden, sich in den Schranken bürgerlicher Ordnung zurechtfinden und ihr Leben gestalten (z. B. Brot der frühen Jahre, 1955). Später wird der ganze Spott über die hohle Form der Ehe-Ordnung ausgeschüttet. Der Verfasser — und mit ihm der Leser — hat sein Vergnügen daran, was für ein Theater etwa gespielt wird, als der junge

oldat Alois Pfeiffer beim Urlaub Leni im Park des Nachts »verführt«
nd dann die Konsequenzen zieht. Der Vater wirft dem Sohn vor:
Wie konntest du das der Tochter meines alten Freundes antun?«[29] »Es
el etwa fünf dutzendmal das Wort ›Ehre‹.« Die Eltern »stellten ihn
vie ne verführte Jungfrau hin und behaupteten, auch die Ehre ihres
ohnes als Offiziersanwärter — was er gar nicht war und nie werden
ollte — sei nur durch eine Ehe reparierbar.«[30]
Das ist köstlich beschrieben, man muß seinen Spaß daran haben,
vie hier die Hohlheit abgeklopft wird. Und auch dann regt sich noch
nser Beifall, wenn der Leni die »unvergleichliche Direktheit rhei-
ischer Mädchen« nachgerühmt wird: »die, wenn sie jemand gern
aben oder gar das Gefühl, an den Richtigen geraten zu sein, ›sofort
u allem und zu den kühnsten Zärtlichkeiten‹ bereit sind, auch ohne
irchliche oder staatliche Lizenzen abzuwarten«[31]. Aber darum dann
ie Ordnung als einen bloßen äußeren Zwang abzutun und sich über
ie zu erheben, das kann doch nur dann die Konsequenz sein, wenn
ie Sinnlichkeit der letzte Wert ist, sie sich des rechten Weges be-
vußt ist und weder die Gesellschaft das Verhältnis zweier Menschen
chützen muß noch die beiden Menschen vor sich selbst und für sich
elbst der Bestätigung und der Kontinuierung bedürfen.
Allerdings ist bei allem die Frage, auf welcher Ebene sich eigentlich
ie Aussagen des Dichters bewegen. Er hat sich in seiner dritten
Wuppertaler Rede« über »Die Freiheit der Kunst« von 1966 mit aller
vünschenswerten Klarheit dazu geäußert. Da kennzeichnet er das
Verhältnis der Kunst und damit auch des Künstlers und seiner
Aussage zum Staat, also zu den Institutionen, mit den Sätzen:
Wer mit ihr..., der Kunst zu tun hat, braucht keinen Staat; ich
rauche keinen, aber Sie brauchen ihn, und sie kann Ihnen den Staat
icht ersetzen. Sie ist frei, sie ordnet Material, und sie ist ein drittes:
ntröstlich.«[32]
Von woher redet also der Dichter, wenn er sich über die Ordnungen
on Staat und Kirche mokiert, wenn er uns armen Erdenbürgern be-
cheinigt, daß wir Staat und Kirche und Ordnung bedürfen! Ist sein
tandort also Utopia, das Nirgendwo, das Reich der Freiheit? Und
velcher Art von »Untröstlichkeit« ist also die untröstliche Freiheit
ler Poesie? Wir müssen verstehen: Böll will gewiß nicht an die Stelle
ler Institutionen und ihrer Ordnungen »die gefährliche Täuschung
setzen), der die Gesellschaft sich gerne hingibt, weil sie sich Klischees,
leine Bildchen von dem macht, was sie als das Gegenteil von Be-
cheidenheit empfindet«[33]. Die Kunst, wenn sie Tabus bricht, sucht

nach der Liebe, »von der niemals irgendein Staat oder irgendeine Kirche etwas verstanden haben«[34].

Von woher erhebt also der Dichter seine Stimme? Welchen Ernst besitzt sein Urteil über die Institutionen? Welches Recht hat er, über uns arme Alltagsmenschen den Stab zu brechen, die wir die Institutionen brauchen?

Wir fühlen uns im tiefsten angerührt, bestärkt und beunruhigt, wenn und wo der Dichter im Licht der wahren Liebe die Halbheiten unseres Lebens aufdeckt, die Schatten kräftig hervorhebt. Wir fühlen uns vor allem verstanden, wenn und wo er unsere Existenz im Lichte des Humors entlastet. Aber wir wissen nicht, was wir von der Schelte der Institutionen zu halten haben. Sie trifft Staat und Kirche in gleicher Weise.

2. Auffällig ist, wie ausfällig Böll über den Staat urteilt. Wie sollen wir die Urteile — oder sind es ›Vor-urteile‹ — verstehen, die wir seit jener dritten Wuppertaler Rede immer wieder in Interviews und Feuilleton-Artikeln über uns ergehen lassen müssen? Jenes: »Als einer, der mit ihr (der Freiheit) zu tun hat, also einen gewissen Sinn für Material und Ordnung bzw. Unordnung hat, beobachte ich dieses Nicht-Vorhandensein des Staates mit einer aufgeregten Neugierde; dieser Vorgang der vollkommenen, sich bis ins letzte Detail erstreckenden Deformierung des Staates — . . .«[35] und die Fortsetzung: »Dort, wo der Staat gewesen sein könnte oder sein sollte, erblicke ich nur einige verfaulende Reste von Macht, und diese offenbar kostbaren Rudimente von Fäulnis werden mit rattenhafter Wut verteidigt. Schweigen wir also vom Staat, bis er sich wiederblicken läßt.«[36] Hier verstehe ich zunächst gut: Staat ist im Augenblick in Deutschland (Westdeutschland) nicht vorhanden, weil die Ordnung sich in Parteiung und Machtkämpfe auflöst, weil die Gesellschaft selbst nur »Fäulnis« im Zustand äußerer Ordnung ist. Aber: verlangt denn Böll nach dem rechten Staat, einem Staat, der Ordnung und nicht nur Macht ist? Und wenn, welchem Staat gilt dann die große Ablehnung, das große Nein? Wieso brauchen wir ihn, die Kunst jedoch nicht?

Böll macht uns die Antwort schwer, weil er nirgendwo erkennen läßt, ob es in der deutschen Vergangenheit schon jemals einen Staat mit positivem Vorzeichen gegeben hat. Preußen war es für ihn gewiß nicht, das Zweite Deutsche Reich noch weniger[37]. Sollte sich also in dem Unbehagen an Staat und Institution nur Enttäuschung über die nach 1945 verpaßte Chance, Staat zu bauen, äußern, oder auch

Ressentiment gegen jeden Staat, gegen jeden Staat darum, weil die Freiheit der Poesie die Sinnlichkeit auf den Thron erhebt und alles durch die Liebe ordnet und darum jede andere Ordnung ablehnt? Was ist dann, so müssen wir zu fragen insistieren, überhaupt die positive Aufgabe des Staates? Erfüllt er seine Aufgabe nicht, ist er sowieso schlecht, wie heutigentags z. B. — Erfüllt er aber seine Aufgabe der Ordnung, dann ist er noch schlechter; denn er widerspricht der Freiheit, z. B. der Liebe. Einverstanden, unter der Voraussetzung, daß dieses die Realität ist: Der wahre Staat behaftet den Menschen bei der Freiheit als zu verantwortender. Die Strafe, die Ordnung, ist der harte Schatten, den die Freiheit wirft, wo sie nicht verwirklicht wird.

Ist das richtig, dann rührt das widersprüchliche Reden von Staat und Ordnung bei Böll also her von seiner Weigerung, die Freiheit als Verantwortung zu definieren; er kennt Freiheit, Wirklichkeit nur als Unmittelbarkeit, Instinkt, Spontaneität, Totalität. Dieser Romantizismus ermöglicht es ihm, immer wieder für die Anarchisten gegen den Staat Stellung zu nehmen. Die Verteidigung, die Böll den Anarchisten, z. B. Ulrike Meinhof, angedeihen läßt, geht nicht nur auf deren praktische Ungefährlichkeit, sondern auf das Recht derer, die sich in einem faulenden Staat für die Idee der Gerechtigkeit einsetzen. Wir verstehen: Der Künstler bedarf des Staates nicht; er liebt die Freiheit, die »absolute Seinsfülle«. Aber es ist zweierlei: diese von sich und von anderen zu fordern, oder eine Ordnung zu erzwingen, die die Freiheit zum Gesetz macht. An dieser Frage scheiden sich die Geister. Z. B. Camus oder Sartre, z. B. Grass oder Böll[38].

3. In diesen Zusammenhang gehört nun auch die Einstellung des Dichters zur Religion und zur katholischen Kirche. Daß er sich auf diesem Felde in eine sein Werk durchziehende Auseinandersetzung verwickelt sah, hat verschiedene Gründe. Zunächst einmal die Tradition: Böll ist im katholischen Köln geboren, getauft und aufgewachsen. Er hat die katholische Religion, katholische Lebensformen wie das Kreuzschlagen, den sonntäglichen Besuch der Messe, Ave Maria und Vaterunser mit der Muttermilch aufgenommen und die katholische Atmosphäre eingeatmet. Darüber hinaus war er, wohl von den Erfahrungen der Kirche im Dritten Reich her, voller Erwartung, was die Rolle der Kirche bei der Erneuerung der Gemeinschaft und des Lebens nach 1945 anbetrifft. Der Reform-Katholizismus war und ist ihm wichtig. Und schließlich ist der Autor offenbar eine ›anima naturaliter christiana‹. Für ihn laufen die wichtigsten Linien des

Lebens: Erfahrung ursprünglicher Angewiesenheit und Verlangen nach Erfüllung, Angesprochenwerden auf Armut und Ungerechtigkeit durch die Jesustradition, in der Religion zusammen. Zugleich aber entsteht gerade aus der Erfahrung und Erwartung der Konflikt, der für Böll — und nicht nur für ihn — bezeichnend ist: der Konflikt von Tradition und Aufbruch, von Institution und Ereignis, von Berechnung und Unmittelbarkeit. Diese Differenzen durchziehen, als Spannung und als Widerspruch, das ganze Werk von Heinrich Böll. Sie geben ihm Farbe und Leben, sie bringen ebenso Unausgewogenheit, ja Parteilichkeit und Einseitigkeit hinein. Sie mindern aber den Wert der Dichtung nicht, denn ihre Mischung ist nicht äußerlich, sondern bestimmt die Ingredienzen im Autor selbst; er trägt die Differenz selbst in sich aus. Vielleicht ist es sogar das Besondere, das Zeitgemäße seiner Produktion, daß jedes Werk den Dichter in den Zeitgeist verwickelt sieht; alle Stadien der politischen und geistigen Entwicklung seit 1945 können ohne Mühe an seinen Äußerungen abgelesen werden, und zwar ebenso an den Dichtungen wie an den Reden und Beiträgen zur politischen Lage: Wiederaufrüstung, Konzil, Notstandsgesetzgebung, Vietnam, anarchistische Aktivitäten. Und diese Verbundenheit mit der Situation ist nicht nur äußerlich, sondern auch wesentlich. Der Dichter setzt sich der Situation aus, er setzt sich mit ihr auseinander, ja er ist selbst ein Faktor dieser Situation: er drückt sie aus, er macht sie mit.

Nur so ist die Entwicklungslinie seiner Positionen zu verstehen. Erwartungshaltung, Protest, Angriff, Parteilichkeit, Resignation, Clownerie. Bölls großer Erfolg liegt zum Teil in dieser seiner Zeitgemäßheit begründet. Bis hin zur Sympathie für die Anarchisten folgen seine Voten dem Kairos. Das ist nicht abwertend gemeint. Nur liegt das Spezifikum der Dichtung nicht in einer »Lösung«, eher schon in echter Zeitgenossenschaft. Und diese durchzuhalten ist ihm möglich, weil er alle Teilnahme von der »anteilnehmenden Melancholie durchdrungen sein läßt«[39].

Was den Dichter durchträgt und als Maß bestimmt, ist die Erfahrung der erfüllten Sinnlichkeit und Konkretheit; sie ist es zugleich, die ihn in die Auseinandersetzungen verwickelt. Diese Grundsubstanz aber — wir hatten schon verschiedentlich Gelegenheit, das zu erkennen — ist religiös. Sie wird vom Dichter auch so verstanden.

Die Grundäußerung von Religion ist aber das Gebet. Für einen

Katholiken ist das von seiner Tradition her selbstverständlich: Religion ist Ausübung von Religion, sie wird vollzogen im Gebet. Darum berichtet Böll von seinen Figuren auch immer wieder, daß sie beten. Aber nun hat es bei den Menschen mit dem Beten seine Probleme.

Das sind z. B. im Roman »Und sagte kein einziges Wort« der unstete Fred und seine Frau Käte. Sie wissen beide wohl, wie nötig das Beten ist. Sie sagt zu ihm: »Und niemals denkst du daran, daß Beten das einzige ist, was helfen könnte.«[40] Und dann kommt heraus, daß ihm die Fähigkeit zu beten im Krieg abhanden kam. »Ich denke immer an den Tod, Käte«, sagt er[41]. Sie aber hält fest am Beten; es ist aber eine Anstrengung damit verbunden. »Manchmal merke ich deutlich, wenn ich nachts wach liege und weine, wenn endlich alles still ist, dann spüre ich oft, daß ich durchdringe.«[42] Das »Durchdringen«, darauf kommt es an. Es gilt die Tiefe zu erreichen, in der das Leben strömt, wo seine Zerstreutheit gesammelt ist, wo die Einsamkeit aufhört. Aber — es ist so vieles da, was den Menschen davon abhält, dahin zu kommen: die Erfahrung des Todes im Kriege, und die eigene Inkonsequenz, und daß man müde ist. Vor allem verhindern die anderen, die Frommen, das Beten bei denen, die es eigentlich zum Leben nötig haben. Die Frommen, Bischöfe, Priester, reiche Vermieterinnen oder ein Chef — sie belegen sozusagen den Eingang zu Gott. Dann schleicht der Arme sich fort. Beten wäre das einzige, was helfen könnte. Aber eben da stehen dann die etablierten Christen zwischen den Armen und der Erfüllung. Und im Weg steht die Realität der Waren- und Werbewelt. Wenn Fred zu beten versucht, dann belichtet ihn noch im Einschlafen die Leuchtschrift am Giebel der Hochhäuser: »Vertrau dich deinem Drogisten an.«[43]

So versickert das Beten. Es wird von den heuchlerischen Frommen zugedeckt, sein Wasserspiegel sinkt in der Trockenheit der Warenwelt. Im Grunde ist beides die gleiche Bewegung: Der Mensch wird durch seine Umwelt daran gehindert, wesentlich zu werden: die Herren und die Waren hindern ihn.

So ist das Bild im letzten großen Roman. Die Gruppe um Leni, Leni selbst, sie kennen aus der Tradition heraus noch den Grundbestand von Gebetsformeln: Vaterunser und Ave Maria[44]. Und Leni hat ihre »Heiligen«: die Nonne Rahel und die Jungfrau Maria, deren Fürbitte sie spürt[45]. Aber das ist alles nur ein Restbestand, auch der Versuch von Vater Gruyten, nach dem Tode seines einzigen Sohnes

»Trost in Religion« zu suchen, indem er ein Gebetbuch von 1913 herauskramt.

Zum Leben erweckt werden kann das Beten nur auf eine doppelte Weise: als Durchbruch des Ursprünglichsten im Null-Punkt der Existenz und als Wunder in der Wüste gottloser Wirklichkeit. Drei Szenen wollen diese Wiedergeburt des Gebets demonstrieren.

a) Nicht von ungefähr erzählt eine Kommunistin von dem Durchbruch des Gebets in der Krise der Existenz. Frau Kremer erlebt den großen Luftangriff auf ihre Stadt am 2. März 1945, wo man denken konnte »Die Welt geht unter«. Da hockt sie im Brauereikeller, hatte ›seit 1914 keine Kirche mehr betreten‹, sich um keinen ›Pfaffenkram‹ mehr gekümmert, sich mit ›materialistischer Geschichtsauslegung‹ vollgesogen. Und in dieser Situation: »Ich sage Ihnen, ich habe gebetet; sonst nichts. Das kam wieder hoch: ›Gegrüßet seist du‹ und ›Vaterunser‹ und sogar ›Unter deinem Schutz und Schirm‹ — nichts als gebetet«[46]. Und dann legt sich in dem Aufruhr des Angriffs ein junger Soldat über sie. Und während sie's miteinander treiben, »und ich spüre noch, wie ich mich freue, mich beruhige und weiter bete«. Man muß diese Szene — am leichtesten aus der Erinnerung an eine ähnliche Situation — in ihrer ganzen Ursprünglichkeit verstehen: Wenn die Elemente des Lebens schmelzen, bricht das Wesen, die Substanz durch. Und diese ist: Liebe als Urgewalt der Hingabe und Gebet. Fast kann man im Sinne von Böll sagen: beides gehört untrennbar zusammen.

b) Die zweite Szene betrifft ähnlich Ursprüngliches. Als Leni ihr Kind zur Welt bringt, »Wissen Sie, wer der einzige war, der uns das Beten wieder gelehrt hat: dieser Sowjetmensch! Ja, Beten hat er uns gelehrt«[47]. So berichtet der vigilante Ex-Kommunist und Nazi Pelzer, der dann als Pate den kleinen Lev eigenhändig tauft. Hier also eine der ersten Szenerie ähnliche Grundkonstellation: Tod und Leben in der Geburt nahe beieinander. Und ein »Gottloser« gibt dieser Situation die Sprache im Gebet und die ihr entsprechende Handlung in der Taufe. — Vielleicht darf man nicht nach Einzelheiten fragen. Aber die Konstellation spricht.

c) Die dritte Äußerung vermittelt gewissermaßen zwischen der zwiefachen Erfahrung, daß das Gebet versickert, aber in Ur-Situationen wieder zum Leben erwacht. Der Vertraute unseres Russen, der Gefangene Bogakow, versteckt sich in den Tagen des Zusammenbruchs in der zerstörten Stadt. Er findet Zigarren, und nimmt, um Zigaretten

us ihrem Tabak zu drehen, »ein Dünndruckgebetbuch aus Groß-
rernich, fünfhundert Seiten dick und vorne der Name drin: Katharina
Wermelskirchen, Erstkommunion 1878«. Und während er seine Ziga-
ette dreht, liest er die Anweisungen zur Beichte. »Hier erforsche
lein Gewissen...«[48] Und kommt auf diesem Wege zu einem Ge-
präch mit Gott. Wir erinnern uns sofort an die Bemerkung in »Dr.
Murkes gesammeltes Schweigen«: »Es soll einfach eine Stimme sagen:
Gott — aber es müßte eine Stimme ohne die Aktivität der Kirche
ein.«[49] Damals war noch nicht zu erkennen, wer denn so sprechen
könnte: ohne Hallraum der Kirche. Jetzt, 1971, spitzt Böll das zu:
Das Gebet bricht durch die Konvention und durch die Immanenz
durch, indem der der Konvention am meisten Entfremdete und der
Immanenz Verhaftete, der Kommunist, mit dem Beten beginnt. Er
tut das in der Ursituation der Kreatur: wo Liebe (und Haß) und Tod
sich zu decken beginnen.

Diese Szenen sind vom Dichter nicht so dahererzählt, sondern
sorgfältig und bewußt komponiert. Sie sagen uns Wesentliches über
das Beten: Es ist der Vollzug — man ist versucht, mit Schleiermacher
zu sagen — »schlechthinniger Abhängigkeit«. Darum ist alle Konvention dem Gebet als Lebensvollzug feind, ebenso aller Mißbrauch
des Gebets durch Menschen zur Herrschaft über andere. Erneuert werden kann das Beten nur in Ur-Situationen und dort, wo die erstarrte
und verdorbene Tradition begraben ist. Daraus folgt zweierlei: Rettung
für das Gebet gibt es nur in Kritik an der Tradition. Erneuerung des
Gebets erhebt sich aus der Ur-Situation des Menschen. — Wir bemerken hier nur nebenher, daß hier das Entscheidende außen vor
bleibt, das die Christenheit von Jesus lernte, das »Dein Wille ge-
schehe«, also das Austragen der Differenz zwischen dem Willen des
Schöpfers und dem des Geschöpfes, und dann das: Dein Reich komme,
d. h. das Ja zu dem Gottes-Willen, der den menschlichen Willen aktiv
in seinen Willen hineinnimmt.

Auf jeden Fall haben wir nun einen legitimen Eingang für das
Verhältnis des Dichters zur Religion und Tradition (katholische
Kirche) gefunden.

Erstens: Der Dichter sucht das Ursprüngliche; Religion ist dem
Menschen ursprünglich. Sie droht ihm aber ständig verlorenzugehen.
An diesem Verlust sind subjektive und objektive Faktoren schuld.

Dann: Subjektive Elemente, die das Urverhalten des Menschen verfallen lassen, sind einmal die Erfahrungen der äußeren oder inneren

Bedrängnis. Das ist individuell zu verstehen: Der Mensch wird von den Dingen des Tages, von den Hoffnungen oder Ängsten, so bestimmt, daß er sich nicht öffnen kann, sondern sich an das Vergängliche bindet. Oder: ihn überfallen Krankheit, Schicksalsschläge, so daß er erstarrt und sich nicht dem Ganzen verbinden kann.

Doch wohnt dieser Erfahrung eine Dialektik inne: Was den Menschen von Gott, vom Ursprung abschneidet und trennt, dasselbe kann ihn auch wieder zurückführen. Es bedarf dazu nur, daß die Immanenz, der der Mensch vertraut oder frönt, ihre Ambivalenz offenbart oder ihre Offenheit. »Not lehrt beten«, das ist wahr, aber im Sinne dieser Dialektik.

Schließlich: Objektive Elemente, die die Religion gefährden, sind vor allem die Erscheinungen der Religion als Institution. Das gilt zunächst ganz grundsätzlich: Alle Fixierung von Religion hat ein Stück Fremdheit an sich, Objektivität, die dem Lebendigen, Religiösen feind ist. Von der Kirche, ihrer Institution, gilt, was vom Staat gesagt wurde: Es ist unausweichlich, daß die Religion sich in Institution, Form, Hierarchie, Herrschaft verwandelt. Darum kann man grundsätzlich Religion nur in kritischer Auseinandersetzung mit der Institution Kirche gewinnen. Beides ist wahr: wir haben Religion nur in der Weise der Tradition; wir müssen uns, um das Ursprüngliche aus den Formen der Überlieferung, von den Trägern der Tradition zu gewinnen, immer kritisch gegen dieselbe verhalten. Wie der Frosch im Märchen an die Wand geklatscht werden muß, um wieder zum Königssohn erlöst zu werden, so auch mit der kirchlichen Tradition: nur in der Kritik, im Angriff gegen sie kann der Religiöse das Ursprüngliche gewinnen.

Diese Ambivalenz haben Kommunismus und Katholizismus miteinander gemein. »Beide, der Kommunismus und der Katholizismus ›wird man nicht los‹ — ganz gleichgültig, wie blasphemisch sich einer zu einem von beiden stellen mag. Auch in der Blasphemie liegt eine Anerkennung Gottes. Manchmal ist Blasphemie die einzige Möglichkeit.«[50]

So will also die Weise verstanden werden, in der Böll sich zur katholischen Kirche äußert, zur Institution und zu den Formen der Frömmigkeit, zu den Personen und ihrem Verhalten in der Welt. Indem ich Böll beim Wort nehme, werte ich auch noch seine Absage an den Katholizismus als Rhetorik. »Die Probleme des innerdeutschen Katholizismus interessieren mich nicht mehr ... im Grunde interessieren mich als Autor nur zwei Themen: die Liebe und die Religion.

für beide Themen ist im innerdeutschen Katholizismus kein Platz.« Das ist in demselben eben zitierten Interview mit Reich-Ranicki geäußert und kann nur bedeuten: Auch diese Absage ist eine Weise, sich zu verhalten — man wird den Katholizismus nicht los.

Zu untersuchen wäre hier nun der Weg, den der Dichter in seinem Verhältnis zum Katholizismus durchschritten hat: der Beginn mit der Aus- und Einübung der religiösen Formen in seiner Jugend, die Erwartung der Erneuerung der Religion im Katholizismus und durch ihn; die großen Schübe der Enttäuschung, als die Kirche die Wiederaufrüstung gutheißt, als sie den Notstandsgesetzen keinen Widerstand entgegenbringt, vollends als sie sich gegen die Anarchisten einfach auf die Seite von »law and order« stellt.

Böll beruft sich zwar immer wieder auf den Reform-Katholizismus, er nennt zustimmend Männer wie Ratzinger und Rahner, Dirks und Küng[51]. Aber mit den Jahren wird seine Polemik immer härter, sie durchschreitet die Stilphasen der offenen Polemik, des Spottes, der Satire bis hin zur bösartigen Karikatur. Wenn er dann, seit 1967 etwa, immer wieder erklärt, daß er mit dem Katholizismus nichts mehr im Sinn habe, dann bedeutet das einmal, daß der Autor in seiner Auseinandersetzung umzukippen droht. Dann kann man die sehr differenzierten und menschlichen Schilderungen von Katholiken, meinetwegen Reform-Katholiken — wie der arme Pastor in »Billard um halb zehn«, wie die drei Nonnen oder gar die Nonne Haruspica oder die säkularisierte Nonne Katharina —, nicht mehr mit der einseitigen Polemik gegen katholische Figuren und Formen zusammenbringen.

Vielleicht gibt uns da die Bemerkung über die Blasphemie eine Auskunft.

In der zitierten Äußerung rechtfertigt Böll die Blasphemie als Redeweise: Schmähungen der Kirche ermöglichen es dem Menschen, Gott anzuerkennen. Nehmen wir eine andere Stelle dazu, an der der Begriff gefüllt gebraucht wird. Böll zitiert in seinem »Brief an einen jungen Katholiken« von 1958 einen Passus aus der Denkschrift der Deutschen Katholischen Jugend zur Frage der Wiederbewaffnung, der von der »nötigen Strapazierfähigkeit und Gediegenheit« des Gebetbuches für junge Soldaten, über »gutes Dünndruckpapier und einen flexiblen Leineneinband«[52] reicht. Er empfindet die Erörterung von äußerlichen Fragen in dem todernsten Zusammenhang der Wiederaufrüstung als »teuflischen Wahnwitz«[53], teuflisch wohl nicht von ungefähr darum, weil sich auf diese Weise eine katholische Gruppe um die Kernfrage herumdrückt, von ihr ablenkt und auf

Formfragen ausweicht. Böll ist der Meinung, daß in bezug auf di
Wiederaufrüstung die katholische Kirche die Religion verraten habe
Er macht auch Walter Dirks in diesem Zusammenhang Vo⟩
würfe[54].

Schließlich noch eine dritte Stelle, an der das Wort »Blasphemie⟨
gebraucht wird. Wir erwähnten sie schon: Auf der Station für Ge
schlechtskranke wird vom Personal der Name des Schutzpatrons ›de⟩
keusche Alois‹ und endlich sogar der Name des ›lieben Heilands‹ fü⟩
das männliche Glied verwendet, um die todkranke Frau Schlöme⟩
erröten zu machen[55]. Der Erzähler nennt die Redeweise »Blasphe
mie«; diejenigen, die sie üben, bezeichnet er mit »man«. Er identi⟩
fiziert sich wohl nicht mit ihnen.

Wir können also festhalten:

Erstens: Schandreden gegen die Frommen und Theologen sin⟨
manchmal die einzige Möglichkeit, dem Herzen Luft zu machen un⟨
in Beschimpfung der Heuchler und Pharisäer Gott die Ehre zu geben⟩
Wenn wir uns daran erinnern, daß die Gegner Jesus Blasphemie vor
warfen, weil er Gott nicht den Gott der Macht, sondern der Liebe z⟨
den Armen sein läßt, dann müssen wir Böll zugeben: wer sich gege⟩
die Heuchler, die Gott den Gott der Macht sein lassen, mit Schmä
hungen wendet, trifft eine entscheidende Gegenposition gegen Jesu⟩
und seinen Gott. Insofern ist nicht zu leugnen, daß der wütende, of⟩
karikierende und die Kirche beleidigende und herausfordernde An⟩
griff von Böll gegen die Armeebischöfe, gegen die Befürworter de⟩
Wiederaufrüstung im Namen Jesu, sich auf Jesus berufen darf. Nu⟩
müssen wir fragen: Warum verbot Jesus das Fluchen und Schmähen⟩
Warum sagte er: »Segnet und fluchet nicht!«?

Doch wohl darum, weil derjenige, der schmäht, nicht wirklich au⟨
dem Teufelskreis der Macht, aus dem Willen zur Vernichtung aus⟩
steigt. An dieser Stelle fehlt Böll die christliche Reflexion. Darum
trifft seine Rede von der Blasphemie, auch seine eigene blasphemische
Rede gegen die Kirche, die Heuchler, die Pharisäer, aber sie vergreift
sich am anderen. Dadurch vermehrt sie das Leiden Jesu. Denn dieses
entsteht ja gerade daraus, daß wir Menschen aus dem Teufelskreis
der Bemächtigung, der Vernichtung des anderen nicht herauskommen.
Wer blasphemisch redet, will beschämen, wer beschämt, deckt das Geheimnis auf, will vernichten durch Bemächtigung.

Aber das Problem ist komplizierter. Die Juden (Pharisäer und⟩
Schriftgelehrten) empfanden die Rede von Jesus als »blasphemisch«,
er tastete nach ihrer Meinung die Größe Gottes an, etwa mit seiner⟩

Weissagung vom Tempel, den abzureißen (und wieder aufzurichten) er sich anheischig machte. Offenbar konnte er seine Wahrheit nicht anders sagen als so, daß er den Glauben der Gegner in ihrem Kern traf, verletzte, aufbrach. Nur durch solche Beleidigungen des Glaubens an Gott wurde das wahre Gesicht Gottes frei und sichtbar. Blasphemie war das Mittel des Gottglaubens, so sagt ja auch Böll.

Und das ist nun heute die Situation: Es könnte doch sein, daß das wahre Bild Jesu nur herauskommen kann, wenn und indem einer den heute etablierten, orthodoxen Glauben schmäht, ihn im Innersten trifft, um so das wahre Bild Gottes freizumachen. Mußte Jesus den Gottesglauben der Juden in ihrem Kern: ›Gott ist die größte Macht‹, treffen, so ist heute die Spitze der Blasphemie gegen den Jesusglauben der Christen zu richten, damit das wahre Bild Jesu herauskommt.

Dieser Angriff wird z. B. von Böll in zwei Richtungen vorgetragen: Er beschimpft die katholische Kirche wegen der Mesalliance von Kirche und Staat; er redet blasphemisch von einer ›Trinität: Staat — Armee — Kirche[56], und setzt eine säkulare Trinität ›Freiheit — Gleichheit — Brüderlichkeit‹ dagegen[57]. Dadurch will er die falsche Deckung von Kirche und Jesus sprengen. Andererseits muß er das Bild Jesu selbst angreifen und sprengen. Die in der Tat unerträgliche Rede von dem »lieben Heiland«, wo das männliche Glied gemeint ist, ist in diesem Sinne blasphemisch. Sie soll — vorsichtig gedeutet — doch die Jenseitigkeit, die Leiblosigkeit Jesu treffen und ihm das Gewand griechischer Leibfeindlichkeit abreißen. Damit es nicht so aussehen kann, als ob der Verfasser-Erzähler selbst sich mit dieser Redeweise identifiziere, läßt er die Patienten und das Personal der Klinik so sprechen. Auf diese Weise geht Böll so weit, wie er gehen kann. Denn die eigene direkte Lästerung Christi würde die Grenze des Erlaubten überschreiten. Niemand kann Jesus bekennen, indem er ihm absagt und lästert. Böll wahrt diese Grenze.

Das ist dann aber eine Gratwanderung. Auf der einen Seite droht der Absturz in die eigene Absage an Jesus; auf der anderen Seite in der Beschimpfung der Beleidiger Jesu der Absturz in den Abgrund des Hochmuts. Hier ist die Grundhaltung eines Sektierers nahe.

Wie kann ein Autor auf diesem Grat wandern? Er kann es nur, indem er ein Clown wird, ein Narr. Auf diesem Wege wenigstens sehe ich Heinrich Böll.

Ihn ist vor ihm z. B. Kierkegaard gegangen. Er hatte erfaßt, daß man ein Zeuge der Wahrheit nur sein könne, indem man die Unwahrheit zerstört und aufbricht. Und er hatte dazu das rhetorische Instrumentarium konsequent entwickelt: Ironie, ethischer Ernst, Humor, Paradox, Absurdität. Er hatte lange Zeit meinen können, daß er aus der andauernden Indirektheit, aus der anstrengenden Polemik gegen die Christenheit einmal würde heraustreten können, um als direkter Zeuge für die Wahrheit einzutreten. Aber am Ende seines Lebens hatte er einsehen müssen, daß die Indirektheit zur Substanz der Wahrheit gehört. Martyrium als Gestalt christlicher Existenz ist das Fazit dieses Weges.

Diesen Weg geht auch Böll. Auch er muß erfahren, daß die »Indirektheit« nicht zu überwinden ist. Die Sprache dient der Wahrheit, indem sie die Unwahrheit aufbricht. In diesem Sinne sind die Stilmittel zu werten, deren sich Böll bedient: Ironie, Satire, Spott und Blasphemie. Doch Böll ist kein Kierkegaard, der Dichter kein Schriftsteller oder Philosoph. Darum kommen die Mittel echter Dialektik oder der Paradoxie bei ihm wenig vor. Darum ist der Autor in Gefahr, an der Stelle des Leidens der Wahrheit *sein* Leiden herauszuschreien, anstelle des Leidens an der Wahrheit das Leiden an der Unwahrheit zu stellen.

Ich meine damit den Eindruck der persönlichen Empfindlichkeit, des Ekels und der moralischen Überheblichkeit, den Böll z. B. in seinen Interviews erweckt. Vielleicht wurzelt diese Empfindlichkeit in einer Scheu, das eigene Leiden an der Wahrheit auszudrücken und in der Differenz zwischen Christus und uns die Solidarität aller Christen herzustellen. Wo diese Differenz zwischen dem am Menschen leidenden Gott und dem an seiner eigenen Sünde leidenden Menschen überspielt wird, da entsteht der Hochmut der Märtyrer. Vor ihm muß sich hüten, wer für die Wahrheit Jesu zur Benutzung der Blasphemie eintritt.

III. Sprachbewegungen

Die letzten Sätze waren nur Andeutungen. Sie müssen am Werk des Dichters Kontur gewinnen, damit Mißverständnisse nicht aufkommen und damit der Stil der Dichtungen durchsichtig wird.

Man merkt es jedem Produkt des Dichters an: er schreibt aus Liebe zum Menschen, zum Menschen, wie er ist. Und der Mensch ist liebenswert in seinen Schwächen. Und das nicht primär, weil seine Menschlichkeiten so interessant sind, seine Verwicklungen so poetisch, so reizvoll für die Darstellungskraft des Poeten, sondern weil gerade in den Schwächen sich zeigt, was das Wesen des Menschen, was seine Stärke ausmacht. Gerade im Menschlich-Allzumenschlichen meldet sich die Substanz des Lebens: die Sinnlichkeit, der Mysteriencharakter, die Kommunikation.

So müssen wir also die Freude an den kleinen Obszönitäten verstehen, an den Zweideutigkeiten, an den Vulgarismen. Der Sexus ist nicht die bedrohliche Gewalt, die das Leben erzittern macht und zerstören kann; er ist vielmehr die freundliche Macht, die die Menschen verbindet und zärtlich füreinander macht. Darum ist auch die Unterscheidung zwischen Zartheit und Rücksicht auf der einen Seite und Rücksichtslosigkeit und Unbedingtheit auf der anderen bestimmend.

Mit der Freude an den Blasphemien steht es ähnlich. Schlimm ist der Eifer für das Unbedingte, er zerstört das Leben. Liebenswert ist das Bedürfnis des Menschen nach Geborgenheit, nach Schutz. Darum kann noch der, der sich wegen der Unbedingtheit von der Kirche getrennt hat, im Kirchenraum die Stille suchen und die Heiligen anrufen. Denn dem Menschen ist die Sehnsucht nach helfenden Mächten wegen seiner angeborenen Schwächen angemessen. Und warum sollte er nicht diese seine Bedürftigkeit wieder leicht ironisieren und sich über die eigene Schwäche belustigen?

Dem Dichter liegt alles am Unmittelbaren; er verabscheut die Gewalt, den Bruch. Was Wunder, daß sich die Spitze seiner Polemik gegen den Staat, gegen die Ordnung richtet. Wohl kennt er, um der menschlichen Schwächen willen, auch die heilsame Funktion des Staates. Doch immer stärker wird der Drang, den Menschen mit seinen Schwächen gegen das Ungeheuer Staat in Schutz zu nehmen. Denn dieser tritt nicht als Schützer des Menschlich-Allzumenschlichen auf, sondern als die unmenschliche Gewalt, die den Menschen zwingen will und in ein System pressen. Von daher denn auch die Vorliebe des Dichters für das Anarchische in unserer Gesellschaft und die Ablehnung des Totalitären in jeder Gestalt.

Der Sprachgebrauch des Dichters nährt sich also aus zwei Quellen. Die eine ist die Ahnung von Glück und Fülle, die im Sinnlichen verheißen ist. Die andere ist die Liebe zum Leben, wie es ist und sich selbst nahe ist.

Von daher muß man seine Unmoral verstehen. Es ist ja keineswegs so, daß er das Unmoralische nicht unmoralisch nennen würde. Aber er meint es in Schutz nehmen, gegen Angriffe verteidigen zu müssen, nämlich gegen die Angriffe der Moralisten. Diese Einstellung bringt ihn in die Nähe Jesu; dessen Eintreten für die Zöllner und Huren und Sünder ist ja auch Konfrontation mit den Moralisten und mit den Pharisäern. Leicht kann man dazu an die Geschichte erinnern, wie Jesus die Ehebrecherin behandelt, indem er sie gegen die Ankläger in Schutz nimmt. Und nicht nur diese Geschichte hat eine solche Pointe.

Aber nun kann doch gerade hier auch die schwache Stelle in der Moral der Unmoral gezeigt werden. Wenn Jesus mit einem solchen Menschen wie der Ehebrecherin oder dem Zöllner Zachäus unbefangen und unvoreingenommen Gemeinschaft sucht, dann ist die Pointe doch, daß hier die Liebe als eine unbedingte Zuwendung wirksam wird, die es dem anderen ermöglicht, sich zu wandeln und seinen Fehler, seine Sünde zuzugeben und zu bereuen. Hiervon aber ist bei Böll in seinen Dichtungen nicht die Rede. Vielmehr betont er bei seinen Helden immer wieder, daß sie keine Reue kennen, weder beim Brechen der Ehe noch beim Verhöhnen der staatlichen Ordnung noch beim Mord des öffentlichen Ehrabschneiders[58]. Man kann hier nicht argumentieren, daß der Staat oder die Kirche oder irgendeine moralische Instanz kein Recht habe, solches Bekenntnis oder Eingeständnis zu fordern; vielmehr gilt generell, auch der letzten Instanz gegenüber: da gibt es nichts zu bereuen.

Wie können wir diese Reuelosigkeit verstehen? Wir können sie aus zwei Gründen herleiten.

Der stärkere Grund — und vielleicht auch der primäre — ist die Erkenntnis, daß in unserer Zeit der eigentliche Feind des Menschen die Institution ist, vor allem die Institution der Kirche und des Staates. Durch sie wird der Mensch in Zusammenhänge gezwungen, die ihn seiner Menschlichkeit berauben. Der Staat zwingt ihn im Namen der Ordnung; indem er für sie eintritt, verfolgt er ganz andere Zwecke. Er verwurstet den Menschen im Namen einer anonymen teuflischen Größe. Und die ihm dienen, fallen in die eigentlichen Laster, die den Menschen vernichten: Sadismus, nackter abstrakter Machttrieb, Verdächtigung und Prinzipienreiterei. Solche Züge sind schon beim Staate schlimm, verhängnisvoll werden sie bei der Kirche. Denn während der Staat wenigstens als Perversion einer ursprünglich heilsam gemeinten Ordnung verstanden werden kann, ist diese die Umkehrung ihres ursprünglichen Sinnes schlechthin. Nach dem Gebot Christi sollte sie die Lämmer weiden; sie benutzt aber die Schicksalsanfälligkeit und Moralität des Menschen dazu, um über ihn Herrschaft aufzurichten, ihn moralisch zu knechten, und das alles im Namen des Lammes.

Diese beiden Institutionen fallen in letzter Zeit einer dritten Größe zum Opfer, dem Moloch der Öffentlichkeit, den Massenmedien, deren Tendenzen in der »Bildzeitung« zur Reife kommen. In der einem guten Krimi nachgebildeten Erzählung »Die verlorene Ehre der Katharina Blum« ist der eigentliche Verbrecher, der enthüllt wird, die *Zeitung*. Der Kniff des Autors besteht darin, die Vorgänge, die zur Ermordung eines Journalisten und Bildreporters geführt haben, so aufzuhellen und in die Ursprünge hinein zu verfolgen, daß am Ende nicht die Mörderin schuldig ist, sondern der Ermordete. Und auch dieser ist mit seinen Kollegen nur Organ der anonymen Macht der *Zeitung*, die als das in unserer Zeit inkarnierte Böse erscheint. Die öffentliche Macht der Zeitung zerstört das Leben. Sie lebt von der Freude, Intimes an die Öffentlichkeit zu zerren, von der Anmaßung, über Recht und Unrecht zu urteilen; sie arbeitet mit Verdächtigung, Behauptung, wilder Kombination, mit Einschüchterung, Überraschung und Verführung. Im Falle der Zeitung setzt sie alle diese Mittel scheinheilig ein im Namen der Moral. Und diese öffentliche Instanz ist in ihrem Vorhaben dem Staat und der Kirche über. Diese fallen auf ihre Pseudorealität herein, sie glauben, sich der öffentlichen Mittel bedienen zu können, und sind doch längst in deren Macht.

Wir können also das Werk von Heinrich Böll so verstehen: Von Jahr zu Jahr erkennt er, parallel mit der Entwicklung der Nachkriegswelt in (West-)Deutschland, stärker, daß der eigentliche Feind des Menschen, das, was ihn um seine Menschlichkeit bringt, nicht das private Böse ist, sondern das öffentliche. Er hält wohl theoretisch daran fest, daß Staat und Kirche ursprünglich so nicht konzipiert sind, daß sie nach dem Krieg die Chance gehabt haben, sich auf ihren Ursprung zurückzubesinnen und ursprünglich zu werden. Aber dann haben sie in einem Sündenfall nach der Macht gegriffen und ihre Chance vertan: Wiederaufrüstung und Notstandsgesetze sind für beide Größen die große Versuchung gewesen, der sie erlegen sind. Die Folge davon ist, daß sich ihr Wesen pervertiert. Der Staat geht in Fäulnis über, die Kirche ist verachtenswert, weil sie — in der CDU vor allem, aber neuerdings auch in der SPD — ihren Frieden mit dem Staat macht. Beide fallen der Unmenschlichkeit schlechthin anheim, dem dämonischen Willen der Publizität, deren Exponent die Bild-Zeitung ist.

Diese Zusammenhänge müssen wir beachten, wenn wir Böll darauf insistieren sehen, daß der private Fehler eine zu vernachlässigende Größe sei, der einzelne also keine Reue zu zeigen brauche. Wir werden gefragt, ob nicht in der Tat die eigentliche, virulente Dimension der Sünde Institution und Öffentlichkeit seien.

Der zweite Grund für die Reuelosigkeit liegt in anderen Tiefen. Das Böse, das der einzelne tut, ist nach Böll Ausfluß seines Verlangens nach Glück, nach dem Guten, Schönen, Wahren. Nur wenn er von den anonymen Mächten okkupiert wird, ist die Tendenz seines Tuns oder Lassens nicht das Glück, die Sinnlichkeit, sondern umgekehrt die Abstraktion, die Entäußerung. Darum gehen alle die wirklich bösen Tendenzen in die eine Richtung. Sie wollen das sinnenhafte Glück opfern um eines größeren abstrakten Zusammenhangs, um einer Chimäre: Ehre oder Vaterland oder Staat oder höhere Ehre um Gottes Willen. In diesem Sinne wird in »Billard um halb zehn« zweierlei Sakrament unterschieden. Das Sakrament des Büffels, dessen Symbol Hindenburg ist, wird dem Staat geopfert. Der einzelne als Soldat, als Beamter, als Richter, als Pastor im Sinne von »Thron und Altar« dient der abstrakten Größe; er bringt sich selbst freiwillig dem Ganzen zum Opfer und jagt diejenigen als Wild, die sich diesem Kult des Staates entziehen. Dagegen steht das Sakrament des Lammes; alle diejenigen stehen in den Diensten des leidenswilligen Tieres, die nicht vom Sakrament des Büffels gekostet haben. Es sind das die vom

Staat Verfolgten, diejenigen, die es nicht fertigbringen, andere zu jagen und zu opfern, sondern nur selbst Opfer sind[59].

Diese Entgegensetzung ist eindrucksvoll. Aber sie enthält »häretische« Züge. Diese Kennzeichnung ist sachlich gemeint. Ich verstehe unter häretisch die Lösung eines Konfliktes, die aus dem Gegensatz heraus erfolgt und keine Überwindung des Gegensatzes beabsichtigt und beinhaltet. Und ich vermisse im Falle der Sakramente von Büffel und Lamm die positive Bestimmung der »Lämmer«. Sie sind nur »Opfer« der Büffel, der Wölfe; sie treten wohl füreinander ein, aber es geht keine gestaltende Kraft von ihnen aus. Mit diesem Gegensatz: andere opfern oder Opfer von anderen sein, ist aber das Problem des Lebens nicht zureichend beschrieben. Denn das Leben selbst besteht in Opfer, im Opfer für andere. Aber auch, wer opfert, nimmt die Gabe des anderen für sich in Anspruch. Das wäre also ein Zug am sakramentalen Verständnis des Lebens, der bei Böll zu kurz kommt: Sinnlichkeit ist Erfüllung im Sinne des Sakraments nicht darum, weil sie nicht in Abstraktion ausweicht, sondern weil im Element des Sinnlichen dem Menschen vergönnt ist, zu sich selbst zu kommen, indem er sich hingibt. Diese beiden Linien treffen sich also in Bölls Verständnis des Bösen: seine Erkenntnis des Bösen in der Dimension des Abstrakten und seine Beschreibung der Erfüllung als Genuß.

Die Konsequenzen dieses Ansatzes sind in den Stellungnahmen zu den Aktionen der deutschen Anarchisten greifbar. Wir können uns bei ihrer Beurteilung an folgenden Gesichtspunkten orientieren:

1. Das abstrakte Gebilde Staat und Ordnung ist der eigentliche Zerstörer der Menschlichkeit. Der Aufstand gegen diese Ordnung hat daher positive Züge.

2. Demgegenüber kann das private Unrecht, das in der Reaktion gegen den Unrechts-Staat verübt wird, mehr oder weniger als Größe vernachlässigt werden.

3. Allerdings ist der Aufstand gegen den Staat mit Gewalt sinnlos, weil er keinen Erfolg verspricht. Sinnvoll sind nur Happenings im Stil von »Ende einer Dienstfahrt«, oder das Leiden im Stile der »Lämmer«.

4. Der Aufstand gegen den Staat ist auch darum nicht vertretbar, weil dann die Mittel eingesetzt werden müssen, die doch das Übel hervorbringen. Gewalt kann nicht heilen. — In dem Augenblick aber, in dem der Aufständler gefaßt ist und vom Staat zu leiden gezwungen wird, müssen ihm unsere Sympathien gehören. Denn nun ist das

abstrakte Unrecht am Zuge, mit seinen Mitteln: Isolation — Verallgemeinerung — Verdächtigung — Verteufelung.

Aber die Interviews und Artikel, die so argumentieren, sind nur der Spitze eines Eisberges zu vergleichen. Sie stehen heraus aus einer Grundeinstellung. Nur von ihr her sind sie zu würdigen und zu kritisieren.

Noch einmal wollen wir hervorheben, daß Bölls Stellung zu dem Anarchismus aus seiner Einsicht in die Bosheit der Institutionen erwächst. Und diese wiederum entspringt seinem Verständnis vom sakramentalen Charakter des Lebendigen. Wer also Böll in seiner Polemik gegen Staat, Kirche und Medien bekämpfen oder auch ihr zustimmen will, der muß auf sein Verständnis von Leben, von Menschlichkeit und Glück zurückgehen.

Darum soll jetzt zum Schluß auch noch einmal vom Menschen bei Böll die Rede sein und davon, welche Rolle er im Spiel des Lebens spielt, in den Bezügen von Ehe und Familie, Freundschaft und Beruf, Gesellschaft und religiöser Gemeinschaft. Wir können in dieser Beziehung eine Entwicklung feststellen, eine Entwicklung des Menschenbildes im Sinne einer Durcharbeitung und Reifung im Wandel der Werke des Dichters.

Als Ausgangspunkt können wir »Billard um halb zehn« wählen. Der Roman ist 1959 herausgekommen. Er spiegelt die Auseinandersetzung mit den sich als »Institutionen« etablierenden Größen Kirche und Staat. Diese vollzieht sich noch ganz in den aus dem Dritten Reich gewonnenen Mustern. Auf der einen Seite stehen diejenigen, die vom »Sakrament des Büffels« gekostet haben, also vom Opfer der anderen leben; auf der anderen Seite stehen die »Lämmer«, das sind die Menschen, die selbst Opfer sind, entweder weil sie nicht die Kraft haben, sich durch Nehmen zu behaupten, oder weil sie sich nicht mit dem Sakrament des Büffels impfen ließen. Die vom »Sakrament des Lammes« sind in dieser Welt die Unterlegenen; sie sind nicht zu retten. Da gilt »wehe denen, die nicht vom Sakrament des Büffels essen«[60]. So scheiden sich die Geister. Doch sind es nur wenige, sozusagen Auserwählte, an denen die Konfrontation sich aktiv vollzieht. Die Mehrzahl lebt zwischen den Fronten, wie z. B. die meisten Vertreter der Familie, von der Böll erzählt.

Aber eben dieses Zwischenfeld zwischen dem Entweder — Oder bietet Raum und Zeit zu Entwicklung, Wandlung und Entscheidung. Die drei Generationen der Familie Fähmel machen in der Zeit vom

Ersten Weltkrieg an bis nach dem Zweiten einen Lernprozeß in bezug auf Kirche und Glauben durch. Der alte Fähmel baut als sein Lebenswerk eine Abtei in der Eifel. Er ist der Kirche verbunden, aber er kann seinen Glauben schon nicht mehr aktiv leben. Er sagt von seinem Verhältnis zu Christus: »Ich sprach den Namen nie aus, wagte kaum, ihn zu denken und wußte doch: er hatte mich.«[61] Der Sohn Robert wurde zwischen den beiden Kriegen nicht mehr Architekt, sondern nur noch Statiker. Sein Verhältnis zur Kirche ist sozusagen »latent«. Nicht die Kirche bedeutet ihm etwas, sondern die »Lämmer«, die ihm in seinem Leben begegnet sind: seine Frau Edith, deren Bruder als Untergrundmann, ein Klassenkamerad, der von allen als Sündenbock benutzt wird. Seine letzte Handlung als Pionierhauptmann im Zweiten Weltkrieg ist symbolisch: er sprengt, als der Amerikaner in der Eifel steht, die Abtei, die der Vater gebaut hatte; er betrachtet die Ruine als »ein Denkmal für die Lämmer, die niemand geweidet hatte«[62]. Man muß also die Kirchen sprengen (und ihre Zerbombung als ein Menetekel Gottes ansehen), weil sie mit dem Staat paktiert und sich nicht um die angenommen haben, denen von den Vertretern des Büffel-Sakraments Unrecht geschah. »Weil sie die Weisung ›weide meine Lämmer‹ nicht befolgt hatten.«[63] Das ist eine durchsichtige Symbolhandlung. Und auch der Zug spricht, daß bei dem Sprengen der Abtei das Fresko vom letzten Abendmahl Christi heil bleibt[64]. Der Vertreter der dritten Generation, Joseph, der Sohn von Robert Fähmel, ist zwar wieder Architekt geworden; er beteiligt sich am Wiederaufbau der Abtei, die der Großvater erbaut, der Vater gesprengt hatte. Aber er hat kein Verhältnis zu der Kirche und tritt von der Aufgabe zurück; ihn überfällt zuweilen das Verlangen, mit all der Halbheit und Relativität und Verwickeltheit des Lebens Schluß zu machen. Auch diese Züge sind — fast zu — durchsichtig in ihrer Symbolik: die Nachkriegsgeneration tritt vom Aufbau der Kirche zurück. Ihr ekelt vor der Halbheit und Unechtheit des Lebens.

Ähnlich von der Situation im Dritten Reich her als Muster wird auch das Verhältnis zum Staat, zur Ordnungsmacht entwickelt. Staat und Unmenschlichkeit der Abstraktion vom konkreten einzelnen und Opfer auf dem Altar des Vaterlandes, ja Schlachten in den Schlachten des Krieges, Freude am Quälen und Unterwerfen, das gehört zusammen. Und die konkreten Geschehnisse der fünfziger Jahre, vor allem die Wiederaufrüstung, können nur mit diesem Muster verstanden werden[65]. Die vom Sakrament des Büffels gegessen haben, kommen alle wieder aus der Versenkung hervor: »dumm wie die

Erde, taub wie ein Baum und so schrecklich harmlos wie die letzte Inkarnation des Büffels, und anständig, anständig...«[66] Sie formieren sich in der Stadt wieder zum Aufmarsch. Die Frau des alten Fähmel kommt zu seinem 80. Geburtstag aus ihrer Anstalt, mit einer Pistole: »Ich will den Dicken da auf dem Schimmel erschießen«, sagt sie — Vorspiel für die Szene in der »Katharina«-Erzählung, in der die Anti-Heldin den Journalisten erschießt. Dabei wäre darauf zu achten, daß es 1959 eine Verwirrte, die mit dem Leben nicht fertig wird, ist, die das Attentat verübt; 1974 dagegen eine nicht nur reuelose, sondern auch »normale« junge Frau.

Bei allem ist bemerkenswert, daß eben nicht Helden oder Antihelden den Kern der Geschichte bilden, sondern durchschnittliche Menschen, die sich in dem Kraftfeld bewegen, das durch die Pole: Büffel und Lamm, Hammer oder Amboß, Fresser oder Opfer bezeichnet ist. Darum herrscht in allem die Wirklichkeit mit ihrer Inkonsequenz, mit dem Zauber des Nicht-Deklinierbaren.

Das wird aber im nächsten größeren Wurf anders, in den »Ansichten eines Clowns« von 1963. Böll charakterisiert seine eigene Tonart, wenn er 1963 eine Schrift von Carl Améry mit den Worten einführt: »Ein Versuch über den deutschen Katholizismus, von jemandem verfaßt, der nicht gerade als Beauftragter des Zentralkomitees deutscher Katholiken gelten kann...«[67] Böll ist also nicht der quasineutrale Erzähler, sondern da redet sich einer seine bitteren Erfahrungen mit dem Katholizismus von der Seele. Er tritt als Clown auf, »offizielle Bezeichnung: Komiker, keiner Kirche steuerpflichtig«[68]. Noch ist er nicht so weit, daß er erklären könnte: »Katholizismus — interessiert mich nicht«[69], vielmehr vollzieht er jetzt seine Auseinandersetzung mit ihm. Er zeigt, wie er an ihm, unter ihm leidet; er nimmt dieses Leiden blutig ernst (ein Clown darf nicht über sich selbst lachen[70]). Er hat keinen Abstand, sondern reißt sich blutig. Er ist der Unterlegene, und gerade darin liegt der Ausweis seiner Wahrheit. Denn die Wahrheit kann sich in dieser Welt nur im Unterliegen zeigen.

Wir wissen es aus der Geschichte der Dichtung: der Clown ist in der großen Zeit des Abendlandes eine notwendige Figur. Seitdem die großen Institutionen Staat (Reich) und Kirche als menschliche Größen der Kritik bedurften — und diesen Aspekt entdeckte man im Streit zwischen Kaiser und Papst —, gibt es die Figur des Narren auf der Bühne. Er kann die Wahrheit sagen, weil er die Sache nicht vertreten muß, er ist zugleich der Tolpatsch, der sich in den Ordnungen und Angeln der großen Institution Welt verfängt. Gerade durch seine Pannen deckt er die Blößen des Systems auf. Mit dem Sieg der Systeme zu Beginn des 19. Jahrhunderts war auch der Narr von der Bühne verschwunden; er hatte keinen Platz mehr, wo es um den letzten Ernst des Scheiterns oder Gelingens ging. Nur noch im Zirkus trat er auf, zur Belustigung für Kinder. Das blieb so bis gestern. Denn auch in dem gesellschaftskritischen Theater von Ibsen bis Brecht kann es nur Kritik und Ideal geben; da kommt es darauf an, daß der Unsinn besiegt wird. Daß »das Gelächter die letzte Waffe der Welt« sein soll, ist für Kritiker und Revolutionäre eine Beleidigung des Ernstes.

Es ist darum ein außerordentliches Zeichen, wenn in unseren Tagen der Clown als Narr wieder die Bühne betritt und in der Dichtung hoffähig wird[71]. Denn damit wird das Ende des revolutionären Zeitalters angezeigt: es gibt keine Möglichkeit, Utopia zu verwirklichen. Dann bleibt nur noch die Aufgabe, im Leiden an Utopia, an den von Ideologie bestimmten Institutionen, die Wahrheit zu bezeugen. Das setzt dann immer noch voraus, daß es so etwas wie Wahrheit gibt, wenn auch nur im Stande des Leidens, des Außenseiters. Einen Schritt weiter tun dann die Happening-Veranstalter. Da leidet einer nicht mehr eigentlich an der Unwahrheit, sondern am Unsinn. Er will im Zerstören des Ernstes und der Gestalt dann nur Entlastung schaffen. Nicht Wahrheit wird entbunden, sondern Unsinn angeprangert. Protest ist der Ton.

In diesem Zusammenhang muß also die Entwicklung des Erzählstils bei Böll gesehen werden. Immer schon war ein Stück Clownerie in seinen Erzählungen enthalten. Mit den »Ansichten eines Clowns« wird sie thematisch: der Erzähler ist ein Clown. Das bedeutet, daß es nicht um einen Aspekt unter anderen geht, vielleicht um die notwendige Anmerkung zu einer notwendigen Größe, sondern um *den* Blickpunkt für die große Wirklichkeit. Es stürzt der Glaube, daß die großen Institutionen zu heilen seien. (Nur in bezug auf die Kirche bleibt doch ein Rest Glaube an die Religion.) Im »Ende einer Dienstfahrt« von 1969 wird uns dann ein Happening vorgeführt. Ein Bundeswehrsoldat verbrennt mit seinem Vater zusammen einen Jeep der Bundeswehr, um damit spielerisch ihre Verachtung gegenüber einer Institution zu zeigen, deren Sinn im Unsinn liegt. Da ist kein Appell mehr an den echten Kern, auch kein Ansatz von Revolution, sondern nur das Nein, der Protest. Eben in dieser Linie geht es dann weiter. Im »Gruppenbild mit Dame« veranstalten die Müllfahrer der Stadt ein Happening. Sie wissen genau, daß sie die Institution Staat nicht ändern können; sie wollen nur protestieren und ihr Vergnügen im Protest finden. Neu ist der Gedanke, daß durch die Protesthandlung für einen einzelnen eine Hilfe herausspringen soll. Schließlich »Die verlorene Ehre der Katharina Blum«. Auch deren Tat, der Mord an dem Journalisten, ist nicht als revolutionärer Akt zu verstehen, etwa als Signal für einen Aufstand im Sinne der Guerilleros[72], sondern nur als Protest, vielleicht sogar nur als ein Schrei, der zeigt, daß die Reizschwelle des Erträglichen überschritten ist.

Die Weiche auf dieses Gleis wurde also bei Böll mit den »Ansichten eines Clowns« gestellt. Der Dichter will da die eine der beiden großen Institutionen treffen. Aber er kritisiert nicht, um zu bessern, sondern er stellt heraus, daß die Kirche, die als Gemeinschaft der »Lämmer« gestiftet ist, als Institution gar nicht anders kann, als sich auf die Seite der Mächtigen zu schlagen — einige Ausnahmen wie Johannes XXIII. zugegeben[73]. Die Wahrheit liegt bei den Lämmern, den Unterlegenen. Die Auseinandersetzung wird auf zwei Ebenen ausgetragen. Der Clown Hans Schnier kritisiert seine katholischen Bekannten wegen ihres Konformismus mit dem Staat (in der CDU greifbar); und er kritisiert die Unmenschlichkeit der katholischen Eheauffassung. Hans lebt mit einem geliebten katholischen Mädchen Maria zusammen. Er lehnt die standesamtliche Eheschließung und, da diese die Voraussetzung ist, auch die kirchlich-katholische Trauung ab[74]. So wird einmal vom Clown Hans in seinen Gesprächen mit den verschiedenen Vertretern des Katholizismus die Mesalliance zwischen Kirche und Staat bloßgestellt; zum anderen dreht sich alles um das Verhältnis von natürlichem Zusammenleben von Mann und Frau und dem von der Kirche sanktionierten Sakrament der Ehe. Der Clown verliert seine Geliebte, an die er in Ausschließlichkeit sich gebunden weiß, wegen der mangelnden Sanktionierung seines Konkubinats. Maria hält das nicht aus, sie heiratet einen Katholiken.

Die Pointe liegt darin, daß die Kirche den Menschen in seinem Eigensten in eine doppelte Gefangenschaft bringt. Einmal macht sie diejenigen, die sich lieben, von der Institution Staat abhängig; zum anderen faßt sie selbst das, was sie schützen soll, in ein Gesetz. Das letztere hängt mit dem Grundschaden der Kirche zusammen, der Unterscheidung von Natur und Gnade. Sie sagt einerseits, daß die Liebenden sich das Sakrament der Ehe selber spenden, und bindet andererseits die Gültigkeit dieses Vollzuges ans Kirchenrecht, an die Anerkennung durch die Institution[75]. In unserer Erzählung spricht ein Leidender, dessen Gewissensehe durch diese doppelte Buchführung zerbricht.

Diese Situation prägt auch die Sprache der Erzählung. Leidend und leidenschaftlich plädiert der Clown für die Einheit des Lebens. Obszöne und blasphemische Rede und Aufsässigkeit benutzt er nicht, um die Reduktion des Lebens aufzuheben, sondern nun umgekehrt, um dem Gegner den Vorwurf des Obszönen, der Blasphemie zu machen.

Obszön ist für den Clown die Art und Weise, in der die Kirche sich im Fernsehen etwa »um den Rest von Scham« bringt; ihre Vertreter prostituieren sich und ihre Sache, indem sie das Geheimnis des Glaubens der Wirkung opfern. »Wenn unser Zeitalter einen Namen verdient, müßte es Zeitalter der Prostitution heißen. Die Leute gewöhnen sich ans Hurenvokabularium — — — er fragte mich: ›war ich gut?‹.«[76]

Ähnlich der Gebrauch der Blasphemie. Am Schluß der Erzählung tritt der Clown im Bonner Karneval am Bahnhof auf und singt zur Gitarre die Lauretanische Litanei und Spottlieder auf die Kirche[77]. Er beginnt mit dem Vers »Der arme Papst Johannes hört nicht die CDU, er ist nicht Müllers Esel, er will nicht Müllers Kuh«, und bemerkt dazu, daß »das Zentralkomitee zur Bekämpfung der Gotteslästerung« an dem Text nichts aussetzen könne[78]. So benutzt er die Gestalt des armen Papstes, um die herrschende, reiche Kirche zu kritisieren. Wichtig ist, daß in dem ganzen Opus die Gestalt Christi keine Rolle mehr spielt. Kriterium für wahres Leben ist der an den Institutionen Leidende. Den Herrschenden wird als Blasphemie vorgeworfen: sie vergreifen sich am wahren Menschen (nicht mehr an Gott!). Die Lösung, die der Mensch von der Kirche vergeblich erhofft, ist »die Diagonale zwischen Gesetz und Barmherzigkeit«[79]. Revolutionäres Reden findet sich kaum; die Auseinandersetzung hat sich ganz auf den Katholizismus konzentriert.

Die Institution Staat wird im nächsten Werk vorgenommen, in der Erzählung »Ende einer Dienstfahrt«, von 1969. Nun ist die Sprache eine andere. Gegenüber dem Staat und der Wirtschaft ist einmal eine andere Tonart angebracht; das Leiden am Staat ist für Böll nicht in dem Sinne innerlich wie bei der Kirche, sondern äußerlich; der Anhänger des Lammes ist von dem Büffelanhänger geschieden. Und dann ist die Zeit in ihrer Auseinandersetzung mit der gesellschaftlichen Realität fortgeschritten. Revolutionäres Reden ist nicht mehr der Einsicht gemäß. Der Glaube an ein gesellschaftliches Utopia kann für Böll keine Rolle spielen, weil ja Institutionalisierung und Ordnung des Lebens grundsätzlich verwerflich sind. Es bleibt dann nur der Protest, die sinnbildliche Handlung, in der vollzogen wird, was doch nie real werden kann, die Vernichtung der Institution. Gegenüber den öffentlichen Institutionen: Staat (Gericht), Wirtschaft und Publizität gebraucht der Dichter das Happening als Waffe.

Wir würden fehlgehen, wenn wir die Handlung, das Verbrennen eines Bundeswehrjeeps und die Gerichtsverhandlung, vom Dichter als Happening dargeboten, für einen »Spaß« halten würden, meinetwegen im Sinne von Humor, wo der Ernst sich im Gelächter entlastet. Es handelt sich nicht um Humor, höchstens um einen schwarzen, gallegetränkten, der Freude daran hat, die Blöße einer hassenswürdigen Größe aufzudecken und weh zu tun, wo Vernichtung leider nicht möglich ist. Der Kunstprofessor als Gutachter im Prozeß gegen die beiden Jeep-Anzünder definiert zwar »ein Versuch, heilbringende Unordnung zu schaffen, nicht Ge-, sondern Entstaltung, ja Entstellung – aber diese in eine vom Künstler beziehungsweise Ausübenden bestimmte Richtung, die aus Ent-stellung wieder neue Gestalt macht«[80]. Aber real ist doch, daß eben das sinnbildliche Zerstören das Zeichen ist, das der Künstler setzt.

In diesem Sinne spricht also das Happening seine Sprache. Nicht sollen Verhältnisse geändert werden, sie sollen lächerlich gemacht, als nichtig entblößt werden. Das gilt primär von den beiden, Vater und Sohn, die den Jeep verbrennen. Sie wollen mit ihrer Handlung gegen die Bundeswehr protestieren; sie ist »eine Schule des Nihilismus«[81] mit ihrer »Quaternität des Absurden«, »Sinnlosigkeit, Unproduktivität, Langweile, Faulheit«[82]. Gruhl senior redet von »Blödsinn«[83]. Sein Sohn zeigt während der ganzen Handlung »frivole Heiterkeit«[84]. Aber mit der Armee hängt die Wirtschaft, hängt der Staat zusammen. Der sachverständige Diplomvolkswirt nennt die Zerstörung des Handwerks einen »gnadenlosen, aber ... notwendigen Prozeß«[85], er steht vor dem Fall der Wirtschaft »wie ein Pathologe vor einem Fall hoffnungslosen Krebses«[86]. Der amtierende Richter selbst steht ganz auf der Seite der Protestierenden. Er bestätigt das Urteil eines Zeugen: »Recht und Gesetz richteten sich ja sogar in ihrer Intention gegen die unterstellte Natur des Menschen«[87], und beschließt den Prozeß mit einer Rede, in der er »die Hilflosigkeit der menschlichen Rechtsprechung« deutlich zum Ausdruck bringt und den Anwesenden den Rat gibt, »sie sollten sich unabhängig vom Staat machen ...«[88]. (Man muß diese Ausführungen des Dichters natürlich im Zusammenhang mit den in jenen Jahren stattfindenden Prozessen gegen Anarchisten sehen, die Kaufhausbrände veranstalteten und Banken beraubten.) Wohlgemerkt: der Dichter rät nicht zur Militanz gegen den Staat, er bezeugt ihm aber mit der Happening-Haltung seine Verachtung.

Diese prägt sich in der Sprachsphäre deutlich als Freude am Protest aus. Das Soldatenmilieu kennt Böll offenbar besonders gut. Er benutzt anzügliche, treffende Milieu-Schilderungen, auch den Gegensatz eines bigotten Oberleutnants zu seinen Mannschaften, dazu, um im Obszönen die Bundeswehr bloßzustellen. Das dient nun nicht mehr der Eröffnung der größeren Wirklichkeit des Geschlechts, sondern dem Lächerlichmachen der Institution. Hübsch ist der Zug, daß ausgerechnet der sympathische katholische Pastor, der als Zeuge auftritt, einer in der nahen Großstadt strippenden Frau ein gutes Zeugnis ausstellt.

Ähnliches im Sprachgebrauch passiert auch im Bereich der Religion. Die Zerstörung des Jeeps durch Feuer wird von den beiden Akteuren als eine »Feuermesse« gefeiert. Sie singen dabei Teile der Litanei, sie schlagen ihre Pfeifen rhythmisch zusammen. Und Frau Hall vermacht im Testament ihr Vermögen dem Gruhl junior um »eine Bedingung: einmal im Jahre sollte er so ein Auto in Brand stecken... jedes Jahr eine brennende Fackel, eine Feuermesse für die heilige Agnes, Schutzpatronin der Verlobten«[89].

Hier ist nun keine Rede mehr von einer »Messe ohne Credo«. Die religiöse Form wird nur noch als Leerformel gebraucht, um mit ihr den leeren Protest gegen alle Fremdbestimmung des Lebens zu zelebrieren. Das ist eine neue Stufe der Blasphemie; es findet keine Auseinandersetzung mehr statt. Und wie um das zu unterstreichen, wird der fortschrittliche sympathische Pastor mit einem Lob bedacht, der den bewußt abtrünnig gewordenen jungen Gruhl den »besten Christen« nennt[90] und Vernunft und Phantasie anstelle des Gewissens für die »beiden göttlichen Gaben«[91] erklärt.

Im Verfolg dieser Entwicklung bei unserem Dichter fällt nun auch auf das Werk neues Licht, das wir — als die »Summe seines Schaffens« — schon analysiert haben, auf das »Gruppenbild mit Dame«. Um seine Stil-Ebene zu treffen, können wir an Erkenntnisse von Harvey Cox anknüpfen. Dieser amerikanische Theologe hatte nach 1945 die Emanzipation in der Theologie angeführt und Bonhoeffers These von der »Religionslosigkeit« als unserem Schicksal übernommen. Dann aber hatte er entdeckt, daß der Mensch sein Leben nicht schon erfüllt, wenn er weltlich-diesseitig tätig ist und alle Geheimnisse aufbricht. Er beobachtete den unbesiegbaren Drang zu transzendieren. In den, wie er sie nannte, »Neomilitanten« regt sich die Enttäuschung an der Gegenwart und ihrer Nichtigkeit; sie bekämpfen Vergangenheit und Gegenwart, damit aus ihrem Bersten ein neuer Anfang entstünde. Und er beobachtete bei den »Neomystikern« die umgekehrte Bewegung: sie begehren aus der Zeit auszusteigen und im Rausch eine Überwelt zu erreichen. Cox meint nun, daß es an der Zeit sei, einen dritten Weg zu eröffnen, der über die falsche Alternative von Konflikt oder Flucht hinausführt. Er empfiehlt das »Fest der Narren«. Gerade wenn der Mensch in den Entfremdungen des Lebens, deren stärkste Instrumente die Institutionen und die technischen Medien sind, zu zerbrechen und ersticken droht, dann kann er die Kraft in sich entdecken, auszuhalten, ohne auszubrechen, zu bejahen, ohne einverstanden zu sein. Cox nennt dies die Haltung des Narren, eine »Juxtaposition«. Der Narr durchbricht im ›Exzeß‹ die Normen des Alltags, er bejaht das Leben trotz allem, er hält in den Kontrasten durch. Diese Dimension des Lebens gilt es heute zu entdecken. Ihr Repräsentant ist Christus. Früher war er als der ›Herr‹ Repräsentant der Ernsthaftigkeit und Erfülltheit des Lebens, er war auch ›Lehrer, Richter, Arzt‹. »Jetzt ist Christus in einem neuen, oder eigentlich in einem alten, aber wiederentdeckten Gewand auf die Bühne des modernen säkularen Lebens getreten. Es erscheint Christus der Harlekin: die Personifizierung der Festlichkeit und Phantasie.«[92] Er verzichtet darauf, diese Welt als das Letzte zu nehmen; er zerbricht sie nicht um einer imaginären Zukunft willen und zieht sich nicht aus ihr zurück. Er hält alle Spannungen aus, destruiert jeden Anspruch auf Herrschaft, ohne selbst an die Stelle zu treten, und hält so das Leben offen und gibt ihm Atem.

Uns geht es jetzt nur um die Dimension des Festes, die in den Spannungen dieser Wirklichkeit die Tiefe eröffnet. In dieser sieht Cox die Widersprüche der Welt aufgehoben. Wir haben den Eindruck, daß mit ihr auch bezeichnet ist, was die Darstellung des Lebens im »Gruppenbild mit Dame« trägt.

Dann darf der Rückgriff in die Zeit des Dritten Reiches und sein Ende nicht als Rückfall in unbewältigte Vergangenheit gedeutet werden, sondern als Rückgriff auf den Null-Punkt: eben im Aufgang und Zusammenbruch des Unmenschlichen im Staate haben Menschen in jener Narren-Rolle gelebt, in jener »Juxta-Position«, die es erlaubte, weder auf den St.-Nimmerleins-Tag zu warten noch einfach so zu tun, als ob das Wirkliche nicht wirklich sei, sondern in allen Entfremdungen und Katastrophen ein festliches Dasein zu leben. Nur: Anders als bei Cox ist nicht Christus als Narr der Prototyp dieser ekstatischen Existenz, sondern Maria. Das ist zunächst einmal der Unterschied zwischen dem Theologen aus protestantischer Tradition Cox und dem rheinischen Katholiken Böll. Aber er weist doch weiter. Cox meint, daß Gott selbst das Lachen über die konfuse Welt anstimme, Böll läßt Maria eine Frau sein, in der der Mensch sinnlich ganz bei sich und der Welt zu Hause ist. Cox läßt die Religion sich an Gott entzünden, Böll aber am Menschen.

Wenn diese Deutung der Grundfärbung von »Gruppenbild mit Dame« richtig ist, dann treten auch die Bereiche des Obszönen, der Blasphemie und der aufständischen Rede in eine neue Beleuchtung.

Obszönes Reden will jetzt nicht mehr den prüden Bürger schocken; es will auch nicht pornographisch verstanden werden, sondern im Sinne der Juxtaposition als Transzendieren der Sinnlichkeit selbst. Wenn wir also in dieser Hinsicht eine zweite Naivität annehmen — und ich glaube, daß Böll so verstanden sein will —, dann erhebt sich natürlich die Frage, ob der Dichter die Spannung wirklich aushält, in der obszönes Reden legitim ist. Überspielt er nicht die tiefe Erfahrung von Tod und Vergänglichkeit, das Ekelhafte an der Fäkal-Sphäre, den Widerspruch von Besitzergreifen und Sich-Verschenken, der in jeder tiefen Liebe erfahren wird? Mir sind die Bilder vom »Beiwohnen« zu flach, zu spannungslos. Sie geraten nahe an den Kitsch heran, dienen mehr der Überhöhung des Daseins in einer Art Überbau als der Realität und ihrer Tiefe. »Zärtlichkeit« im Beiwohnen, dieses Lieblingswort des Autors von Anbeginn an, in allen Ehren. Wo bleibt aber der »schuldige Flußgott des Bluts« (Rilke)? Der domestizierte Sexus ist eine kleinbürgerliche Erfindung. Diese Reduktion hängt dann aber damit zusammen, daß der Autor die Sphäre des Privaten, des Intimen nicht der gleichen Kritik aussetzt, die er der Außenwelt angedeihen läßt. Wehleidigkeit hindert ihn daran, die Kreuzesgestalt des Daseins in den Blick zu bekommen.

Nicht anders steht es mit der blasphemischen Sprechweise. Wir haben die nötigen Beobachtungen dieserhalb am Sprachgebrauch des Dichters schon gemacht und können jetzt wieder zu ihnen zurücklenken. Blasphemie steht offenbar im Dienste der Religion, der letzten Wahrheit. Und gewiß ist es die besondere Situation unserer nachchristlichen Welt, daß wir das Bild von Jesus Christus, das die

Christenheit sich aufgerichtet hat, wegräumen müssen, damit der wahre Christus herauskommt. Wir glauben Böll auf diesem Wege zu sehen. Aber wir fragen, ratlos, wie soll dann die Wahrheit noch zur Sprache kommen können, wenn ihre Sprache, ihre Namen erst zerbrochen werden müssen? Wie kann, sachlich gesprochen, noch wahr sein, daß der Mensch nicht aus sich heil wird, sondern aus der Begegnung, daß die Unreinigkeit der Existenz und Sprache nicht schon im Vernichten des Falschen überwunden wird, sondern nur, wenn Gott selbst leidend diese Okkupation durch den Menschen trägt? In diese Dimension dringt Böll nirgends vor. Er hat die Härte und Unerbittlichkeit des Kreuzes, daß es an der Selbstbezogenheit des Menschen entsteht, nicht gesichtet. Was von der Gestalt Jesu bleibt, ist nur eine verblichene Stelle im Anstrich einer ehemaligen Schulstube, »an der einmal ein Kruzifix gehangen hatte«[93]. Damit ist in der Tat die Situation beschrieben, in der sich die Welt nach 2000 Jahren Christentum befindet.

Das jüngste Buch des Dichters, »Die verlorene Ehre der Katharina Blum«, bestätigt unsere Analyse in zwei Punkten.

Der religiöse Bereich verblaßt, wie der Schatten vom Kruzifixus an der Wand. Katharina ist aus der Kirche ausgetreten[94], sie ist der Reue unfähig[95], sie betritt eine Kirche nur noch, weil und wenn sie Ruhe braucht[96]. Die Kirche muß nicht ernstgenommen werden. Der Pastor, der auftritt, ist ein Kommunistenfresser, die Mutter der Katharina ist unglaublich von ihm behandelt worden. Die positiven religiösen Töne werden auf den Bereich des Geschlechtlichen angewendet. Zweimal wird die adventliche Formel »der da kommen soll« auf den Geliebten angewandt[97].

Die entscheidende Front ist die Auseinandersetzung mit der Wirksamkeit der publizistischen Organe. Sie überspielen auch noch den Staat in seiner Macht und sind die eigentlichen Machthaber dieser Welt. Ja, der Staat ist machtlos gegenüber der Großmacht der *Zeitung*. Böll entwirft eine treffende Karikatur der Wirksamkeit der »Bildzeitung«: Täuschend ähnlich äfft er ihren aufreizenden Stil nach, beschreibt er die Methoden, die Intimsphäre aufzuspüren, die Freude an moralischen Verdächtigungen bei gleichzeitig eigenem Spaß am Obszönen, die Anwendung von Übertreibungen und die konsequente Anwendung der Anklage, das Arbeiten mit der Polarisierung von Schwarz und Weiß, Gegner und Freund.

Wir bemerkten schon, daß Böll sich der gleichen Mittel bedient, die er anprangert: dann argumentiert er nicht, sondern beschwört Eindrücke und Gefühle. Er entlastet die angegriffene Person Katharina, so daß ihr Mord an dem Journalisten voll gerechtfertigt erscheint, und malt den Gegner in dunklen Farben. Und noch die Versicherung, es solle mit dem allen »nicht ge-, sondern nur berichtet werden«[98], ist ein Kunstmittel des allerschärfsten Urteils.

Diese Weise zu erzählen ist nicht einfach zu verwerfen. Sie hat ihr Recht, wie Polemik ihr Recht hat. Hier werden Gefahren sichtbar gemacht, die unser Leben bis in die Tiefe bedrohen. Aber es müssen doch zwei Fragen gestellt werden. Die erste lautet: Kann die zerstörerische Macht der Publizität auf der gleichen Ebene überwunden werden, wenn Selbstbefangenheit mit Selbstbefangenheit konfrontiert wird? Und dazu tritt die andere: Was bedeutet es, wenn die Macht der Publizität dadurch gebrochen werden soll, daß im Medium der Öffentlichkeit Wirksamkeit entfaltet wird? Hier wäre doch eine innere Auseinandersetzung am Platze, der Versuch, die Ebene der Publizität zu reinigen.

Niemandem kann verborgen sein, daß diese Aufgabe, das »öffentliche Wesen« zu heilen, im Augenblick nicht, vielleicht überhaupt nicht zu leisten ist. Von daher bekommt auch die Polemik des Dichters ihren Wert. Aber sie ist eher ein Symptom unserer Krankheit als ein Zeichen der Hoffnung.

D. Günter Grass und Heinrich Böll

Ein Vergleich

Nun könnte ein neuer Gang der Gedanken beginnen; ein Vergleich zwischen Grass und Böll würde sich anbieten. Da aber unsere Intention darauf geht, Beispiele für die Bewegungen des deutschen Menschen im Spannungsfeld der privaten, politischen und religiösen Existenz zu untersuchen, wollen wir es bei einigen mehr andeutenden Strichen belassen. Die Unterschiede und Ähnlichkeiten, die dabei heraustreten, können als Beitrag für eine Beschreibung dienen, die fortgesetzt werden kann und auch sollte.

Um den Vergleich griffig zu machen, bedienen wir uns eines einfachen Kunstgriffs. Wir ziehen Material heran, bei dem die äußerliche Ähnlichkeit dazu anreizt, Gleichheit, Verwandtschaft und Fremdheit zu messen.

Wir beginnen mit der Verwendung der neutestamentlichen Szene, in der Jesus Petrus nach dessen Verleugnung in sein Amt beruft: Weide meine Schafe. Beide Dichter haben diese Szene aufgegriffen, aber in einer für sie charakteristisch unterschiedlichen Weise[1].

Grass hat sie in der »Blechtrommel« auf Klein Oskar angewandt. In der Herz-Jesu-Kirche kommt es zu einem Dialog zwischen dem Jungen und der Figur des kleinen Jesus in Gips auf dem Schoß der Mutter Maria. Oskar will sich gerade entfernen, da beginnt das Jesuskind das Gespräch: »Liebst Du mich?« fragt er. Und trotz der Abweisung durch Oskar beauftragt er diesen »Du bist Oskar, der Fels, und auf diesen Fels will ich meine Kirche bauen. Folge mir nach!« Und trotz allen Sträubens: die Berufung ist gültig: »Jesus hatte eventuell einen Nachfolger. Die Stäuber jedoch sollten meine ersten Jünger werden.«

Hier sind wichtige Züge, die das Verhältnis zur Kirche ausdrücken, beisammen: Jesus wird als Gegenüber eingeführt; der Gnom reagiert in Abwehr auf seinen Befehl; er bleibt aber gerade so auf ihn bezogen, ja er folgt ihm. Und: Nicht Petrus, sprich die Kirche oder der Papst, ist hier angeredet, sondern unmittelbar der einzelne Christ. Darum kommt es auch bei Grass nicht zu dieser Aggression gegen die Kirche, die wir bei Böll sich durchhalten, ja steigern sehen. Das Ganze will doch sagen: Jesu Auftrag bleibt nicht ohne Folgen; auch noch die oppositionellen Christen bilden eine Gefolgschaft. Ja, sie sind es, die ihn heute in der Welt repräsentieren müssen.

Bei Böll wird das genannte Wort »Weide meine Lämmer« in dem Roman »Billard um halb zehn« als eine Art Leitmotiv verwandt. Es ist das Losungswort für die von der Macht Verfolgten, für die Lämmer. So wird es zur Anklage gegen die Nachfolger des Petrus, für die Priester und die Kirchenchristen benutzt. Auch die Mönche »haben meine Lämmer nicht geweidet«. Vielmehr haben sie als Adventsliturgie das Soldatenlied gesungen: Es zittern die morschen Knochen[2]. Nur ein paar arme Sektierer, die im Hintergrund leben und zugrunde gehen, haben den Befehl befolgt. Und diese müssen feststellen, daß Jesu Tod den Menschen nichts nützt; denn die Hirten folgen seiner Anweisung ja nicht.

Böll hört diesen Befehl zur Nachfolge also anders als Grass, in doppelter Hinsicht. Er dient zur Abgrenzung von der Kirche und ihren Vertretern; er wird gehört als Aufforderung zur Sorge für die vor der Macht Unterdrückten. Und während Grass auf den Gegensatz von Gläubigen und Zweifelnden schaut und beide von dem Wort Jesu umfaßt sein läßt, scheidet Böll mit dem Wort die Kirchenchristen von den Unterdrückten so, daß Unterdrückung durch Staat und Kirche zum Ausweis der Zugehörigkeit zu den Erwählten wird.

Einen ähnlichen Unterschied in der Struktur finden wir im Verhältnis der beiden Schriftsteller zum Staat. Wir können es an der verschiedenen Darstellung eines Happening ablesen. Für Böll ist das Verbrennen des Jeeps eine Handlung, die als Ausdruck der Verachtung gegenüber dem Staat und als Zeichen für die Absurdität des Daseins ganz die Zustimmung des Dichters findet. Dem liegt die Ansicht zugrunde, daß dem Leben in diesem Bereich nicht zu helfen ist. Der wesentliche Mensch muß sich — fast sektiererisch — vom Staat abwenden. Anders Günter Grass. Das Happening, das der Schüler in »Örtlich betäubt« mit dem Verbrennen seines Dackels auf dem Kurfürstendamm anstiften will, wird vom Studienrat Starusch verhindert. Er versteht es zwar richtig als Ausdruck von Verzweiflung und nihilistischer Abkehr von dem realen Leben; aber gerade das ist für ihn keine gesunde, sondern eine neurotische Einstellung. Nur wer die Ungereimtheit des Lebens konkret angeht und in der Geduld der Schnecke aufarbeitet, ist Realist, wird dem Leben gerecht. Man muß sagen: Das Leiden an den Widersprüchen des öffentlichen Lebens bringt Grass zu tätiger Bejahung, Böll möchte sich der absurden Widerlichkeit des öffentlichen Lebens entziehen.

Diese Differenz darf freilich weniger grundsätzlich verstanden werden, sondern eher als verschiedene Weise, auf die gleiche Situation zu reagieren. Das wird auch an dem Bild deutlich, das die beiden Autoren und Mitglieder der SPD-»Wähler-Initiative« von Willy Brandt zeichnen[3]. Der Unterschied ist allerdings bemerkenswert. Für

Günter Grass muß von seinem eigenen Daseinsverständnis her bei Brandt besonders wichtig sein, wie er sich der Vergangenheit stellt. »Sobald er Schritte macht, bewegt er Vergangenheit, seine, unsre: die nationalen Wackersteine.«[4] Darum ist der Kniefall des Kanzlers im Warschauer Ghetto für ihn eine entscheidende politische Tat: »Vielleicht hat das sprachlose Handeln eines Politikers, der dort, wo das Warschauer Ghetto gewesen ist, Last getragen hat und auf die Knie ging, der Erkenntnis ungeminderter Schuld späten Ausdruck gegeben. — Reue als gesellschaftlicher Zustand wäre dann die entsprechende Utopie; sie setzt Melancholie aus Erkenntnis voraus.«[5] Wer sich zur Vergangenheit bekennt und Geduld aufbringt, sie aufzuarbeiten, ist zwar in Gefahr zu zaudern. Er bringt aber »ein Schneckenmaß mehr Gerechtigkeit«[6] zustande. Darin liegt die Bedeutung dieses Mannes für das deutsche Volk.

Anders Böll. Er nähert sich Brandt aus seiner politisch-sektiererischen Perspektive. »In Willy Brandts Lebenslauf liegt Stoff für eine Legende, fast für ein Märchen, das wahr ist. Nicht der legitime Aggressionskatholik aus München wurde Bundeskanzler, sondern der illegitime Herbert Frahm aus Lübeck, der diesen von der bürgerlichen Gesellschaft mitgegebenen Urmakel, diese Idioten-Erbsünde, auch noch verstärkte, indem er Sozialist und auch noch Emigrant wurde.«[7] Das macht ihn zum Prototyp einer neuen Gesellschaft, die die alte mit den »sporenklirrenden, gelegentlich die Peitsche schwingenden Herren von der Herrenpartei«[8] ablösen wird. Er kann ein messianisches Zeitalter bringen, immerhin ist er »der Sohn einer Jungfrau« wie Jesus[9], und »auch kein ›Herr‹ und ›Herrscher‹« wie dieser[10]. Ein wenig muß man diesem Wahlkampf-Stil das Bildzeitungs-Niveau dieser Äußerungen zugute halten. Aber der Kern ist fest. Es geht darum, daß hier einer Repräsentant des Staates wird, der in »plebejischer Sensibilität« ein neues Zeitalter heraufführen kann, das das Zeitalter der Herren und Büffel ablöst. Wir können das nur sektiererische Sentimentalität nennen.

Die hier sich offenbarende Differenz gründet in einem letzten Unterschied in der Auffassung von Leben. Böll tendiert dahin, die Gegensätze zu überhöhen, um dann in symbolischen Figuren und Handlungen die Erfüllung als gegenwärtig zu feiern. Die Seligpreisung Jesu: »Selig sind die Sanftmütigen, denn sie werden das Erdreich besitzen«, wird von ihm gewissermaßen präsentisch verstanden. In den erfüllten Augenblicken der Liebe, z. B. in dem Grabgewölbe zu Ende des Krieges, beginnt die neue Welt. Dann kann von der tradierten katholischen Liturgie die Litanei ihre Bedeutung behalten; denn sie beschwört die Gestalten derer, die die Erfüllung für die Sanftmütigen geglaubt haben.

Grass seinerseits hängt stärker an dem Schuldcharakter des Lebens; darum ist die Mühsal, der Vergangenheit standzuhalten, der einzige Weg durch die Zeit. Das geht dann nach dem Motto: »Wer spricht von Siegen; überstehen ist alles.« Und vom Gottesdienst bleibt die Messe ohne Credo; also das Schuldbekenntnis und der Vollzug des Opfers.

E. Grenzüberschreitungen der Sprache und Transzendenz

I.

Wir haben das Werk zweier Dichter aus unserer Zeit nicht eigentlich nur dazu analysiert, um in die von ihnen gestaltete Welt einzudringen, sondern mehr, um an ihrem Beispiel zu studieren, wie wir Menschen das Leben zur Sprache bringen. Das ist darum wichtig, weil die Sprache nicht einer Formel gleicht, die auf einen Sachverhalt angewendet wird, sondern vielmehr einem lebendigen Organ, das zur Sprache gehört und mit ihr korrespondiert. Sachlich bedeutet das: Sprache ist immer schon Resultat von Weltbegegnung, Weltgestaltung, Weltverwandlung durch Sprache. Sie bringt Vergangenheit zur Sprache, indem sie bekennt, verschweigt, verkürzt, verwandelt. Sie drückt Gegenwart aus, im Element der offenbarenden Verhüllung. Und sie eröffnet Zukunft, so daß jede Entscheidung sowohl erlaubt als verbietet, sowohl eröffnet wie verschließt.

Solche Weltgestaltung im Element der Sprache zeigt bestimmte Züge, die sich durchhalten. Offenbar ist Sprache darauf aus, Wirklichkeit zu gewinnen durch Verwandlung. In diesem Transfer sind Gewinn und Verlust nahe beieinander. Immer muß geopfert werden, wo gewonnen werden soll.

Dabei ist eine Unruhe als Ursprung und Ziel in der Sprache wirksam, eine Tendenz zum Totum, die alles Sprechen bestimmt und so verwickelt macht. Denn dieses Totum verwirklicht sich in der Zeit, die doch kein Totum kennt, sondern nur ein Nacheinander; es ist immer schon verloren, wenn es den Menschen in seinem Weltverhalten bestimmt, nie zu seiner Verfügung, obwohl es ihn bestimmt.

Das Totum als die Bestimmung des Menschen drängt in der Zeit; nur in ihr, also nur partiell kann das Ganze erscheinen. Es sucht die Umwelt, Menschen und Dinge, stößt sich bald von ihnen ab, will sie dann wieder vereinnahmen. Es läßt den Sprecher ansetzen, Schranken zu durchbrechen, um Neues zu gewinnen — Verborgenes und Sich-Verbergendes offenbar zu machen, aus dem Gewohnten in Ungewohntes auszuwandern.

Diese Unruhe, die sich so mannigfaltig in der Bewegung des Sprechens äußert, ist ambivalent. — Man kann in ihr die Schöpferkraft des Menschen sehen, der nach seiner Bestimmung die Dinge bei Namen nennt und doch zugleich im Benennen fixieren muß. Man kann ihr Geheimnis in der Lösung von Rätseln suchen, die dem Menschen mit dem Leben gestellt sind, und doch dabei entdecken, daß in der Enthüllung von Geheimnissen ein Übergriff liegt, der das Leben tötet. Man kann den Menschen in der Sprache tätig sehen, sich alles verfügbar zu machen und dabei sich selbst auszusprechen, und muß dann feststellen, daß er damit einem Zwang folgt, der ihn zum Offenbarmachen drängt. So liegt dann in dem Sich-Offenbaren etwas Selbstzerstörerisches. Noch der Versuch zu verhüllen spricht.

Damit deuten wir Konturen an. Zwei Züge sind für alles schlechterdings konstitutiv.

1. Das Sprechen der Sprache durch den Menschen vollzieht sich in der Zeit, es ist Ausdruck der Zeitigung selbst. Darum ist der Prozeß des Sprechens konstitutiv. Die Unterscheidung von Langue und Parole ist demgegenüber erst sekundär[1]. Denn auch noch die »Konstanz« der Sprache liegt nicht außer der Zeit, sondern besitzt als Struktur im strengen Sinne zeitigenden Charakter und ist nur als Zeitigung im Wandel wirklich und hat geschichtlichen Charakter. Es gibt keine Sprache an sich. Auch ihre Struktur ist in der Zeit.

2. Daß die Sprache auf Erfüllung in der Zeit und auf Erfüllung der Zeit aus ist, macht ihre Tiefe aus. Bald sucht sie die Vergangenheit — die ›temps perdus‹ — »aufzuheben«, bald die Gegenwart festzuhalten, bald die Zukunft zu eröffnen. Wenn sie aufs Ganze aus ist, dann muß sich alles eröffnen in einer Art eschatologischer Tendenz. Aber mit der Eröffnung entleert sie das Leben, sie schafft eine schaudervolle Leere, sie muß sich selbst aussetzen und damit das Ende heraufführen. Die Sprache arbeitet also mit ihrem Drang nach Offenbarung und Vollendung an ihrer eigenen Vernichtung. Diese besteht aber nicht im Nichts, sondern in der Offenbarung der Nichtigkeit. Was Wunder, daß es sie immer wieder vor der letzten Eröffnung schaudert. Sie lebt davon, daß die letzte Eröffnung nicht glückt. Ja, sie flieht in ihren Eröffnungen die letzte Eröffnung. Denn diese würde offenbar machen, daß alles Sprechen vor einem Zeugen geschieht. Und eben der ist's, dem der Mensch sprechend entfliehen, vor dem er sich verbergen möchte. Denn er erträgt es nicht, sein an die Zeit Ausgeliefertsein so anzunehmen, daß sein und der Welt Geheimnis ihm nicht offenbar ist, sondern dem, der ihm Zeit gibt. Die Sünde ist in diesem Sinne die Unruhe der Sprache. Weil der Mensch selbst das Geheimnis der Wirklichkeit in der Zeit entdecken, das Rätsel lösen will, darum beschreibt er Gott als den Garanten dieses Geheimnisses. Er versteckt sich vor ihm und sucht selbst in der Sprache das Geheimnis und offenbart in diesem Tun seine Sünde.

Diese beiden Grundzüge bestimmten die Sprache in den Bereichen des Lebens, die wir bei den Schriftstellern auftreten sahen: im Geschlechtlichen, im Religiösen, im Öffentlichen. Diese Beobachtung ist von besonderer Bedeutung, denn die genannten Bereiche konstituieren nicht nur das menschliche Leben in der Zeit, sie sind auch exakt durch die Tendenz zur Offenheit und zugleich zum Sich-Verschließen gekennzeichnet und sie sind schließlich ineinander verwoben zum Ganzen des Lebens.

1. Das gilt vor allem vom geschlechtlichen Bereich. In ihm webt die Unruhe von »verborgen und offen«. Da ist einmal die Tendenz des Partners, sich den anderen in seinem Geheimnis zu erschließen. Und diese realisiert sich nicht nur im Ansprechen, sondern im Eindringen in das Geheimnis des Fleisches. Da der Partner dabei den anderen entblößt und doch auf das stets neue Geheimnis, z. B. der nackten Faktizität, stößt, kommt Unrast in den Umgang der Geschlechter. Wenn die gegenseitige Entdeckung am Ziel und die Eröffnung des Geheimnisses des anderen gelungen ist, offenbart sich als Kern das Nichts — oder neues Geheimnis, Rätsel, Widerstand. Auch umgekehrt gilt: Wer sich dem anderen offenbaren will »Enträtselnd sich dem ewig Ungenannten« (Goethe), der erfährt, daß eben die Öffnung für den anderen umschlägt und zum Beginn eines neuen Entzuges wird, in dem er sich nicht nur dem anderen entzieht, sondern sich auch sich selbst entzogen spürt.

Die Sprache hat lange Zeit ihre Möglichkeiten dazu benutzt, um dem Geheimnis des Geschlechts die Ehre zu geben. Die Verschlüsselung im Symbol diente dazu, den Anreiz des Geschlechts lebendig zu erhalten, die Spannung zu stärken, vielleicht auch das Geheimnis der anderen zu schützen. Aber zugleich war Falschheit in dieser Sprechweise. Denn es konnte in sie nicht eingehen die Erfahrung des geraubten Geheimnisses, und wenn schon (im Bilde von der Rose und ihrem Dorn), so doch nicht die Erfahrung der Leere, der Gefährdung des anderen durch die Begegnung.

Da gab es denn zwei Wege, dem abzuhelfen. Einmal die biographische Rede, die Erzählung vom Schicksal zweier Liebenden, und dann die obszöne Rede. Diese ist ja offenbar darauf aus, dem Verborgenen abzuhelfen und auch in der Sprache zu tun, was die reale Handlung gebietet: dem anderen die Scham aufzudecken und das Geheimnis zu rauben. Obszönes Reden ist ein Angriff im Element der Sprache. Angemessen ist es insofern, als es den falschen Schein zerstören will. Unangemessen aber ist daran, daß es ausspricht, was nur im konkreten, von den Personen unablösbaren Tun legitim ist.

2. Wir hatten Gelegenheit genug, die Verwandtschaft von Sexus und Religion festzustellen. Wir fanden die Stärke und Verwandtschaft beider in der Tatsache, daß der Umgang mit der Wirklichkeit praktiziert wird und die Sprache primär nicht in Beschreibung von Zuständen wirkt, sondern konkreten Umgang ausdrückt und vollzieht.

Es war wohl nicht von ungefähr, daß die Nähe der beiden Bereiche von uns bei zwei katholischen Dichtern beobachtet werden konnte. Bei Protestanten würden wir höchstens das Gebet als Grundbestand von Religion, vielleicht bei manchen noch ein magisches Verhältnis zum Wort Gottes finden. Der Katholik lebt seine Religion im Vollzug. Selbst wenn er sich als Person abgewendet hat, bleibt er doch noch in den Gesten und Riten, in die er einbezogen wurde. Darum ist, was wir Religion nennen, bei den Katholiken stärker ausgebildet; und als eine Größe, die den einzelnen prägt, fordert sie auch stärker zur Auseinandersetzung heraus. Dann muß aber auch die dem Menschen innewohnende Tendenz zur Aufhebung aller Abhängigkeit, aller Geheimnisse intensiver wirksam werden. Wieder macht sich auch in dieser Beziehung der Unterschied bemerkbar: der Protestant beginnt zu problematisieren, er bezweifelt Wahrheiten, setzt sich auseinander oder vergleichgültigt. Der Katholik benutzt andere Mittel. Gegen Riten und Symbole, die vollzogen werden, ist nicht sosehr die Reflexion wirksam, als vielmehr der Gegenritus und die Blasphemie. Wir haben vielleicht nicht genug darauf hingewiesen, daß obszönes Reden durch Gesten unterstützt wird und daß blasphemisches Verhalten sich in Gegenkulten verwirklicht und in Gegenformeln zelebriert werden will. Es ist wohl nicht zuviel behauptet, daß vor allem in der Prosa von Günter Grass dieses Element spürbar ist, die im Vollzug wirksame Kraft. Und mit dem Abbau der magischen Bezüge verliert seine Sprache an Potenz. Es zeigt sich bei ihm auch kein Zuwachs an anderen Kräften, etwa an Stärke der Reflexion. Vielmehr verblaßt die Magie, die im symbolischen Reden liegt, in der Allegorie.

Die Blasphemie macht offenbar, worin die Problematik der Religion liegt. Religion ist zunächst dem Menschen angemessen: er macht die Erfahrung der »schlechthinnigen Abhängigkeit« seiner Existenz und seiner Welt von dem verborgenen Grund. Diese Abhängigkeit vollzieht er im Gebet und im Kultus. Aber — Abhängigkeit, in Sprache realisiert, bedeutet zugleich ein Stück Inanspruchnahme und Gegenseitigkeit. Dann lehnt sich vielleicht der Mensch gegen den Anspruch der Gottheit auf, oder er versucht, ihr Bereiche zu entziehen. Nimmt das die Form offener Ablehnung an, so greift der Mensch zur blasphemischen Rede. Von der alle Religion transzendierenden Offenbarung her wissen wir, daß in diesem Akt der Auflehnung der Mensch sich regt, der von keiner kreatürlichen, auch kosmischen Macht abhängig sein darf. So macht also die blasphemische Rede in den Religionen Bahn für die Erkenntnis des Gottes der Offenbarung. Aber nun wiederholt sich diese Problematik im Bereich der Offenbarungsreligion. Wir sahen es am Verhältnis Jesu zu den frommen Juden. Diese beanspruchten für den Gott der Offenbarung die größte Macht. Damit wollten sie in einer letzten Versuchung das Geheimnis dieses Gottes um seine Freiheit und die des Menschen zugleich betrügen. Jesus aber hielt die Antinomie durch: das Geheimnis Gottes ist auch nicht mit Macht zu definieren, sondern mit Liebe, d. h. mit der Offenheit, die nicht bemächtigt, sondern leidet. Dann nimmt aber das religiöse Reden eine letzte Möglichkeit von Blasphemie in sich auf. Im Namen Christi muß die Identifizierung Gottes mit der Macht, mit Tradition und bestimmten Formen der religiösen Übung gebrochen werden, damit das Geheimnis dieses Gottes gewahrt bleibt. Das ist also unter Umständen notwendiges blasphemisches Reden. Dieses droht nun umzukippen, wenn es nämlich die Verborgenheit Gottes am Kreuz nicht durchhält. Dann wird diese Offenheit Gottes im Leiden mit dem Tode Gottes gleichgesetzt und geschlossen: also ist der Mensch allein. Das ist dann die blasphemische Rede, die sich nicht mehr gegen die fixierende Tradition richtet, sondern gegen den sich im Geheimnis offenbarenden Gott. Dann zieht der Mensch das Geheimnis der Wirklichkeit an sich, er höhnt den starken, höhnt den leidenden Gott und stürzt in seine eigene Nichtigkeit. Es ist bemerkenswert genug, daß das Aussprechen von Lästerungen gegen den Gott am Kreuz eine Handlung ist, die das Gefüge der Zeit für diesen Sprecher unumkehrbar verändert.

3. Im Neuen Testament gehören der Bereich der Lästerung und der Bereich der Polis nahe zusammen. In der Polis liegt die Möglichkeit, Blasphemien nicht nur vom Individuum aus zu starten, sondern vom Gesamtwillen von Menschen, respektive der Menschheit selbst. Schon in den antiken Staaten ist diese Redeweise angelegt. Zunächst nimmt der ›cultus publicus‹ den einzelnen in seine Sphäre auf; der Herrscher redet in Vollmacht. Diese Repräsentanz wird dann im römischen Reich vom Kaiser vollzogen. Er kann nicht dulden, daß ihm einer widerspricht, denn er macht das Geheimnis im Symbol präsent.

Hier nun kommt es zum Widerspruch der Christen. Was auch immer es mit der Vertretung des einzelnen durch den Gesamtwillen und mit seiner Integration in ihm auf sich hat, dieser im Kaiser repräsentierte Gesamtwille darf nicht beanspruchen, das Geheimnis der Gemeinschaft darzustellen und zu verwirklichen. Vielmehr kommt diese Rolle allein dem zu, der sich dadurch als der wahre Kyrios erwiesen hat, daß er die höchste Macht in der Ohnmacht ins Geheimnis setzt und die Verschließung der Menschenwelt nicht von außen aufbricht, sondern von innen. Von ihm wird die Verantwortung des einzelnen für den anderen nicht in einem magischen Willen untergebracht und aufgehoben, sondern in der Freiheit, in die Verantwortung am Ganzen einzutreten.

Die Freiheit, die hier der einzelne in den Zusammenhängen der Gemeinschaft erhält, verführt nun den Menschen zu einem neuen Schritt: Wenn denn die Gemeinschaft nicht religiös an die gegebenen Ordnungen gebunden bleibt, sondern in die Freiheit entlassen ist, dann bildet sich nicht nur der Wille des starken einzelnen aus, der selbst meint, kraft der Vernunft das Leben der Gemeinschaft zu ordnen — wie Friedrich II. von Staufen z. B., — sondern darüber hinaus ein Kollektiv-Ich, an das der einzelne seine Potenz delegiert, weil ja die Vernunft das Willkürliche und der Machbarkeit Entzogene einbezieht und so das Geheimnis vernichtet. So entsteht in dem Kollektiv-Ich eine Größe, die verspricht, alle Geheimnisse und Unverfügbarkeiten aufzusaugen und durch die Realität abzulösen. Dann wird der Gegensatz zwischen dem einzelnen und seinem Leben und dem Gesamtleben, in das er doch hineingehört, in der Konstruktion überwunden.

In diesem Felde muß heute beurteilt werden, was sich im »öffentlichen Bereich«, also in der Politik (worunter der Zusammenhang von politischem Handeln, Wirtschaft und Wissenschaft verstanden werden muß) und im Kampf der Ideologien und öffentlichen Meinungsbildung, vollzieht. Es geht um die Einordnung des einzelnen in den Zusammenhang. Er wird für ihn gewonnen durch zwei Mittel, die wie die beiden Bewegungen der Unruhe einer Uhr wirken. Einerseits wird durch Kritik und Aufklärung der einzelne in die Funktion eines Gesamten, einer Konstruktion hineingenommen. Andererseits wird ihm die Utopie vorgespiegelt, daß das Kollektiv imstande sei, die Blöße des einzelnen, das Risiko des Lebens zu überwinden und das Glück als Jenseits von Zufall und Unberechenbarkeit zu liefern. Michel Foucault hat mit aller wünschenswerten Klarheit diese Zusammenhänge herausgestellt: es geht um die Aufhebung der offenen Stelle in der Wirklichkeit, des Ich und seines individuellen Lebens also, in das Kollektiv.

So ist dann auch alle revolutionäre Rede zu verstehen. Sie arbeitet mit Kritik und Protest auf der einen Seite, mit Utopien vom geglückten Leben auf der anderen. Dabei ist der Unterschied zu beachten: die Rede vom Reich hatte noch mythisch-symbolischen Klang. In Symbolen war das Geheimnis präsent. Die Menschheit als klassenlose Gesellschaft aber ist keine symbolische, sondern eine utopische Wirklichkeit. Ihr Spezifikum ist die Verwirklichung, die Wirklichkeit nimmt materiellen Charakter an.

Ein besonderes Problem ist dann natürlich die Consumatio mundi. Genau betrachtet ist die Rede von der »Utopie« dem unangemessen, was heute intendiert wird: denn es handelt sich ja nicht sosehr um die Verwirklichung dessen, was noch keinen Ort in dieser Welt hat, sondern vielmehr um eine Summierung und Aufhebung der Zeit. Hegel hat versucht, das Geheimnis zu denken, er hat es jedoch in dem Augenblick vernichtet, in dem er es im letzten Augenblick aufgehen ließ. Denn das ist das Problem der Erfüllung der Zeit, daß die Vergangenheit sich an den Menschen hängt, seine volle Präsenz verhindert und die Gegenwart bestimmt durch die Drohung der vertanen Vergangenheit. Von der anderen Seite her betrachtet, ist es das Problem des Endes der Zeit: Denn am Ende droht eine Aufhebung des Geheimnisses des Lebendigen, das mit der endgültigen Entblößung identisch ist.

Wenn also die revolutionäre Rede durch wissenschaftlichen Entwurf und Kritik auf der einen Seite, durch Utopie und U-kairie auf der anderen bestimmt ist, dann kommt der Sprache, die dieses Utopia und Ukairia bricht, Bedeutung zu; sie stellt durch den Bruch mit der Sprache der Utopie, der Revolution die Offenheit des Lebens wieder her.

Das kann auf verschiedene Weise geschehen. Bei Böll konnten wir beobachten, wie er der Vernichtung der offenen Zukunft in die Institution hinein dadurch entgegenarbeitete, daß er in Polemik sich gegen die »eindimensionale Welt« wandte und in leidender mehr als leidenschaftlicher Aggressivität eine Gegenwelt der vom Geheimnis erfüllten Materie aufbaute. Bei Günter Grass war der einzelne in den konkreten Zusammenhängen der Brecher der bloß funktionierenden utopischen Welt. Aber nicht das selbstbezogene Leiden gilt als die offene Stelle der Wirklichkeit — wie bei Böll —, sondern die für die Vergangenheit haftende Existenz. Daß sie, die nicht bewältigte Vergangenheit, die Wunde der Zeit offenhält und die Totalisierung der Zeit hindert, macht die Gegenbewegung bei Grass bedeutend.

Man müßte an dieser Stelle einmal kritisch nachfragen, von welchem Standpunkt aus Mitscherlich das Problem der an die Vergangenheit gebundenen Existenz angeht. Seine Feststellung, »unfähig zu trauern«, trifft gewiß den faktischen Bestand zwanzig Jahre nach dem Zusammenbruch. Aber seine Lösung zeigt ihn selbst in ein krankes Verständnis von Zeit verwickelt. Er meint, die Gebundenheit an die Vergangenheit dadurch überwinden, abarbeiten zu können, daß der Mensch die Zusammenhänge nicht verdrängt, sondern sich bewußtmacht und der Selbstkritik fähig ist. Aber das heißt, die ernste Offenheit der Zeit, die Unverfügbarkeit der Vergangenheit im gleichen Augenblick anzuerkennen und zu verleugnen. Denn Offenheit würde ernsthaft erst dann anerkannt sein, wenn das Unverfügbare und Erinnerte der Vergangenheit Anzeichen dafür ist, daß der Mensch einer anderen Instanz ausgesetzt ist, daß er seine Blöße hat, die er durch Verdrängung bedecken kann. Nicht schon die Selbstkritik ist Offenheit, sondern erst die Erfahrung des fremden Urteils, das mich öffnet. In der alten Sprache der Dogmatik ist dieses Phänomen unter »Gewissen« zu verstehen, nicht schon die Bezogenheit auf ein Über-Ich, wie die Analytiker und Psychologen meinen.

An dieser Stelle erheben sich schwere Fragen an die Kirchen. In welcher Weise haben sie die Bindung an die Vergangenheit verstanden? Deutlich war der Beitrag der Protestanten zu diesem Thema im Stuttgarter Schuldbekenntnis. Da ging es um die Erklärung von Christenmenschen nicht eigentlich im Namen des deutschen Volkes, sondern im eigenen Namen. Das Bekenntnis betraf die Mangelhaftigkeit des christlichen Zeugnisses und die darin begründete Verantwortung für die Taten des Dritten Reiches. Und entscheidend war, daß die andere Seite, die ökumenischen Brüder, die Hand der Vergebung reichten. Das war ein Augenblick der Aufhebung der Zeit im Raum der Kirche. Aber so gut wie gar nicht wurde von den Kirchen das Problem angepackt, was denn unter Vergebung der Untaten, der Mitverantwortung im Dritten Reich zu verstehen sei. Da hörte man fast nur den Ton der Selbstrechtfertigung im Hinweis auf die Märtyrer, die den Kirchen gegeben waren. Was Heilung der Vergangenheit heißt, wie sie von Gott geleistet ist, inwiefern sie nicht ein Lehrstück, sondern ein echtes Credendum sei, das konnte man kaum erfahren. Vom Unternehmen, das Leben als »Buße« zu leben, die Vergangenheit durch Askese zu verwandeln, das Leben so zur Ganzheit zu machen, davon haben wir nichts vernommen. Darum kam dann auch zwar der Wille zum Tragen, die alten Fehler zu vermeiden. Es fand sich aber keine Einsicht in den Charakter neuer Verstrickungen der Kirche. Die Herrschaft-Christi-Theologie in der Rheinischen Pfarrbruderschaft hielt ihren Ansatz nicht durch. Und die Komplementarität von Aufrüstung und Verweigerung des Waffendienstes ließ alle Züge eines dritten Weges vermissen.

III.

Wichtig ist natürlich, den Zusammenhang der drei genannten Sprachbereiche und ihre gegenseitige Bedingtheit zu sehen. Diejenigen Dichtungen sind bedeutend, die die drei Felder zusammen bestellen und sie eng miteinander verbunden sehen. Unter diesem Gesichtspunkt muß der »totale Zusammenbruch« von 1945 gesehen werden. Es ist nicht von ungefähr, daß die von uns behandelten Dichter eben diesen Tiefpunkt persönlicher und gemeinschaftlicher Geschichte als den eigentlichen Quellort ihrer Dichtung ansehen. Man kann gewiß sagen, daß die Dichtungen ihre Gestalt aus der Art und Weise gewinnen, wie sie den Zusammenbruch erlebt haben. Es ist ja doch bezeichnend, daß wir bisher zwei Typen solcher Auseinandersetzung besitzen. Da sind einmal die Biographie oder die biographischen Zeugnisse derer, die im Dritten Reich Widerstand geleistet haben. Da ist auf der anderen Seite der Versuch solcher, die als junge Menschen das Dritte Reich erlebten, für die der Zusammenbruch das Erwachen war, nicht zum Bekenntnis vergangener Schuld, sondern von Verstrickung. Die Auseinandersetzung von Böll und Grass wächst auf diesem Boden. Es wäre nun noch zu erwarten, daß auch diejenigen sich äußern und ihre Bewältigung jener Jahre darböten, die in der Weise des kleinen Mannes mittätig waren, sei es als Soldat oder als Beamter, als Arbeiter oder als Student.

Von diesen Überlegungen her sind zwei Einschränkungen zu all unseren Beobachtungen zu machen.

1. Unsere Erkenntnisse über die obszöne/blasphemische/revolutionäre Rede haben wir an ganz bestimmten Fällen gewonnen. Es müßten viele andere Konstellationen dazu untersucht werden, damit das Instrumentarium solcher Rede überblickt und geordnet werden könnte.

2. Man muß sehen, daß die Erschütterung durch die Katastrophe von 1945 die Tiefe erreicht, daß sie aber ganze Bereiche nicht erfaßt. Ich denke daran, daß z. B. zwar der Bann, der von der mythischen

Daseinsgestaltung ausgegangen ist, Gegenstand radikaler Offenbrechung und Wandlung geworden ist; aber die Dämonie rationalen Handelns, die Dämonie und auch Entfremdung durch Kritik und produktive Vernunft war damit noch lange nicht erfaßt. Wir müssen also erkennen, daß an dieser Front Einsichten, Überwindungen nicht schon mit der Einsicht in den Zusammenbruch des Dritten Reiches gegeben sind. Sie müssen neu gewonnen werden. Wir sahen, welche Anstrengungen bei Böll und Grass dazu gemacht werden und wie schwer sie zu gestalten sind. Denn anders als bei einer Daseinsgefährdung und Verfehlung, die in der Zeit gerichtet ist, erfordert eine Gestaltung, die Unruhe macht, aber noch im Prozeß ist, wie die Industriegesellschaft, die Welt der Demokratie und der Massenmedien, deren Krise ja noch schwelt und äußerlich noch bevorsteht, das Einstehen für die Blöße, die noch nicht offenbar ist, das Kritisieren von in Geltung Befindlichem und ein Martyrium, das die Versuchungen innerlich durchleidet, bevor sie äußerlich an den Früchten erkennbar sind.

Man müßte solche Erwägungen auch auf die Sprache der Verkündigung anwenden. Auffällig ist in den gedruckten Predigten und Vorträgen nach 1945, wie wenig die Daseinsverfehlung des deutschen Menschen wirklich aufgearbeitet wurde. Daß die Redner und Schreiber meist Männer der standhaften Kirche waren, hat verhindert, daß es zu einer echten Auseinandersetzung mit den Verstrickungen der Zeit kam. Zeugnisse wie die Anstrengungen von Grass suchen wir in den kirchlichen Veröffentlichungen vergebens. Vielleicht hängt es damit zusammen, daß nach 1945 auch kaum eine prophetische Rede zu finden ist. Ich verstehe darunter eine voraauflaufende Auseinandersetzung mit den Versuchungen, in die damals die Gemeinschaft unter dem Vorzeichen der Industriegesellschaft eintrat. Die Meinung wurde damals von Leuten gemacht, die entweder an dem alten konträren Charakter des Evangeliums festhielten oder unter Hören des Wortes eine zeitlose Interpretation verstanden. Kaum eine Stimme bezeugte die aufkommenden Nöte.

Solche nur angedeuteten Konturen müßte man z. B. in den Traureden jener Jahre aufspüren oder in den Ansprachen, die bei Beerdigungen gehalten wurden.

IV.

Unser Nachdenken über Wesen und Gebrauch der Sprache hat uns ihre Geschichtlichkeit erkennen lassen. Sprechend vollziehen wir Menschen unser Dasein. Wir öffnen die Zeit; wir treten aber nicht aus ihr heraus, sondern verwirklichen sie, eben auf menschliche Weise.

Halten wir dieses Öffnen der Zeit im Sprechen als Richtpunkt fest, dann werden wir vor zwei Einseitigkeiten bewahrt, die der Sprachphilosophie immer wieder drohen. Sprache darf weder bloß als Spontaneität, als Ausdruck des Lebendigen verstanden werden, noch nur als Reflexion, als Bruch mit der Unmittelbarkeit. Sprache ist immer beides zugleich. Noch in der größten Unmittelbarkeit, im Schrei des Entsetzens oder im Stöhnen der Liebe, erklingt »die Fanfare, doch nicht aus Fleisches Mund« (Benn). Und noch die stärkste Abstraktion setzt das Hirn voraus, das sie denkt; auch mathematische Formeln erschließen Welt.

Öffnet sich aber im Menschen der Mund der Welt, dann ist auch die Tendenz verständlich, die wir in der Entwicklung der Sprache beobachten können: sie bewegt sich zu größerer Bewußtheit und Abstraktion hin ins Offene[2].

Darum wäre der Sachverhalt noch nicht getroffen, wenn wir nur von einer Polarität von Bild und Begriff, von Symbol und Chiffre sprechen würden. Die Offenheit trifft eben diese Komplementarität selbst. Kierkegaard sagt in diesem Sinn deutlich: »Das Selbst ist nicht das Verhältnis, sondern daß das Verhältnis sich zu sich selbst verhält ... und, indem es sich zu sich selbst verhält, zu einem anderen sich verhält.«[3] Heidegger hatte den gleichen Sachverhalt im Auge, wenn er auf der Grundfrage des Philosophierens insistierte: »Warum ist etwas und nicht vielmehr nichts?« Die Bibel richtet an dieser Stelle das erste Gebot auf; es fordert vom Menschen, alles Gegebene zu übersteigen.

Diese offene Struktur der Sprache bestimmt nun auch ihr Gefüge (Klaus Müller) von Vergangenheit, Gegenwart und Zukunft.

Die Sprache vermag das Vorgegebene, das Vergangene zu erreichen. Indem sie es dem Vergessen entreißt, öffnet sie es; sie macht seine Last bewußt oder befreit von ihr, ja sie bringt es fertig, das Vergangene zum Zeichen für Zukunft und alles Vergängliche zum Gleichnis zu machen.

Umgekehrt verfährt sie mit der Zukunft. Sie schweift in die Fülle der Möglichkeiten; sie greift eine heraus und macht sie wirklich. Vielleicht scheut sie auch die Konkretion, bleibt im Felde der Utopie oder sinkt ab in das Wiederholbare, ohne im Einmaligen konkret zu werden.

In gewissem Sinn rettet also die Sprache die Zeitlichkeit des Menschen, indem sie diese ins Offene stellt und die Zeiten miteinander verbindet. Erinnern wir uns an den Eingang unserer Untersuchung.

Da sprachen wir davon, daß Autor und Leser der Kritik bedürfen. Sie ist das Element, in dem Sprache gedeiht und in dem sie verstanden wird. — Diese befreiende, öffnende Wirkung der Sprache ist uns in der Dichtung besonders deutlich. Die beiden Beispiele Grass und Böll konnten uns das zeigen. Man kann vielleicht von einer »Therapie« sprechen, die die Dichtung vollbringt, wenn wir darunter verstehen wollen: Die Sprache selbst vermag das Verschlossene zu öffnen, das Vergangene gegenwärtig zu machen, das Stumme beredt. Diese Eröffnung befreit den Menschen. Die Taubheit weicht, der Schmerz kehrt wieder. Der Mensch kann atmen. Resignation verwandelt sich in Heiterkeit. Jede Biographie z. B. muß sich an der Frage messen lassen, ob es ihr in Lob und Klage gelungen ist, Vergangenheit ins Offene zu stellen und auf Verklärung, Rechtfertigung, aber auch auf Verdecken und Verstellung zu verzichten.

Diese Therapie am Vergangenen arbeitet notwendig mit Kritik, mit Aufdecken des Verborgenen; sie bricht Fixierungen und Vorgaben. Eben darin ähnelt sie der Psychotherapie. Darum wurde diese früh von Dichtern wie Hesse und Thomas Mann, James Joyce und Baldwin in der Dichtung verwendet. Und wie die großen Seelenärzte auf verschiedene Weise den Zusammenhang der Vergangenheit mit Gegenwart und Zukunft wiederherstellten — Freud die mythischen Bilder analysierte, um ihre Fremdheit in Bewußtheit zu lösen, Jung die Elemente in der Tiefe als Bildkräfte des Lebens verstand, Adler die verborgenen Konflikte im sozialen Spiel versöhnen wollte —, so auch die Dichter mit ihrem Werk. Sie verwandeln die Vergangenheit in Gestalt, sie heilen Unordnung, Verdrängung, lastende Gebundenheiten durch Kritik; Ironie und Satire, Karikatur und Persiflage sind ihre bevorzugten Mittel.

In diesem Sinne konnten wir beobachten, wie Günter Grass den Bann der vertanen und verqueren Vergangenheit aus der Perspektive des Gnomen heraus bewußtmacht, gestaltet und verwandelt. In der Karikatur erscheint die verdrängte Wahrheit; wir gewinnen Geduld, die Knoten der Vergangenheit aufzulösen, alle Konflikte ins Offene zu stellen und uns zu ihnen zu bekennen. Anders die Therapie in den Werken von Heinrich Böll. Das Bekenntnis zur Verletzlichkeit des Menschen ist der Schlüssel, mit dem er Menschenherzen und Menschenleben aufschließt. Nicht auf die Übernahme der eigenen Vergangenheit kommt es ihm an, sondern auf die Rechtfertigung der Schwachen. Die Kritik gilt nicht dem eigenen Selbst, sondern denen, die die Mühseligen und Beladenen mit ihrer Macht unterdrücken.

So neigt diese Kritik zum Urteil. Vergangenheit und Gegenwart nehmen moralische Dimensionen an.

Die Bewältigung der Vergangenheit stieß immer wieder auf die sogenannten »Neurosen«. Was der Mensch, um zu überleben, verdrängte, weil er es nicht bewältigen konnte, was den Kreislauf seines Lebens hemmte, das macht der Dichter bewußt. Er hebt es aus seiner lastenden Schwere und löst es auf in Ironie, Satire, Humor. So kann das Abgeschnürte wieder in den Kreislauf hineingenommen werden; vielleicht gelingt es sogar, das Unbewältigte dem Ganzen anzuverwandeln[4].

Die Heilung von Neurosen ist wichtig in allen drei Bereichen, in denen wir die Bewegung der Sprache verfolgten: im sexuellen, im religiösen und im politischen Bereich.

1. Sexualneurosen sind bis heute das bevorzugte Feld der Therapeuten. Das ist verständlich. Denn erstens wird der Mensch als Mann und Frau konkret. Und zweitens mußte sich die Entdeckung der Subjektivität und Bewußtheit im Verhältnis der Geschlechter besonders bemerkbar machen. Wenn es nicht mehr vom Umgreifenden her, sondern vom Subjekt aus verstanden werden konnte, dann müßte die Geschlechtlichkeit als Fremdbestimmung, als Vergewaltigung verstanden werden, oder auch – vom Mann aus – als Ausübung von Herrschaft. Das Individuum begann zu verdrängen und die Sprache half dabei mit. Auch die Dichtung hatte Teil an dieser Reduktion und Verdrängung. Aber dann begann in ihr die Gegenbewegung. Sie brachte das Verdrängte, Unbewußte, Unbewältigte zur Sprache (zurück), sie bekannte sich zu ihm und nahm es in den Blutkreislauf der Sprache wieder hinein. Zwar blutete die Wunde des Lebens, aber das war ein Zeichen von Lebendigkeit.

In der Analyse der neurotischen Psyche sind wir weit gediehen. Die Dichter und Schriftsteller haben ein gut Teil des Verdrängten dem Ganzen in der Sprache wiedergewonnen. Nun ist es an der Zeit, diese Leistung der Dichter kritisch zu untersuchen. Es geht darum zu beschreiben, wie das Aussprechen von Konflikten, der Protest gegen Bindungen, das Zerstören von Tabus Heilung bringt, wie diese Sprachbewegung aber nicht etwa den heilen Menschen, sondern den, der mit Konflikten leben kann, bewirkt.

Doch müßte unser Verstehen noch weiter reichen. Das Bewußtmachen und Analysieren ist ja selbst immer noch Zeichen des reduzierten Menschen. Es käme darauf an, eine Sprache zu finden, die das

Ganze und Offene menschlicher Existenz nicht nur in »negativer Dialektik« (Adorno) anspricht, sondern sich zur Einheit von Fremdem und Eigenem, Bewußtem und Unbewußtem, Spontanem und Reflektiertem bekennt. Vielleicht wäre die Sprache der Liebe die Lösung.

2. »Ekklesiogene Neurosen« werden heute häufig beschworen. Wir fanden sie auch bei unseren beiden Autoren vor und fanden sie von ihnen behandelt. Sie sind ein beliebtes Feld von Bekenntnissen und Analysen. Wir erinnern uns an Tilmann Mosers »Gottesvergiftung«[5]. Solche Neurosen tauchen bei Menschen auf, die entweder durch eine vielleicht selbst schon neurotisch-religiöse Tradition bestimmt sind, oder bei solchen, die in ihrem Selbstgefühl die Spannung von Selbstsein und »schlechthinniger Abhängigkeit« (Schleiermacher) zu verarbeiten haben[6].

Zwei Problemkreise können wir unterscheiden, die sich gegenseitig stärken.

Einmal ist da das Problem der durch ihr Bewußtsein konstituierten Person. Wird diese zum Subjekt des religiösen Ernstes, dann wird jede Lebensordnung zur Moral, schon die Einführung der Kinder in das Gottesverhältnis (durch Gebet, durch Erzählen) ist Repression (wie Rousseau im »Emile« demonstriert); jede Vorgabe des Lebens, gar die religiöse, ist von Übel. Ekklesiogene Neurosen haben also eine Voraussetzung, damit sie entstehen konnten: daß das Gottesverhältnis des Menschen sich nicht mehr in dem Subjekt und Wirklichkeit umfassenden Bereich kultisch darstellt, sondern seinen Sitz im Subjekt nimmt und von diesem verantwortet werden will. Mit der Installierung des religiösen Subjekts im Sinne der Neuzeit beginnen alle Schwierigkeiten dieser Art überhaupt erst: Verantwortung für das Unbewußte als das Fremde, Aufbäumen dagegen, Entdecken des Gewissens als einer Instanz des (fremdbestimmten) Bewußtseins, Tabuisierung des Leibes und Abwertung, weil er dem Bewußtsein so unzugänglich ist. Das gipfelt alles in dem radikalen Übel, daß der Mensch sich nicht sich selbst verdankt, sondern sich als Person im Leibe immer schon gegeben ist. In der Konsequenz dieser Autonomie, die die Neuzeit zu verantworten hat, liegt der Atheismus, liegt auch die »Gott-ist-tot-Theologie«, die sich damit herumquält, Gott als den Garanten der menschlichen Identität im Subjekt aufgehen zu lassen.

Was geschieht also, wenn der Analytiker oder der Schriftsteller die ekklesiogene Neurose zur Sprache bringt? Wir brauchen jetzt die

Funde nicht zu wiederholen, die uns die Analyse von Grass und Böll beschert hat. Wir müssen aber noch einige grundsätzliche Bemerkungen machen.

Ekklesiogene Neurosen werden entstehen, solange unsere Sprache vom Menschen als Subjekt aufklärerisch-reflektierend gehandhabt wird. Dann erscheint — unausweichlich — Religion als das Vorgegebene, als ein in der Form des Kultus Transsubjektives, das in der Lauge der Reflexion aufgelöst werden muß. Es ist unter solchem Vorzeichen schwer vorstellbar, daß die großen Formen des Kultes anders als im Element der Reflexion und der Kritik angeeignet werden können. Die Sprache müßte schon einen qualitativen Sprung machen, so daß der Mensch seine Wirklichkeit nicht subjektiv reflektierend, abstrahierend ausspricht, sondern umfassend. Wir fanden bei Günter Grass Ansätze zu einer solchen neuen Sprache, einer Sprache der »zweiten Naivität« sozusagen.

Wenn wir also die Verdrängungen der äußeren, äußerlichen, fremden Realität nur im Spiegel der Reflexion auffangen und auflösen können, dann haben wir damit zwar eine Entlastung herbeigeführt. Aber die Verlegenheit ist nicht beseitigt. Es bleibt ja dabei, daß die Wirklichkeit des Menschen größer ist als Subjekt, Bewußtsein, Gegenwart. Die Lösung der Ekklesioneurose im Scheidewasser der Reflexion führt also eine neue Verlegenheit herauf. Und die religiöse Frage geht in die Frage über: wie das »zur Freiheit verurteilte« (Sartre) Subjekt seine Selbstverwirklichung finden kann. Wohl nur die Liebe ist in der Lage, diesen Widerspruch des Daseins aufzulösen. Aber — wer spricht ihre Sprache?

3. Von »Polito-Neurosen« ist weniger die Rede. Und doch ist ihre Behandlung für uns, die wir in einer Demokratie leben, wichtig.

Wichtig ist zunächst schon der Ansatz: Ein guter Demokrat spart nichts aus seiner Kritik aus und versteckt nichts vor dem Licht der Öffentlichkeit. Das gilt natürlich zunächst vor allem von der Vergangenheit und ihren Bindungen, z. B. in einem totalitären Staat. Alles, was verborgen ist, vielleicht aus guten Gründen verborgen bleiben will, muß aufgeklärt werden. Während der konservative Geist die Uneinsehbarkeit vieler öffentlicher Zusammenhänge, das Bestimmtsein durch Institutionen bejaht, muß dem Demokraten daran liegen, alles in das Licht von Aufklärung und Kritik zu bringen.

Aber der notwendige Prozeß der Aufklärung schafft eine Ebene des allgemeinen abstrakten Subjekts, die selbst Entfremdung produziert. Schon Karl Marx hat die doppelte Buchführung der westlichen Demokratie kritisiert; sie produziere ständig den Widerstreit zwischen dem Bourgeois und dem Citoyen. Und »erst wenn der wirkliche individuelle Mensch den abstrakten Staatsbürger in sich zurücknimmt, ... erst dann ist die menschliche Emanzipation vollbracht[7]«. Die westliche Demokratie dagegen bleibt dabei, daß es eine in jedem Augenblick neu zu leistende Aufgabe sei, die Vorgegebenheiten, Unterschiede, Individualitäten durch Kritik aufzuheben. Aber wenn gute Demokraten so permanent kritisch agieren, dann taucht doch die Frage auf, ob nicht auch die demokratische Öffentlichkeit selbst kritisch gebrochen werden müsse, damit die wahre Offenheit und Verantwortung des Menschen zur Sprache kommen kann. Die marxistische Lösung macht die Bestimmung des Gegebenen durch das Allgemeine zum Ziel. Die Anarchisten wollen auch noch dieses Kollektiv sprengen zugunsten dessen, was jenseits jeder Definition liegt. Bürgerinitiativen auf der anderen Seite sind bemüht, die Bestimmung des Menschen durch das Allgemeine wieder in das Konkrete überschaubarer Zusammenhänge zurückzubiegen.

Wir fanden die Sprachbewegungen bei Grass und Böll darum so bedeutend, weil sie nicht nur an der Auflösung der Polito-Neurosen arbeiten, sondern auch ein Bewußtsein dafür entwickeln, daß unser Leben in der Demokratie nicht nur Verwirklichung bedeutet, sondern immer auch Entfremdung. Böll beschränkt sich freilich im wesentlichen auf die Auflösung von Neurosen in der Erscheinungsform der Institutionen. Aber wenn er auf die Seite der Leidenden tritt, dann müßte er auch die Entfremdung des einzelnen durch Plan und Apparat zu Gesicht bekommen und daran tätig werden. Grass ist an diesem Punkte weiter. Er löst nicht nur Neurosen politischer Zusammenhänge auf, sondern kritisiert auch die abstrakte Welt der Demokratie, die den einzelnen nicht zur Konkretion kommen läßt. Er bleibt aber auf ihrer Ebene, weil die Wahrheit immer nur in Verwandlung, nicht in Ablehnung des Gegebenen zum Zuge kommen kann.

Die Sprache des öffentlichen Bereichs im Zeitalter der Demokratie ist noch kaum untersucht. Wohl kennen wir Analysen der Sprache der Nazis, des Massenmenschen, des Totalitarismus. Adorno setzte mit seinem Pamphlet »Jargon der Eigentlichkeit« Maßstäbe[8]. Aber die Sprache der Publizität kritisch, selbstkritisch zu untersuchen, diese Aufgabe steht noch an[9].

V.

Das Bild vom Sprachprozeß, das wir entwarfen, erscheint wohl reichlich vage. Aber diese Unbestimmtheit hat ihre einsehbaren Gründe.

Die Sprache ist — wie das Leben in der Zeit selbst — kein Objektivum, sondern das Element, in dem und durch das sich das menschliche Leben vollzieht. Sie ist eine Größe, die sich im Vollzug — mit allen Komponenten von Tradition, frühen Sprachentscheidungen, Anrede von anderen Menschen, eigenen Erfindungen des Subjekts, Erfahrung von Angst, Sucht nach Leben, Verzweiflung und Trotz — erst bildet. Darum kann jeder Mensch an seiner Sprache erkannt werden. Es ist zu wenig, wenn wir da von Variation, von Anwendung, von Individualisierung der vorgegebenen Sprache reden. Sprache ist die Geschichte des Lebens; Sprache erzählt das Leben.

Das Herz ihrer Dynamik meinten wir mit dem Wort »Scham« ansprechen zu können. Erinnern wir uns noch einmal an jene Auskunft von Bonhoeffer[10]. Er hatte in Übereinstimmung mit der wissenschaftlichen Erklärung der Sprachwurzel »Sünde« mit Skama, Scham zusammengebracht und als Ausdruck für das Sich-Verbergen, das Abdecken vor dem Blick angesehen. Darin sind dann Grundzüge des Lebens enthalten: Der Mensch ist ein Wesen, das vom Blick lebt, vom Ansehen. Der Blick des anderen bestätigt ihn, aber er durchdringt ihn auch. Fragen wir, warum der Mensch den Blick eines anderen, warum er vor allem den Blick Gottes fürchtet, dann lautet die Antwort: er erträgt es nicht, sich ganz dem anderen zu verdanken; er begehrt ein Stück für sich; er ist auch unruhig über sein Schicksal. Dabei sitzt die Bedrohung des Ursprünglichen nicht in dem Außen, sondern im Menschen selbst, der die Abhängigkeit nicht erträgt.

So muß also die Bewegung unseres Lebens, das Spiel von Verbergen und Aufdecken, von Maskierung und Enthüllung auf die Grundbewegung bezogen werden, daß wir den Blick Gottes, der uns mit Liebe durchdringt, nicht ertragen. Wir spüren ihn immer wieder als die Frage an unser Leben; als Richterauge hängt er noch über dem Selbstmörder, der sich verbirgt[11]. Alle Doppelung unserer Existenz folgt diesem Muster von Helle und Verbergen: bewußt und un-bewußt. Noch im Aussprechen und Gestalten verbergen wir uns, in der Verhüllung machen wir offenbar. Deshalb zeigt sich für uns die Größe eines Dichters auch darin, wieweit die Unruhe der entlarvenden Verhüllung sein Werk bestimmt. Bedeutend und verheißungsvoll ist bei Böll und Grass der Ausgangspunkt, die Katastrophe, von der her die Erfahrung des Zerbrechens von Verdeckungen als Vorspiel einer letzten Offenbarung so viel Tiefe in die Erzählung des Lebens brachte. Dann konnte das obszöne Reden streng als ein Zerstören von Verstecken angesehen werden. (Wobei wir diejenigen, denen vor solcher Entblößung graut, wohl begreifen können. Nicht von ungefähr berichtet die biblische Erzählung, daß Gott selbst den Menschen, die sich vor ihm oder voreinander schämten, Schurze angefertigt habe. Er wußte, daß der Mensch in seiner Blöße von dem anderen geschützt werden muß.) Dieses obszöne Reden aber bringt nicht die herrliche Unschuld an den Tag, sondern die Schuld, d. h. z. B. die Erfahrung der geschlechtlichen Begegnung als einer Jagd, in der Jäger und Wild beide wiederum die Gejagten sind. Oder die Entdeckung, daß die Unschuld erst in Geduld wieder gewonnen werden muß. Von daher kann die obszöne Rede als ein Versuch, ehrlich zu werden, genommen werden. Da drohen dann zwei Extreme: Das eine ist dann erreicht, wenn der Mensch meint, das Aufdecken der Scham in der Zerstörung vollenden zu können. Das andere liegt in der Illusion, die Liebe könne die in ihr liegende Schamlosigkeit so verklären, daß sie in der eigenen Erfüllung ausruht. Wenn auch das Reden von den Geheimnissen des Geschlechts ein »schamloses« Reden ist, dann ist zu bedenken, daß diese Schamlosigkeit vielleicht nur eine neue Weise des Menschen ist, sich die wahre Beschämung zu ersparen. So ist die Aufhebung der Lüge vielleicht zugleich eine neue Lüge.

Deutlich unterscheiden sich die beiden Dichter in der Weise, wie sie der Scham begegnen. Böll möchte alle Prüderie, aber auch alle Fremdbestimmung des Menschen in sakramentaler Geschlechtlichkeit überwunden sehen; so betrügt er den Leser (und sich selbst) um die Erfahrung der Gefährdung der Person. Umgekehrt dient bei Grass die Überwindung der Scham zwischen Mann und Frau dazu, den Menschen die Annahme der Gefährdung zu ermöglichen; er blendet dabei aber die Gefährdung durch den Blick, der ins Innerste dringt, die Gefährdung durch das Urteil ab.

Auch die Blasphemie will von der Scham aus verstanden werden. Gewöhnlich betrachten wir die lästerliche Rede gegen das Heilige als einen Angriff auf Gott. Aber der Sachverhalt ist differenzierter. Es kann sein, daß die Blasphemie einer Maske der Gottheit, ja einer Vorstellung ihres Wesens gilt, die abgebaut, abgerissen werden muß, um die eigentliche Begegnung mit Gott zu ermöglichen. In diesem Sinn konnten wir den Kampf Elijas gegen die Baalim verstehen, aber auch den Kampf Christi mit den Juden gegen den Tempel. Im Angriff Jesu auf den »Gott der Macht« sollte das eigentliche Gesicht Gottes erkennbar werden. Diese Auseinandersetzungen sind darum so hart und ›unsachlich‹, weil es in der Frage der höchsten Instanz kein neutrales Urteil gibt, vielmehr hier die Konfrontation mit dem durchdringenden Blick erfolgt. Darum ist die blasphemische Rede voller Lästerung, Drohung, Spott, Beschwörung. Man muß diese Redeweise unter dem doppelten Gesichtspunkt sehen: Sie ist eine Bewegung, die sich im Namen der letzten Wahrheit gegen alle Maskierung und Verfälschung richtet; sie ist andererseits ein Protest eben gegen die letzte Bestimmung. Der Mensch erträgt es nicht, einem Blick und Urteil ausgesetzt zu sein, demgegenüber es keine weitere Instanz gibt. Er rebelliert gegen die »Fremdbestimmung« und möchte sie im Entblößen der Gottheit selber überwinden.

Heute liegt die eigentliche Blasphemie in dem Bestreben des Menschen, das Unverfügbare zu leugnen und in Handhaben von Wissenschaft und Ideologie auch das Unverfügbare der Zukunft noch einzubeziehen. Da entsteht dann ein Mensch, der auch keine Lästerung mehr nötig hat. Er vernichtet kalt alles, was daran erinnern kann, daß der Mensch unter einem Urteil steht.

Diese Tendenz kommt in der Verwandlung aller Wirklichkeit in Publizität zum Zuge, vielleicht sogar zur Vollendung. Denn so ist es doch: Alles wird nach dem Willen des Intellektuellen — im Schelskyschen Verständnis[12] — erst dadurch real, daß er der Verborgenheit entrissen und dem öffentlichen Blick und Urteil unterworfen wird. Dann gibt es keine Instanz außen, außerhalb der Menschheit mehr. Das Urteil liegt beim Menschen selbst. Er bestimmt über Wert oder Unwert. Er produziert Bedeutung. Natürlich ist die Instanz dann der Mensch selbst, in seiner Vernunft, die sich entweder im Einzelnen äußert oder ihre Instanz politisch festgelegt hat.

Das ist wohl heute die eigentliche Aufgabe, die wir zu lösen haben: wir müssen der Tendenz von Wissenschaft und Aufklärung, alle Geheimnisse des Lebendigen in den Griff zu bekommen, widerstehen. Darum sind die Ansätze bei Grass seit seiner Analyse der Demokratie zu Ende der »Hundejahre« so beachtlich. Darum ist Bölls Anprangerung der Bildzeitung und der Massenmedien überhaupt, sowie seine Ablehnung der Institutionen, so wichtig. Die Aufgabe ist gesehen, aber längst nicht gelöst. Hier werden wir auf andere Stimmen warten müssen, deren Gewicht nicht in der Aufarbeitung der Vergangenheit, sondern in der Sprengung der »Öffentlichkeit« liegt. Auf wen aber können wir da rechnen? Vielleicht liegt in dem Martyrium des einzelnen, der wie ein Gefangener Tag und Nacht vom Licht der Öffentlichkeit bestrahlt wird, das letzte mögliche Zeugnis gegen die Schamlosigkeit der Publizität. Vielleicht kommt aber im Publikum selbst das Geheimnis wieder auf.

VI

Immer noch und immer wieder ist die Liebe zwischen Mann und Frau das zentrale Thema der Dichter. Das liegt gewiß darin begründet, daß da auf der Ebene menschlicher Wirklichkeit das Geheimnis des Lebens unter dem Gesichtspunkt der Scham behandelt wird. Geht es doch in jeder Hochzeit um die Erfüllung des Geheimnisses der Wirklichkeit in der Aufhebung der Scham.

Bei Böll und Grass konnten wir zwei unterschiedliche Weisen, von dieser auf Erfüllung angesetzten Beziehung zu sprechen, beobachten. Wohl ist für beide die schicksalhafte Zuordnung der Geschlechter im Konkreten der Maßstab. Aber Böll zeichnet — zuletzt im »Gruppenbild« — eine Verbindung zweier Menschen, in der alles erfüllt ist, was in der Zeit auf Erfüllung drängt. Darum muß er zu dem Mittel der Symbolisierung greifen und die Liebe ganz nahe an den Tod rücken, weil Halbheiten des Zeitlichen und Erfüllung der Zeit in der Vereinigung sich widersprechen. Umgekehrt ist das Bestreben von Grass dahin gerichtet, das Widerstrebende, das ständig neu Aufgegebene in der Zeit geduldig zu fassen und im mühseligen Prozeß an der Erfüllung des ganzen zu arbeiten.

Wir haben auch noch im Ohr, wie Böll im Zusammenhang mit dem Geschlechtlichen von »sakramentaler Materialität« spricht und mit Bedeutung die Frage erörtert, ob die leibliche Begegnung in sich Heils- und Erfüllungscharakter besitze oder nur kraft der Zuwendung des Erlösers (durch seine Kirche). Für Grass steht es anders. Ihn interessiert die Wiedergewinnung der irdischen Leiblichkeit durch die potente Geduld des Mannes. Aber auch für ihn ist das leibliche Konkretwerden der Geschlechter exemplarische Gewinnung von tragender Wirklichkeit.

So konzentriert sich also für die Dichter das Werden von Wirklichkeit im Geschlecht. Bezeichnenderweise versteht Böll die Erfüllung als die gelöste Überwindung der Zweiheit, als das Geschenk voller Präsenz, Grass dagegen als die inständige Zuwendung zum anderen, die ihn zu sich selbst erlöst. Wir wollen die beiden Exempel nicht überdeuten. Aber sie regen uns mindestens in unserem Zusammenhang an zu einigen Andeutungen von Gewicht.

Sakramentale Züge des Leiblichen schimmern durch. Das Leben ist nicht in sich selbst erfüllt, sondern im Transzendieren. Das hat bei Böll mehr den Charakter der ontologischen Seinsfülle in sich selbst, bei Grass mehr den des Opfers; durch Hingabe kann einer den anderen gesund machen. Die Frage muß sich dann stellen, ob also der geschlechtlichen Wirklichkeit sakramentaler Charakter per se eigne oder ob ihr dieser Charakter dadurch verliehen werde, daß sich Gott der Menschheit als seiner Braut annimmt. Jeweils eine andere Rolle wird dann Jesus und Maria und der Ehe zugesprochen. Entweder ist die Hochzeit in der Schöpfung als Erfüllung angelegt. Dann ist Jesus Christus das Urbild, in dem dieses Mysterium als Erfüllung aller Zeitlichkeit sich darstellt und auch in jedem Sakrament austeilt. Oder: Worauf es ankommt, ist die Erfüllung des Verhältnisses von Gott und Menschheit. Dann ist Jesus der Bräutigam, der diese Verbindung durch seine Hingabe vollendet. Im Sakrament des Altars feiert dann die Gemeinde diese Gotteshochzeit, als Vorspiel der Vollendung.

Drittens schließlich: Es geht um die Erfüllung des menschlichen Lebens durch die Zuwendung Gottes zu seiner Menschheit. Dann ist Jesus Gott und Mensch; er feiert die Hochzeit Gottes mit der Braut, der Menschheit, und befreit von daher die Kreatur zu ihrem hochzeitlichen Verhalten.

Wir werden uns jetzt nicht zwischen diesen Deutungen der Konjunktion zwischen Jesus und den Menschen entscheiden müssen, sondern sie zunächst als Ausdruck von Erfahrungen stehenlassen. Wir müssen aber sehen, daß diese drei Ansätze jeweils einer anderen Säkularisierung fähig sind.

Die erste führt zum Verständnis des Orgasmus als der Erfüllung der Leiblichkeit. Die zweite macht aus der Hingabe Christi die Hingabe der Christen an die Welt. Die dritte weitet die Sakramentalität auf alle Wirklichkeit aus: Verwandlung, Opfer ist ihr Wille, er erfüllt sich nicht nur im Leben von Mann und Frau oder am Paaren der Kreatur, sondern überhaupt im Lebensprozeß, der Wandlung heißt.

Unsere Dichter erörtern diese Wandlung und Erfüllung nur im Bereich des menschlichen Lebens. Das Problem stellt sich aber generell bei allem Leben: In welchem Verhältnis steht das Beharren zum Wandel? Und: Bedeutet Wandel bei sich selbst bleiben in der Substanz, so daß nur die Form sich ändert, oder schließt dieser Wandel das echte Opfer ein? Und in allem: Lebt diese Lebensbewegung aus sich selbst oder aus der Gnade, die allem Leben vorausgeht und ihr Lebensgesetz der Kreatur selbst einstiftet?

VII.

Das alles hat seine Bedeutung für die Sprache, in der die Kirche und ihre Theologie der Wahrheit die Ehre geben können. Es gibt dann keine eigene Sprache der Verkündigung, sondern nur den Gebrauch der Sprache der Welt. Die ist kein neutrales Instrument, sondern selbst immer schon Ausdruck von Verwicklungen des Menschen in Welt, in Weltdeutung von gestern und weither. Und solche Verwicklungen zeigen den Charakter des Streites: der Verdrängung, des Versuches, Geheimnis zu brechen, der merkwürdigsten Antinomien.

Dann kommt es aber nicht auf theologische Richtigkeiten an, sondern darauf, daß in die Sprache das »Ansehen Gottes«, das er in Jesus zeigt, eingebracht wird, damit in dem durch Sprache angezeigten Leben sich die Bewegung des Glaubens vollzieht. Wir können das am einfachsten an den drei Bereichen anschaulich machen, die wir behandelt haben.

1. Im Felde des Geschlechtlichen geht es nicht um die Ankündigung des 6. Gebotes, auch nicht um die Wiederholung der Weisungen des Paulus (aus dem 1. Korinther-Brief seine nüchternen, aus dem Epheserbrief seine christologischen). Es geht darum, in das heutige faktische Verstehen und Vollziehen der geschlechtlichen Beziehungen Christi Wirklichkeit einzubringen. Dazu wird heute in den Traureden oder in den Überlegungen zur Gestaltung der Beziehungen aus dem Geiste Christi fast ausschließlich mit zweierlei Zusammenhängen argumentiert: Entweder wird das Verhältnis von Mann und Frau fern jeder Realität auf goldenen Untergrund gemalt. Oder es wird an die Vernunft zwischen den beiden Personen appelliert und alles auf den guten Willen und die Entscheidung gestellt. Im Lichte unserer beiden Dichter ist das schon anthropologisch unzureichend, ja verhängnisvoll. Denn mit dem optischen Appell an die Vernunft wird die Tatsache überspielt, daß die jungen Leute schon ihre Geschichte miteinander haben; und es wird die Illusion erweckt, als ob bei gutem Willen auch eine glückliche Ehe herausspringen müßte. Früher waren in den Vermahnungen zur Ehe wenigstens mit Bibelzitaten die Realitäten des leiblichen Lebens ausgesprochen — die Mühsal, die Abhängigkeiten voneinander, aber auch die Folge des Leiblichen in der Frucht[13], im Kindersegen. Heute wird diese Realität des Faktischen meist umgangen. Dann wird aus der Trauung ein Akt des Überbaus. Man kann den hier zutage tretenden Mangel an Realismus auch an der Debatte zum Paragraph 218 studieren. Gerade wo man sich mit dem Trend des modernen Menschen, über die Natur zu verfügen und die Entstehung der neuen Generation zu verantworten, befaßt, wird dann nur innerhalb dieser Verantwortung diskutiert, nicht aber diese selbst in ihrer Ambivalenz zum Gegenstand des Nachdenkens gemacht. Wo wird der Widerspruch zur Sprache gebracht, der darin liegt, daß der Ort der Hingabe und des Opfers des eigenen Lebens für die Zukunft zum Ort

stärkster Selbstbehauptung durch Mord an den Ungeborenen wird? Wo wird darüber nachgedacht, daß die Erlaubnis, Leibesfrucht zu töten, die Intention bewußt wieder aufnimmt, die in den frühen Kulturen im Aussetzen von Kindern, aber auch im Töten von Frauen und Kindern bei der Eroberung von Städten praktiziert wurde?

2. Mit dem Bereich der Religion steht es nicht anders. Wir diskutieren heute das Verhältnis der Menschen zur Religion unter dem Vorzeichen der Volkskirche. Diese betrachten wir dann unter statistischen Aspekten und kommen z. T. zu ganz günstigen Ergebnissen[14]. Oder wir stellen das Wiedererwachen von Religiosität, von Frömmigkeit fest; dann unterstützen wir die Kasualien als Gelegenheiten, die Ur-Situationen des Lebens kultisch zu begehen oder seelsorgerlich zu begleiten. Die Folge ist ein Anwachsen der Ängste um die Kirche als Volkskirche; wir werden von Zeichen der Unlust, der Ablehnung beunruhigt. Wir wissen uns auf die Abbrüche keinen Reim zu machen. Statt dessen sollten wir darauf aufmerksam sein, daß die Animosität gegen die Kirche, die Aggression gegen jede Form von nicht durchschaubarer Abhängigkeit zunimmt. Wir müßten uns mit dem Sachverhalt auseinandersetzen, daß der christliche Glaube, in Kultformen geronnen, abgesunkenes Kulturgut darstellt. Die Lebensweise des Menschen heute, alles verfügbar zu machen und dem Konsum zu unterwerfen, trifft auch die volkskirchlichen Formen und Praktiken. Wo aber wird dieses Unternehmen von der Wahrheit, daß der Mensch sich vor Gott und dem Nächsten versteckt, durchleuchtet?

Wo aber Tradition und Frömmigkeit entschlossen unter dem Vorzeichen der kritischen Vernunft kritisiert werden, da stellt sich dann die doppelte Frage: Einmal, ob die Mündigkeit in einer permanenten Auseinandersetzung mit der Tradition besteht oder in der Überwindung dieser Abhängigkeit. Und zweitens: was es bedeutet, daß der Mensch nicht selbst Herr, Ursprung dieser seiner Vernunft ist, sondern in den Vernunftgebrauch eingesetzt wurde und diese Dimension erst die religiöse Dimension des Menschen ist[15].

3. Solche Überlegungen gelten auch für das theologisch verantwortliche Reden in bezug auf »Öffentlichkeit«. Wir sind von unseren Dichtern darauf hingewiesen worden, daß der Bereich des gemeinsamen Lebens und Handelns heute unter dem Vorzeichen der Revolution steht. Wir verstehen darunter, daß die aufklärende wissenschaftliche Vernunft das Handeln und Leben der Gemeinschaft bestimmen will und daß dieser Bestimmung die kritische Haltung gegenüber allem Vorgegebenen und die Ausrichtung auf eine durch die Vernunft ge-

staltete Wirklichkeit eigentümlich ist. Auch wo diese Verwandlung des Lebens in »öffentliches« Wesen nicht utopische Züge trägt, sondern pragmatisch verstanden wird, darf die Entfremdung vom Wesen nicht übersehen werden, die in aller Einarbeitung des Konkreten in das Allgemeine liegt. Böll wie Grass weisen daher, freilich mit verschiedener Bewertung, auf die Gefährdung des eigentlich Menschlichen durch die Institutionen und die öffentlichen Medien hin. Vor diesem Hintergrund erscheint die Ideologiekritik, wie sie von den Vertretern der Kritischen Theorie oder deren Vettern in der Theologie geübt wird, als ungenügend. Diese sind betriebsblind, denn sie kritisieren zwar mit Hilfe der Vernunft, sie kritisieren aber keineswegs die Vernunft selbst. Auch eine so besonnene Untersuchung wie die von Wolfgang Huber über »Kirche und Öffentlichkeit«[16] läßt diese Dimension fast ganz vermissen. Dann ist aber alles, was von Kirche und Theologie zu den öffentlichen Dingen gesagt wird, unzureichend. Denn es geht ja keineswegs nur darum, die zerstörerischen Wirkungen der produktiven Vernunft: Ausbeutung, Atommißbrauch, Verwandlung des Lebens in bloßes Funktionieren, Manipulieren der Menschen, zu brandmarken und zu vermeiden, sondern die tiefe Ambivalenz in allem Produktivwerden im Raume des Öffentlichen zu verkraften. Es mag daher wohl von Belang sein, wenn die Kirche z. B. durch Enzykliken oder Denkschriften »als Verband an der öffentlichen Meinungsbildung partizipiert«[17] und »gesamtgesellschaftliche Diakonie« treibt, indem sie »für andere da ist«[18]. Aber das Spezifische ihres Beitrags im Sinne einer »theologischen Handlungstheorie« kann doch erst darin liegen, daß sie die tiefe Zweideutigkeit alles öffentlichen Handelns im Sinne unserer Überlegungen zur »Sünde« herausstellt und die permanente Selbstverschließung des menschlichen Wesens in der Weise des Öffentlichwerdens offenbar macht.

Man kann diese Dimension an der sogenannten Ostdenkschrift klarmachen. Dieser Beitrag zum Verhältnis des deutschen (westdeutschen) Staates zu seinen östlichen Nachbarn versteht sich selbst als einen Beitrag zum Frieden in den politischen Dimensionen. Der Impetus der Versöhnung soll in die politische Wirklichkeit eingehen. Er übersieht dabei aber, daß die Freiheit zum Neu-Anfang sofort mit seiner Verwirklichung unter die Bedingungen des Politischen: Selbstverwirklichung, politische Perspektive, Verdecken der eigenen politischen Vergangenheit, Unmenschlichkeit der wirtschaftlichen Zwänge, tritt. Da diese Ernüchterung nicht möglich war auszudrücken, blieb die Kirche ihr eigentliches Wort: der Hinweis auf das Tragen der Sünde durch Christus und auf die Nachfolge Christi, schuldig. Und die Figur Brandts konnte als späte Ikone im Tempel des öffentlichen Lebens aufgestellt werden. Auf diesem Wege erhält aber der Beitrag der Kirche selbst ideologischen Charakter. Nicht daß sie sich zu praktischen Fragen von öffentlicher Bedeutung äußert, ist falsch, sondern daß sie es so tut, daß nur der Impetus, der von Christus ausgeht, im Sinne eines Beitrags zum Erhalten des Lebens und der öffentlichen Dinge offenbar wird, nicht aber das Aufbrechen allen Lebens durch den Sohn Gottes. (Ebensowenig hatten die Deutschen Christen ihre Aufgabe verstanden.)

VIII.

Wir können uns über den begrenzten Wert unserer Darlegungen nicht im unklaren sein. Gerade wenn wir die Feststellung für treffend halten, daß das Sprechen der Sprache Zeitigung bedeutet, und zwar nicht nur in dem allgemeinen Sinne einer Fundamentaltheologie (»In der Zeit sein«, »Sein zum Ende«), sondern in dem spezifischen der Situation und Position — gerade dann sind unsere Analysen nur der Beginn einer Lage-Beschreibung. Böll und Grass kommen vom Erlebnis des Krieges und des Zusammenbruches her. Längst aber sprechen in der öffentlichen Sphäre andere Personen, die in der Nachkriegszeit zur Sprache erwacht sind: in der Entdeckung der Entfremdung durch die Technisierung des Lebens und die Wiederbelebung des Marxismus, in der Formalisierung allen Lebens und dem daraus folgenden Nihilismus, in der Wiederentdeckung des Abgründigen und des Zufälligen. Erst mit einer Analyse etwa von Enzensberger und Handke, Becker, Weiss und Reinig wäre die Lagebeschreibung angemessen geleistet.

Es würde dann etwa darauf hinauskommen zu erkennen, wie die Ablösung und Abstoßung vom Vorgegebenen in der Sprache durch eine andere Haltung ersetzt wird. Die sexuelle Sphäre fordert dazu heraus, mit der Verallgemeinerung und Prostitution des Geschlechtlichen fertig zu werden. Wir fragen dann: wie der Mensch sprechend mit der Verwandlung der individuellen Begegnung in Phantome, in Reklame und Feuilleton, Fernsehen und Werbung fertig wird. Die Sphäre der Religion erlebt die Verknüpfung des Persönlichen mit dem Allgemeinsten. Der Mensch entdeckt eine Art von abgesunkener Erfahrung, die als Kulturgut die Menschen bestimmt. Da kann die Quaestio iuris nicht mehr gestellt werden. Im Politischen schließlich ist das Sprechen in einen Wirbel von Interessen und Abstraktionen hineingenommen. Wo bleibt in einer Welt der Manipulation, der

Macht der Strukturen, der einzelne, sein Gesicht und sein spezifisches Gewicht?

Solche Untersuchungen sind notwendig. Wie können wir anders von der Wahrheit Christi sprechen, wenn wir nicht sagen können, wo wir heute im Sprachprozeß uns befinden?

Aber diese Erkenntnisse setzen die Grunderkenntnis von der Zeitigung und Geschichtlichkeit der Sprache und des Sprechens voraus. Auf sie kommt alles an. Wir werden dem Sprach-Prozeß nur gerecht, wenn wir ihn von der Kategorie des Offenen her verstehen und diese wiederum von der Offenbarung aus.

Kierkegaard hat gemeint, er könne die Sprache als Existenzbewegung Schritt für Schritt aus ihrer Verzauberung, aus ihrer Unsauberkeit, aus ihrer Unechtheit befreien. Er mußte erkennen, daß er sich als Pönitentiar in den letzten Widerspruch verstrickte, den von Einfalt, die der Einfalt Feind ist. So lag über seinem Leben der Schatten der Donquichoterie: er kämpfte mit dem Schatten, den er warf.

Wir können seinen Versuch nicht wiederholen. Wir können nur akzeptieren, daß es keine Möglichkeit gibt, den Sprachspielen und ihrem Ernst zu entgehen. Unser Suchen nach einer der Zweideutigkeit und Zeitigung entnommenen Meta-Sprache ist ein letzter Rest von Metaphysik. Aber ebenso ist das Unternehmen, sprechend die Verstrickungen aufzulösen und aus der eigenen Helle zu leben, zum Scheitern verurteilt. Noch als Nichts droht das unauflösliche Geheimnis der Wirklichkeit in der Sprache.

Es bleibt dabei, daß wir sprechen, daß wir im Sprechen verwirklichen, daß wir im Verwirklichen an die Einmaligkeit gebunden sind und sie doch ohne Unterlaß hinter uns lassen. Und in allem kommen wir von dem Geheimnis des Wirklichen her und gehen darauf zu. Wir sind seiner nie mächtig. Aber es ist uns offen, es gibt sich uns, damit wir im ständigen Aufbruch durch die Zeit ins Geheimnis wandern.

Anmerkungen

A. Einleitung

1 *Bertolt Brecht*, Schriften zum Theater. Frankfurt 1957. S. 19, 166.
2 A.a.O. S. 139.
3 *R. M. Rilke*, Neue Gedichte. 1930, S. 117.
4 A.a.O. S. 159.
5 *Thomas Mann*, Meine Zeit. Fischer Verlag. Amsterdam 1950, S. 8/9.

B. Erstes Beispiel: Günter Grass

1 *Günter Grass*, Die Blechtrommel (Darmstadt/Berlin/Neuwied 1959.
   (Ich zitiere nach der Ausgabe der Fischer-Bücherei vom September 1962.)
2 A.a.O. S. 3 .
3 A.a.O. S. 47.
4 A.a.O. S. 493.
5 *Theodor Haecker*, Opuscula München. 1949². S. 225—310.
6 Zitat nach *Th. Haecker*, a.a.O. S. 290.
7 Ich zitiere nach der Gesamtausgabe vom *Em. Hirsch*.
8 Vgl. dazu die theologisch-systematischen Bestimmungen in »Die Krankheit zum Tode«. Düsseldorf 1954.
9 *S. Kierkegaard*, a.a.O. S. 9.
10 Der Begriff Angst. Düsseldorf 1952. S. 63 und öfter.
11 A.a.O. S. 120.
12 Über diese Grenzen der *Kierkegaard*schen Dialektik hat bis jetzt allein *Paul Schütz* in seinem »Parousia«, Heidelberg 1968, Angemessenes und Zureichendes gesagt.
   Vergl. auch meinen Aufsatz über *Kierkegaards* Sprache in der Festschrift für *Eduard Thurneysen*: Wort und Gemeinde. Zürich 1968. S. 104—118.

13 Der Begriff Angst. S. 123.
14 A.a.O. S. 126.
15 A.a.O. S. 127.
16 A.a.O. S. 134.
17 A.a.O. S. 137.
18 A.a.O. S. 141.
19 A.a.O. S. 145.
20 A.a.O. S. 145.
21 So *K. August Horst* in seiner Besprechung »Wut ohne Pathos« in Merkur Nr. 190 (1963). S. 1209–1213.
22 Blechtrommel S. 229.
23 Blechtrommel S. 47.
24 *Wilhelm Johannes Schwarz,* Der Erzähler Günter Grass. Bern und München ²1969. S. 39 ff.
25 *Hans Magnus Enzensberger,* Einzelheiten. Frankfurt 1962. S. 222.
26 A.a.O. S. 225.
27 Zitiert bei *W. J. Schwarz,* a.a.O. S. 133.
28 Blechtrommel S. 110.
29 A.a.O. S. 118.
30 An dieser Stelle liegt die Oberflächlichkeit aller theologischen Ansätze, die den Stellenwert der christlichen Religion allein oder wesentlich in der »Tradition« begründen wollen, z. B. *Gert Otto,* Vernunft. Stuttgart 1970. Ders., Schule und Religion. Stuttgart 1972.
31 Vgl. WNT. I. S. 620–624.
32 Blechtrommel S. 293, auch S. 111 ff.
33 A.a.O. S. 292.
34 A.a.O. S. 114.
35 A.a.O. S. 116.
36 A.a.O. S. 117.
37 A.a.O. S. 118.
38 A.a.O. S. 295.
39 A.a.O. S. 296/297.
40 A.a.O. S. 304.
41 A.a.O. S. 308.
42 A.a.O. S. 309.
43 A.a.O. S. 314 f.
44 A.a.O. S. 315.
45 A.a.O. S. 320.
46 A.a.O. S. 338.
47 A.a.O. S. 473 »Sein Trommeln, das das Böse rhythmisch auflöste.«
48 A.a.O. S. 476.
49 A.a.O. S. 489.
50 A.a.O. S. 493.
51 *Albert Camus,* Der Fall. Hamburg 1957. S. 119.

52 *Karl Marx*, Frühschriften (Hrsg. *Siegfried Landshut*) Stuttgart 1971. S. 208.
53 Katze und Maus. Neuwied am Rhein/Berlin 1961. (Ich zitiere nach der ro-ro-ro-Taschenbuchausgabe von Januar 1973.) S. 5.
54 Z. B. *Emil Ottinger*, zitiert bei W. J. *Schwarz*, a.a.O. S. 90 f.
55 A.a.O. S. 18.
56 A.a.O. S. 31.
57 A.a.O. S. 82.
58 A.a.O. S. 106.
59 *Günter Blöcker*, Kritisches Lesebuch. Hamburg 1962. S. 213, 214.
60 Katze und Maus S. 85.
61 *Günter Grass*, Hundejahre. Neuwied am Rhein/Berlin 1963. S. 641.
62 A.a.O. S. 168 ff.
63 A.a.O. S. 32.
64 A.a.O. S. 38.
65 A.a.O. S. 73.
66 A.a.O. S. 107.
67 A.a.O. S. 646/7.
68 *Ernst Jünger*, Strahlungen. Tübingen 1949. S. 431 (Notizen vom 16. X. 1943).
69 Vgl. *Max Bense*, Ptolemäer und Mauretanier. Köln und Berlin 1950.
70 Hundejahre S. 660.
71 A.a.O. S. 661.
72 A.a.O. S. 662.
73 Ebenda.
74 A.a.O. S. 664.
75 A.a.O. S. 665.
76 A.a.O. S. 668.
77 A.a.O. S. 669.
78 A.a.O. S. 681.
79 Zu *Karl Barth* vergleiche: Der Römerbrief. Bern 1919. Ferner *Dietrich Bonhoeffer*, Widerstand und Ergebung. München 1948.
80 A.a.O. S. 375.
81 Ebenda.
82 A.a.O. S. 385/86.
83 Vgl. *Theodor W. Adorno*, Jargon der Eigentlichkeit. Frankfurt 1964.
84 A.a.O. S. 375.
85 Vgl. dazu den schönen Aufsatz von *Gustav Bally*, Mensch und Welt in der Auffassung Sigmund Freuds. In: Freud in der Gegenwart. Frankfurt 1957. S. 229–251.
86 A.a.O. S. 568.
87 A.a.O. S. 593.
88 A.a.O. S. 574.

89 A.a.O. S. 595.
90 A.a.O. S. 576.
91 A.a.O. S. 577.
92 A.a.O. S. 612.
93 A.a.O. S. 581 ff.
94 A.a.O. S. 644.
95 Ebenda.
96 A.a.O. S. 453.
97 A.a.O. S. 466.
98 A.a.O. S. 489.
99 So formelhaft S. 444, 453, 460, 462, 472, 478, auch 525, 555.
100 A.a.O. S. 514.
101 A.a.O. S. 522.
102 A.a.O. S. 645.
103 A.a.O. S. 682.
104 A.a.O. S. 255.
105 A.a.O. S. 357.
106 Ganz parallel läuft übrigens der Gedankengang in dem Roman »Der Fall« von *Albert Camus*. Jesus weiß, daß er nicht ganz unschuldig ist, darum kann er nicht weiterleben. Aber er verdammte niemanden, insofern wusch er den Menschen rein.
107 *Ernst Jünger*, Über den Schmerz (1934). Werke Bd. V. Stuttgart o. J. (Essays I) S. 149–200.
108 A.a.O. S. 196.
109 A.a.O. S. 197.
110 *F. J. J. Buytendijk*, Über den Schmerz. Bern 1948.
111 A.a.O. S. 170.
112 *C. S. Lewis*, Der Schmerz. München 1954. S. 109 f.
113 *Kazoh Kitamori*, Die Theologie des Schmerzes Gottes. Göttingen 1972. Dazu: *Carl Michalson*, Japanische Theologie der Gegenwart. 1962. S. 60–82.
114 *Viktor von Weizsäcker*, Pathosophie. Göttingen 1954.
115 *G. Grass*, Die Plebejer proben den Aufstand. Neuwied/Berlin 1966. S. 104.
116 A.a.O. S. 26.
117 A.a.O. S. 50.
118 A.a.O. S. 89. Vgl. *B. Brecht*, Mutter Courage.
119 A.a.O. S. 87.
120 A.a.O. S. 106.
121 A.a.O. S. 105.
122 A.a.O. S. 107.
123 A.a.O. S. 91/92.
124 *Max Frisch*, Tagebuch 1966–1971. Frankfurt 1972.
125 *G. Grass*, Die Plebejer ... S. 88.

126 A.a.O. S. 107.
127 *Marcel Reich-Ranicki*, Eine Müdeheldensage. In: Die Zeit. 1969. Nr. 35.
128 *G. Grass*, Örtlich betäubt. Neuwied und Berlin 1969. S. 23, 40 u. öfter.
129 A.a.O. S. 272.
130 Deutsches Allgemeines Sonntagsblatt. 1969. Nr. 41. S. 25.
131 *G. Grass*, Örtlich betäubt. S. 164.
132 A.a.O. S. 295.
133 A.a.O. S. 47.
134 A.a.O. S. 288 f.
135 A.a.O. S. 290.
136 *G. Grass* in: Deutsches Allgemeines Sonntagsblatt. 12. Oktober 1969. S. 25.
137 Publik. 25. August 1969. (Nr. 17).
138 A.a.O. S. 144–145.
139 *Nietzsche*, Also sprach Zarathustra.
140 *G. Grass*, Örtlich betäubt. S. 244/5.
141 A.a.O. S. 119.
142 A.a.O. S. 332.
143 A.a.O. S. 341.
144 A.a.O. S. 180.
145 A.a.O. S. 176.
146 A.a.O. S. 226.
147 A.a.O. S. 310.
148 Ebenda.
149 A.a.O. S. 251.
150 A.a.O. S. 227.
151 A.a.O. S. 280.
152 A.a.O. S. 193.
153 A.a.O. S. 358.
154 *Max Frisch*, Tagebuch 1966–1971. Frankfurt 1972. S. 331. – Interessant ist, daß *Frisch B. Brecht* von einer anderen Seite her erfaßt als *Grass*. Er bewundert dessen Glauben an die Veränderbarkeit der Welt durch den Kommunismus (a.a.O. S. 24–44), auch wenn er ihn nicht teilen kann. *Grass* dagegen entdeckte die tiefere Schicht bei Brecht, daß die Wahrheit nicht siegt, sondern in der Niederlage groß ist und sich mühselig immer wieder erhebt.
155 A.a.O. S. 213.
156 *G. Grass*, Tagebuch einer Schnecke. Neuwied und Darmstadt 1972. S. 7. – Vergl. dazu *Georg Christoph Lichtenberg*, Werke in einem Band. Hamburg o. J. S. 16.
157 A.a.O. S. 153.
158 A.a.O. S. 13.
159 A.a.O. S. 24.

160 A.a.O. S. 170.
161 A.a.O. S. 58.
162 A.a.O. S. 59.
163 A.a.O. S. 292.
164 A.a.O. S. 170.
165 A.a.O. S. 82.
166 A.a.O. S. 54.
167 A.a.O. S. 110, 137–141, 157, 206/7, 208, 254, 279, 325.
168 A.a.O. S. 340–368.
169 A.a.O. S. 108.
170 A.a.O. S. 361.
171 Ebenda.
172 A.a.O. S. 342.
173 A.a.O. S. 346.
174 A.a.O. S. 357. *Grass* wagt es, in diesem Zusammenhang die Melencolia I mit *Rosa Luxemburg* in Zusammenhang zu bringen.
175 A.a.O. S. 366.
176 A.a.O. S. 302.
177 A.a.O. S. 302.
178 A.a.O. S. 359.
179 A.a.O. S. 19 z. B.
180 A.a.O. S. 232.
181 A.a.O. S. 313.
182 A.a.O. S. 295.
183 A.a.O. S. 291.
184 A.a.O. S. 314.
185 A.a.O. S. 279.
186 Zitiert nach *Albert Görres*, in: Jesus und Freud. Hrsg. *Heinz Zahrnt*, Stuttgart 1972. S. 194.
187 A.a.O. S. 34.
188 A.a.O. S. 298.
189 A.a.O. S. 190.
190 A.a.O. S. 246.
191 Vgl. die Kollegen von Zweifel- und Angst-Szenen S. 282 ff.
192 A.a.O. S. 223.
193 Ich denke an *Dorothee Sölles* Insistieren auf der Klage als der einzigen dem Christen noch möglichen religiösen Tonart – nach Auschwitz.
194 *Walter Benjamin*, Schriften Bd. II. Frankfurt 1955. Darin der Aufsatz: Der Erzähler. S. 229–258.
195 Vgl. dazu meine Homiletik III. Hamburg 1973. Kap. VI. – In ähnliche Richtung weist die Wiederentdeckung des Erzählens in der »Narrativen Theologie«. Dazu die Aufsätze in »Concilium« 1973: von *Harald Weinrich*, Narrative Theologie (S. 329–334), und von *Joh. Baptist Metz*, Kleine Apologie des Erzählens (S. 334–341).

196 *Günter Grass*, Der Butt. Darmstadt und Neuwied 1977. Das Kapitel: »Beim Eichelstoßen Gänserupfen Kartoffelschälen erzählt«. S. 368 bis 382.

197 Ob man deshalb, wie *Hildesheimer* tut, von einem ›Jahrhundertwerk‹ sprechen sollte, muß man fragen. (Vgl. *Wolfgang Hildesheimer*, Der Butt und die Welt. Merkur XXXI [1977] S. 892–901.)

198 *G. Grass*, Der Butt S. 9.

199 S. 443.

200 S. 61.

201 S. 612.

202 Der Rückbezug gilt Oskars Trommelstöcken in der ›Blechtrommel‹, z. B. S. 34/35. 220 . . . Siehe dazu oben S. 6 f.

203 So bei *Platon* in Politeia X (617e).

204 Der Butt S. 87.

205 S. 88.

206 1 Mose 1–3.

207 S. 681.

208 S. 689.

209 S. 440–447.

210 Wenn *Fritz Raddatz* in seinem Artikel ›Der Butt von G. Grass. Eine erste Annäherung‹ (Merkur XXXI [1977] S. 966–972) die Szenen vom ›Vatertag‹ übertrieben und nicht überzeugend nennt, so zeigt das, daß er die mythische Erzählstruktur nicht berücksichtigt. Denn für diese ist die Weise, durch Übertreibung die Konsequenz der Geschichte zu zeichnen und sie ad absurdum zu führen, legitim.

211 Der Butt S. 35. 500/501.

212 S. 60/61.

213 S. 577.

214 S. 577.

215 S. 599.

216 S. 622.

217 S. 693.

218 *W. Hildesheimer*, a.a.O. S. 970.

219 *Theodor W. Adorno*, Negative Dialektik. Frankfurt 1966.

220 A.a.O. S. 392.

221 A.a.O. S. 394.

222 Der Butt S. 186/188 u. öfter.

223 Der Butt S. 209.

224 Ebenda.

225 S. 173.

226 Dazu z. B. *Theophil Spoerri*, Dante und die europäische Literatur. Stuttgart 1963.

227 Der Butt S. 264.

228 S. 259.

229 S. 273.
230 S. 208. — Vgl. dazu die Mitteilungen über diesen Briefwechsel von
F. Raddatz, a.a.O. S. 8816.
231 Der Butt S. 257.
232 Th. Adorno, a.a.O. S. 398.
233 Der Butt S. 681.

C. Zweites Beispiel: Heinrich Böll

1 Vgl. Werner Jäger, Die Theologie der frühen griechischen Denker, Stuttgart 1953.
2 H. Böll, Das Brot der frühen Jahre. Köln–Marienburg 1962 (Ullstein Buch Nr. 239. S. 81).
3 H. Böll, Gruppenbild mit Dame. Köln. S. 195.
4 Renate Matthaei (Hrsg.), Die subversive Madonna. Ein Schlüssel zum Werk Heinrich Bölls. Köln 1975.
5 H. Böll, Aufsätze/Kritiken/Reden. Köln 1967. S. 490.
6 Dame S. 12.
7 Ebenda.
8 In ihrer Wohnung hängen Farbphotos von den Organen des menschlichen Körpers, vor allem des Auges und der männlichen Geschlechtsorgane. A.a.O. S. 17.
9 A.a.O. S. 34 u. öfter.
10 S. 33.
11 Aufsätze S. 230–246.
12 A.a.O. S. 39 f.
13 A.a.O. S. 33.
14 Ebenda.
15 A.a.O. S. 52.
16 A.a.O. S. 190.
17 Ebenda.
18 A.a.O. S. 29.
19 A.a.O. S. 123.
20 A.a.O. S. 281 ff. auch 249 f.
21 A.a.O. S. 9. Ähnlich oft z. B. 135. 237.
22 A.a.O. S. 10.
23 A.a.O. S. 303.
24 A.a.O. S. 235.
25 Ebenda.
26 Texte von solchen Satans-Messen neuerdings bei: Ulrich K. Dreikandt (Hrsg.), Schwarze Messen. München (dtv) 1970.
27 A.a.O. S. 18 f.

28 A.a.O. S. 400.
29 A.a.O. S. 122.
30 A.a.O. S. 123/4.
31 A.a.O. S. 215.
32 Aufsätze S. 490.
33 A.a.O. S. 491.
34 A.a.O. S. 492.
35 H. *Böll*, Aufsätze ... S. 489.
36 Ebenda.
37 Z. B. Dame S. 194.
38 Vgl. dazu: H. R. *Müller-Schwefe*, Existenzphilosophie. Göttingen ²1969. S. 225–242.
39 Ich beziehe mich hier auf die Kennzeichnung von *Heinz Hengst* in seinem Beitrag: Die Frage nach der Diagonale zwischen »Gesetz und Barmherzigkeit«. Zur Rolle des Katholizismus im Erzählwerk Bölls. In: Text und Kritik 33. Heinrich Böll. München Januar 1972. S. 23–32.
40 H. Böll, Und sagte kein einziges Wort. S. 168. (Ullstein Buch Nr. 141).
41 A.a.O. S. 169.
42 A.a.O. S. 171.
43 A.a.O. S. 176.
44 Gruppenbild S. 18/19. 36/37.
45 A.a.O. S. 227.
46 A.a.O. S. 247 f.
47 A.a.O. S. 274.
48 A.a.O. S. 290.
49 Doktor Murkes gesammeltes Schweigen und andere Satiren. Köln/Berlin 1958. S. 51.
50 Aufsätze S. 505. (Interview von 1967 mit *Marcel Reich-Ranicki*.) Ähnlich z. B. die Äußerung über Kommunismus und Katholizismus: »Das geht nicht raus aus der Wäsche.« (Billard um halb zehn. Köln ⁶1974. S. 30.)
51 Z. B. Neue ... Schriften. S. 264. *Dirks/Rahner* u. Aufsätze ... S. 237.
52 Erzählungen ... S. 390.
53 A.a.O. S. 391.
54 Aufsätze S. 239 z. B.
55 Gruppenbild S. 390 f.
56 Neue Aufsätze S. 157; auch: Aufsätze S. 247.
57 Neue Aufsätze S. 153.
58 Ich notiere einige Stellen: In »Katharina«: S. 12. 188. – in »Dame«: S. 237. 9. – Dienstfahrt S. 402. –
59 Dabei fällt in »Billard um halb zehn« auf, daß die Vertreter des Lammes im wesentlichen durch Leiden und Gegnerschaft gegen die Büffelanhänger charakterisiert werden. Sie sind nur Anti-Figuren. Ganz konsequent werden ihre Hauptvertreter denn auch als »Sektierer« ge-

kennzeichnet. Damit gibt Böll zu, daß sie mehr durch das Anti beschrieben sind als durch wirkliche Verarbeitung der Antinomien der Wirklichkeit.

60 A.a.O. S. 115.

61 A.a.O. S. 85.

62 A.a.O. S. 125.

63 A.a.O. S. 126.

64 A.a.O. S. 155.

65 Viele Züge sind bemerkenswert. Ich nenne nur die Figur des Generals, der in der Anstalt Zuflucht gefunden hat und von der Mit-Insassin Johanna, der Frau des alten Fähmel, aufgefordert wird, Ministrantendienst bei der Messe zu übernehmen, zur Sühne sozusagen, weil er doch »zentnerweise vom Sakrament des Büffels gegessen« habe (S. 183 ff.). Man könnte diese Szene mit der anderen bei *Grass* vergleichen, der seinen General Krings die Schlachten im Sandkasten repetieren läßt.

66 A.a.O. S. 94.

67 *H. Böll*, Aufsätze, Kritiken, Reden. Köln 1967, S. 133.

68 In: Neue politische und literarische Schriften. Köln 1973.

69 A.a.O. S. 220. – So ist auch die Bemerkung zu verstehen, ein Artist sei wie ein Jesuit, ein Clown jedoch wie ein Dominikaner. Der erstere spielt seine Rolle, der zweite meint es ernst. Auch S. 300.

70 A.a.O. S. 220.

71 Ich denke z. B. an den Gegensatz von *Carl Zuckmayer* und *Bertolt Brecht*. Diesem war es unmöglich, eine Clownerie zu schreiben; jener konnte sich nur zur Wirklichkeit verhalten, indem er ihre liebenswerte Narrheit aufdeckte (Fröhlicher Weinberg/Hauptmann von Köpenick). – Nach dem Zweiten Weltkrieg begann diese Epoche mit *Becketts* Stück »Warten auf Godot«. Zu diesen Zusammenhängen hat *Hartmut Sierig*, »Narren und Totentänzer«, Hamburg 1961, Wichtiges gesagt.

72 Vgl. dazu: *Rafael Gutiérez-Girardot*, Lateinamerika – Abschied von der Revolution? Merkur, Nr. 285 (Januar 1972). S. 29–44.

73 Ansichten eines Clowns S. 263, 140, 267.

74 A.a.O. S. 263/4, 274, 301–303, 368.

75 A.a.O. S. 301–303.

76 A.a.O. S. 384.

77 A.a.O. S. 375.

78 A.a.O. S. 386.

79 A.a.O. S. 349.

80 A.a.O. S. 499.

81 A.a.O. S. 470.

82 A.a.O. S. 484.

83 A.a.O. S. 399.

84 A.a.O. S. 401.
85 A.a.O. S. 473.
86 A.a.O. S. 476.
87 A.a.O. S. 511.
88 A.a.O. S. 512.
89 A.a.O. S. 450, siehe auch S. 457, 459, 486, 511.
90 A.a.O. S. 468.
91 A.a.O. S. 471.
92 *Harvey Cox*, Das Fest der Narren, Stuttgart 1970. S. 181.
93 Ende einer Dienstfahrt S. 506.
94 Die verlorene Ehre der Katharina Blum. Köln 1974. S. 62.
95 A.a.O. S. 12, 188.
96 A.a.O. S. 66, 187.
97 A.a.O. S. 80, 110.
98 A.a.O. S. 180.

D. Günter Grass und Heinrich Böll

1 *G. Grass*, Die Blechtrommel, S. 295–297, im Kapitel »Die Nachfolge Christi«.
   H. Böll, Billard um halb zehn, S. 207, ferner S. 41, 47, 54/55, 78, 125, 171.
2 A.a.O. S. 78.
3 Die Gestalt von *Brandt* taucht bei beiden Schriftstellern erst in der Zeit auf, als sie sich im Wahlkampf für die SPD engagieren. Vgl.
   Grass, Tagebuch einer Schnecke. S. 29, 122, 215, 224, 301, 359.
   Böll, Neue politische und literarische Schriften. S. 248–255.
4 *Grass*, a.a.O. S. 302 (Tagebuch einer Schnecke).
5 *Grass*, a.a.O. S. 359.
6 *Grass*, a.a.O. S. 29.
7 *Böll*, Neue politische und literarische Schriften. S. 248.
8 Ebenda.
9 A.a.O. S. 249.
10 A.a.O. S. 251.

E. Grenzüberschreitungen der Sprache und Transzendenz

1 So *Ferdinand de Saussure*, der Ahnherr des Strukturalismus.
2 Diese Gedanken habe ich näher ausgeführt in meiner Homiletik, Bd. I. Die Sprache und das Wort. Hamburg 1961.
3 *Sören Kierkegaard*, Die Krankheit zum Tode. Düsseldorf 1954. S. 8/9.

4 *Paul Ricoeur* hat den überzeugenden Versuch gemacht, die Mythen nicht länger als Schatten zu verstehen, die uns in der Vergangenheit festhalten, sondern als Signale, die den Weg in die Zukunft zur Gestaltung freigeben. Vgl. z. B. *Paul Ricoeur*, Die Interpretation. Frankfurt 1974. – Ders., Hermeneutik und Psychoanalyse. München 1974.

5 *Tilmann Moser*, Gottesvergiftung. Frankfurt 1976.

6 Literatur über die ekklesiogene Neurose z. B.: *E. Schaetzing*, Die ekklesiogenen Neurosen. In: Wege zum Menschen. 1955. – *Albert Görres*, Pathologie des katholischen Christentums. In: Handbuch der Pastoraltheologie. 1966. – *Klaus Thomas*, Handbuch der Selbstmordverhütung. Kap. VIII. Stuttgart 1964. S. 299–331. – *Norbert J. Frenkle*, Der Traum, die Neurose, das religiöse Erlebnis. Zürich 1974.

7 *Karl Marx*, Zur Judenfrage. In: Frühschriften (Hrsg. S. Landshut). Stuttgart 1971. S. 199.

8 *Theodor W. Adorno*, Jargon der Eigentlichkeit. Zur deutschen Ideologie. Frankfurt 1964.

9 Wir finden Ansätze zu solcher Untersuchung z. B. bei *Jean-Paul Sartre*, Politische Schriften II. Reinbek 1975. – *Hans Magnus Enzensberger*, Einzelheiten. Frankfurt 1962. – *Helmut Schelsky*, Die Arbeit tun die anderen. Opladen 1975. – *Günter Rohrmoser*, Die metaphysische Situation der Zeit. Stuttgart-Degerloch 1975. – Ders., Das Elend der Kritischen Theorie. Freiburg ³1973.

10 *D. Bonhoeffer*, Ethik. München 1949. S. 129–134.

11 *Ernst Jünger* macht die Bemerkung zum Selbstmord. Heliopolis. Tübingen 1949. S. 125–127.

12 *A. Schelsky*, Die Arbeit tun die andern.

13 Man vergleiche dazu die Agenden, die diese alten Formen noch tradieren.

14 So die drei großen Erhebungen der Kirchen: *Gerhard Schmidtchen* (Hrsg.), Zwischen Kirche und Gesellschaft. Wien/Freiburg 1971. – Ders., Gottesdienst in einer rationalen Welt. Stuttgart/Freiburg 1973. *H. Hild* (Hrsg.), Wie stabil ist die Kirche? Gelnhausen/Berlin 1974.

15 Ich denke hier an die Mainzer Schule in der Praktischen Theologie, an *Gert Otto* und *Päschke*.
Otto erreicht die Dimension der Sakramente nicht, wenn er sie durch einsehbare Symbole ersetzen oder gar abschaffen möchte. Sie wird erst geortet im Kreuzungspunkt von radikaler Unverfügbarkeit und radikaler Verantwortung. Vgl. dazu *Gert Otto*, Vernunft. 1970. S. 147–164.

16 *Wolfgang Huber*, Kirche und Öffentlichkeit. Stuttgart 1973.

17 A.a.O. S. 600.

18 A.a.O. S. 606/607.

Karl Ledergerber

Die Auferstehung des Eros

Die Bedeutung von Liebe und Sexualität für das künftige Christentum

Die Kirche ringt sich nur schwer zu einer positiven Beurteilung der Sexualität durch.
Ledergerber zeigt die historische Entwicklung der kirchlichen Einstellung auf und gibt der menschlichen Erotik — innerhalb und außerhalb der Ehe — wieder jene Bedeutung zurück, die ihr jahrhundertelang abgesprochen wurde.

224 Seiten, Paperback

Karl Ledergerber

Geburt der Menschheit

Ein neues Bewußtsein entwickelt sich

Angeregt durch die Vision Teilhard de Chardins, entwirft der Autor in diesem Buch eine Utopie von der einen Menschheit.
Er bringt Elemente aus Biologie, Kybernetik, den Geisteswissenschaften, der Kunsttheorie und der Theologie zusammen und stellt sie auf eine gemeinsame geistig-geistliche Basis.

224 Seiten, Paperback

Verlag J. Pfeiffer · 8000 München 2

Anton Grabner-Haider

Eros und Glaube

Ansätze einer erotischen Lebenskultur

Erotik und Glaube müssen nicht Gegensätze sein, sondern können sich fruchtbar ergänzen. So wird eine »erotische Kultur« unter Christen nicht nur möglich, sondern dringlich.
Wie sie konkret werden könnte, dafür will das Buch Impulse geben.

216 Seiten, Paperback

Fritz Riemann

Lebenshilfe Astrologie

Gedanken und Erfahrungen

Der bekannte Psychoanalytiker Fritz Riemann legt hier seine Erfahrungen mit einer sinnvollen Anwendung der astrologischen Deutung vor.
Verantwortliche astrologische Beratung versteht er als Hilfe zum Selbst- und Fremdverständnis — keinesfalls als fatalistische Voraussagen.

228 Seiten, Paperback

Verlag J. Pfeiffer · 8000 München 2